U0711862

JINGJIFA ZHUANTI YANJIU

经济法专题研究

秦　勇　李凤霞　编著

中国政法大学出版社

2021·北京

声　明　　1. 版权所有，侵权必究。

　　　　　　2. 如有缺页、倒装问题，由出版社负责退换。

图书在版编目（ＣＩＰ）数据

经济法专题研究/秦勇,李凤霞编著.—北京:中国政法大学出版社,2021.12
ISBN 978-7-5764-0284-1

Ⅰ.①经⋯　Ⅱ.①秦⋯②李⋯　Ⅲ.①经济法－研究－中国　Ⅳ.①D922.290.4

中国版本图书馆 CIP 数据核字(2022)第 007121 号

出　版　者　　中国政法大学出版社

地　　　址　　北京市海淀区西土城路 25 号

邮寄地址　　北京 100088 信箱 8034 分箱　　邮编 100088

网　　　址　　http://www.cuplpress.com (网络实名：中国政法大学出版社)

电　　　话　　010-58908586(编辑部) 58908334(邮购部)

编辑邮箱　　zhengfadch@126.com

承　　　印　　固安华明印业有限公司

开　　　本　　880mm×1230mm　　1/32

印　　　张　　8

字　　　数　　220 千字

版　　　次　　2021 年 12 月第 1 版

印　　　次　　2021 年 12 月第 1 次印刷

定　　　价　　49.00 元

前 言
PREFACE

　　经济法作为一个独立的法部门，其涵盖的子部门范围很广，法律规范数量很多，内容十分丰富，对法科生来说比较难于掌握。但随着经济法的法学研究和法制建设的日臻完善，经济法学的相关理论日渐成熟，因此有必要把这些比较成熟的理论进行梳理、归纳和总结，以期对法科生的经济法学习提供参考和帮助。

　　经济法学是研究经济法及其发展规律的学科。一般来说，我们可以将经济法学的体系分为经济法总论和经济法分论两大部分。经济法总论部分主要探讨经济法的历史、调整对象、价值、功能、基本原则、法律责任等问题。在经济法总论中，有些问题如经济法的历史、经济法的调整对象等学界已经形成共识，本书对此不再展开讨论。本书主要对经济法的基本原则和经济法的功能这两个重要且分歧较大的问题进行了探讨。经济法分论部分涵盖的内容较多，但大致可以分为市场规制法和宏观调控法两大部分。专题三"我国相关市场界定研究"、专题四"行政垄断的法理廓清及规制路径"主要是《反垄断法》的内容，专题五"'知假买假'惩罚性赔偿制度研究"是《消费者权益保护法》的内容，这三个专题基本可以归为市场规制法部分。专题六"宏观调控的可诉性问题研究"和专题七"衡平税法与相关部门法的关系"可以归为宏观调控法部分。专题八"环境侵权惩罚性赔偿制度研究"为环境法的内容，环境法最初为经济法的一个分支，但如今学界普遍认为其已经发展为独立的部门法。这并不妨碍将之归入本书的一部分，其主要原因是该专题讨论的是环境法中的惩罚性赔偿制度，而惩罚性赔偿是经济法特有的法律责任形式。

经济法作为法学专业的核心课程，对于法科生知识框架的搭建具有重要的基础性作用。作为法学专业的硕士研究生，不仅要对经济法学的基本知识了解和掌握，更要对经济法的精神以及经济法制度有深刻的领悟和理解。只有这样，才能真正学会弄懂经济法，提高分析问题、解决问题的能力，从而对经济与社会的发展做出法科学生应有的贡献。基于这样的初衷，我们编著了这本书。

在编著本书的过程中，我们参考借鉴了许多法学特别是经济法学大家的文献，在此向这些学者致敬！同时，我们的硕士研究生赵梓君、李晨曦、余洁茹、郭平、韩世鹏、于敬冉等在收集整理文献资料、校对文稿等方面做了许多细致的工作，向他们致谢！

目 录
CONTENTS

经济法的基本原则研究

经济法的基本原则是经济法的一个基本理论问题，其对经济法的理论构建与实践运作均具有重要的意义或价值。[1]但是面对学术界众说纷纭、莫衷一是的研究现状，仍有必要对这一问题进行探讨。

一、经济法基本原则的概念界定及相关范畴

（一）经济法基本原则的概念界定

原则，即认识、分析、处理事物的准则。[2]对经济法基本原则的研究不能脱离对法的原则的探讨，在法理学中，将原则定义为"作为众多法律规则之基础或本身的综合性、稳定性的原理和准则"。[3]刘作翔教授认为，法律原则是指一定范围的法律规范体系的基本精神、指导思想，是具有综合性、本源性和稳定性的根本准则。[4]那么从以上法的原则的概念进行推导，经济法的基本原则就是能体现经济法的本质特征，且在整个经济法体系中具有最高指导性、本源性和普遍适用性的原则。

---

[1] 张文显：《法学基本范畴研究》，中国政法大学出版社1993年版，第254页。
[2] 吕志祥、辛万鹏："再论经济法的基本原则"，载《理论月刊》2004年第5期，第115页。
[3] 张文显主编：《法理学》，法律出版社1999年版，第71页。
[4] 刘作翔主编：《法理学》，社会科学文献出版社2005年版，第77页。

关于经济法基本原则的概念，学术界对其有不同的理解。李昌麒教授认为："经济法的基本原则是指规定于或寓意于经济法律之中的，对经济立法、经济守法、经济司法和经济法学研究具有指导和适用价值的根本指导思想或规则。"[1]漆多俊教授认为："经济法的基本原则即经济法作为部门法其所有的法律规范从其制定到实施的全过程都必须贯彻的原则。"[2]杨紫烜教授认为："我国经济法的基本原则，是贯穿于经济法的，人们在经济管理和经济协作过程中必须遵循的根本准则。"[3]史际春教授认为："经济法基本原则是经济法宗旨的具体体现，是经济法的规范和法律文件所应贯彻的指导性准则。"[4]

统观以上几种在学术界比较有代表性的观点，可以发现研究达成的共识就是都认同经济法基本原则的普适性和高度导向性。综上，笔者认为经济法的基本原则可以表述为：经济法基本原则是贯穿于经济法具体规则之中，体现经济法独特性和经济法最基本的精神实质和价值追求，同时是经济立法、经济守法、经济司法和经济法学研究的总的指导思想和基本准则。

（二）经济法基本原则、价值、理念及功能比较

将经济法的基本原则与经济法的价值、理念进行区分是很有必要的，经济法的价值、理念与基本原则同为经济法的基础理论范畴，与基本原则联系密切，并且或多或少有相同之处，而基本原则作为经济法本源性、综合性的准则，体现着经济法

---

[1] 李昌麒：《经济法——国家干预经济的基本法律形式》，四川人民出版社1999年版，第201~206页。

[2] 漆多俊：《经济法基础理论》（修订版），武汉大学出版社1997年版，第174页。

[3] 杨紫烜主编：《经济法原理》，北京大学出版社1987年版，第46~47页。

[4] 史际春、邓峰："经济法的价值和基本原则刍论"，载《法商研究（中南政法学院学报）》1998年第6期，第11页。

的本质特征。因此，必须要明确基本原则与价值、理念之间的界限，更重要的是，这也将为后文界定经济法的基本原则提供前提。

经济法基本原则不同于经济法价值。法律价值是"在人（主体）与法（客体）的关系中体现出来的法律的积极意义或有用性"。经济法的价值表现在其对社会经济活动和经济主体之间关系的有效维护上。[1]其与基本原则的不同主要体现在：首先，经济法基本原则是对价值的具体化和保障。价值抽象性强，相比而言，基本原则则更具体、明确，体现着价值的精神内涵。其次，经济法的价值对基本原则具有指导作用。经济法价值体现的是经济法所追求的目标、方向，所以经济法基本原则要根据价值所确定的经济法目标来制定，换言之，基本原则要反映经济法的价值目标。

经济法基本原则不同于经济法理念。狭义的经济法理念指反映本部门法独特属性的本位观念，是对经济法应然性的主观认识或追求，简单地说，就是经济法所追求的理想或信念。其与基本原则的不同主要体现在：首先，理念是主观建构下的应然状态，而基本原则是实然的。理念是对客观基础的主观认知和构建，是对经济法精神的提炼，基本原则则是来源于经济法实施的客观实践，是一种实然状态。其次，基本原则是理念功能化的具体体现。

经济法基本原则也不同于经济法功能。功能，是指事物或方法所发挥的有利作用或效能。经济法功能体现在经济法规制社会整体经济秩序的动态过程中，而基本原则则贯彻于经济法静态的法律体系中。另外，经济法功能依赖于基本原则的具体化来实现。

---

[1] 张文显：《法学基本范畴研究》，中国政法大学出版社1993年版，第254页。

二、经济法基本原则研究现状及评析

(一) 经济法基本原则研究现状

目前，学术界对经济法基本原则的研究主要从以下两个方面展开：一种是在已有的研究成果和规范基础上归纳出经济法的基本原则；另一种是结合经济法的理念、宗旨等提炼出经济法的基本原则。[1]目前国内学者对经济法基本原则的内容并未形成一致看法，比较有代表性的观点有以下几种：

刘文华、史际春教授认为包括：平衡协调原则、维护公平竞争原则、责权利效相统一原则。[2]杨紫烜教授认为包括：经济法主体利益协调原则、国家协调本国经济运行法定原则。漆多俊教授认为是社会总体经济效益优先、兼顾社会各方利益公平原则。[3]李昌麒教授认为包括：资源优化配置原则、国家干预原则、社会本位原则、经济民主原则、经济公平原则、经济效益原则。[4]张守文教授认为包括：调制法定原则、调制适度原则、调制绩效原则。[5]王保树教授认为包括：公平与公正原则、违法行为法定原则、经济管理权限和程序法定原则。[6]邱本教授认为经济法的基本原则有两个，即计划原则和反垄断原则。[7]

---

[1] 程南："经济法理论的反思与完善"，中国政法大学 2011 年博士学位论文，第 64 页。

[2] 潘静成、刘文华主编：《经济法》（第 2 版），中国人民大学出版社 2005 年版，第 72~76 页。

[3] 漆多俊：《经济法基础理论》（修订版），武汉大学出版社 1997 年版，第 166~179 页。

[4] 李昌麒主编：《经济法教程》，法律出版社 1996 年版，第 17~21 页。

[5] 张守文主编：《经济法学》，北京大学出版社 2006 年版，第 56~59 页。

[6] 王保树主编：《经济法原理》，社会科学文献出版社 2004 年版，第 37~38 页。

[7] 邱本："论经济法的基本原则"，载《法制与社会发展》1995 年第 4 期，第 22~28 页。

纵观以上研究成果，学者们在两个方面基本达成了共识，即认同经济法的本位思想是社会本位，并赞同以此原则为指导调整社会生活。另外，都认同适度是国家干预经济生活的限度。

（二）对经济法基本原则研究现状的评析

统观以上诸位学者对经济法基本原则的论述，笔者认为在一定程度上都有缺失，主要表现在以下几个方面：

将经济法的调整方法作为经济法的基本原则，如史际春、邓峰所主张的平衡协调原则。他们认为："平衡协调原则是指经济法的立法和执法要从国民经济的协调发展和社会整体利益出发，来调整具体经济关系，协调经济利益关系，以促进引导或强制实现社会整体目标与个体利益目标的统一。"[1]笔者不赞同这种观点。首先，法之一般功能都有平衡协调的作用，正如博登海默所言，"法律的主要作用之一就是调整和调和种种相互冲突的利益"，[2]因此将平衡协调原则作为经济法的基本原则不能反映经济法的特性。其次，平衡协调从本质上来说，作为经济法的一种调整手段较之原则更为恰当。

将法律的一般原则表述为经济法的基本原则，如责权利效相统一原则。支持者认为："责权利效相统一原则主要是指在经济法律关系中各管理主体和公有制主导之经济活动主体所附的权利（力）、利益、义务和职责必须相一致，不应有脱节、错位、不平衡等现象存在。"[3]笔者认为，责权利效相统一不仅是经济法所要确立的一项准则，而且在其他法律部门中也有责权利效相统一的要求，如果将责权利效相统一原则作为经济法的

〔1〕 史际春、邓峰：《经济法总论》，法律出版社1998年版，第165页。
〔2〕 ［美］E.博登海默：《法理学——法哲学及其方法》，邓正来、姬敬武译，华夏出版社1987年版，第383页。
〔3〕 史际春、邓峰：《经济法总论》，法律出版社1998年版，第169页。

基本原则，则不能反映经济法的独特性与本质。

将非法律原则表述为一种法律原则，如李昌麒教授主张的资源优化配置原则。资源优化配置体现的是通过对资源有效的组合和配置，以达到资源利用和效率的最大化。笔者认为，资源优化配置更像社会干预经济运行的手段或方式，但并未包含权利义务运作的要求，作为社会学原则更合适，不适宜作为经济法的基本原则。

将经济法价值作为经济法的基本原则，如李昌麒教授主张的经济民主原则、经济公平原则、经济效益原则。经济法价值是经济法所追求的目标、方向，其不同于经济法原则，上文已作过明确区分，此处不再详述。

将政治学、社会学观念作为经济法的基本原则，如漆多俊教授主张的社会总体经济效益优先、兼顾社会各方利益公平原则，并认为经济法的基本原则仅此一个。笔者认为，"一原则说"以唯一的一种提法代替经济法基本原则的整体构成，显得过于绝对。笔者更倾向于把社会总体效益优先、兼顾社会各方利益公平作为国家的一种政治观念。此外，当下很多学者将"以人为本""可持续发展"作为经济法的基本原则，认为这体现了经济法的政策性及时代性。笔者认为，将可持续发展、以人为本作为经济法的基本原则迎合了国家的政策导向，也具有一定的现实意义。但这些学者似乎忽视了经济法基本原则的本质特征，它们的本质应该是恒久不变的，不应该随着时代和政策的变化而变化。将它们作为经济法的基本原则，不仅不能体现经济法的独特性，而且不具有经济法基本理论所应具有的持久性和高度性。所以，笔者认为不宜将以人为本、可持续发展作为经济法的基本原则。

将经济法特定部门的原则表述为经济法的基本原则，如邱本所主张的计划原则和反垄断原则。由于计划法、反垄断法是经济法法律体系中的一部分，所以说计划原则和反垄断原则仅仅是经济法的部门法原则，将其视为整个经济法的基本原则，不但无法涵盖经济法的全部，而且不能贯穿于经济法始终。

三、经济法基本原则的确立标准

明确经济法基本原则的确立标准是确立经济法基本原则内容的前提，只有把经济法基本原则的确立标准搞清楚了，确定经济法基本原则的内容才会变成一种有理有据的工作。笔者认为，经济法基本原则的确立标准，应包括以下几个方面：

（一）独特性标准

之所以将其确定为经济法的基本原则而不是其他法律部门的原则，就是因为该原则能体现经济法的本质属性，并能体现出经济法作为一个独立的法律部门不同于其他法律部门的特性。如将责权利效相统一原则作为经济法的基本原则就体现不出经济法的特征和本质属性。独特性标准应当是确立经济法基本原则的首要标准，因为这一标准决定着某一原则是与不是的问题，后续的确立标准不过是在此标准上的延伸或拓展。

（二）高度性标准

经济法的基本原则要在经济法体系中有一种提纲挈领的作用，因为经济法的基本原则是经济法价值、理念、功能的具体化。相对于具体规则而言，原则要有一定的抽象性和概括性，并且在高度上一定要能统领经济法，所以那种将计划原则、反垄断原则等经济法部门法的原则作为经济法基本原则的做法是不可取的，因为它们在高度上不能涵盖整个经济法体系。可见，高度性标准是检验某一经济法基本原则质量高不高的参照。

（三）普适性标准

普适性标准是对经济法基本原则适用广泛性的要求，这体现在两个方面：一是，经济法的基本原则要适用于经济法的整体范围，而不仅是适用于小范围内的部门法；二是，经济法的基本原则要在经济立法、执法、司法、守法的各个环节中均有所体现，而不是只适用于某一环节。[1]

（四）规范性标准

规范性标准是对经济法基本原则的最低要求，即要合乎经济法规则的要求。因为尽管经济法基本原则凌驾于经济法规则之上，但它仍归属于规则中的一种，所以原则的身上仍要具备规制的某些特质，如可诉性、可操作性等。因此，不具有经济法规则特性的经济规律也不能成为经济法的原则。

四、经济法基本原则的具体内容

通过对诸多学者关于经济法基本原则内容的反思与借鉴，并以经济法基本原则的确立标准为参照，笔者认为，我国经济法基本原则主要为：社会本位原则、国家适度干预原则和权利倾斜保护原则。

（一）社会本位原则

"法律部门的本位思想就是指这个法律部门在解决社会矛盾中的基本立场。"[2]社会本位原则本质上是对经济法干预经济生活范围的限定，要求其仅以社会公共利益为限度进行适度干预。调整社会经济关系的法律部门的本位思想有三种：[3]一是"国家本位"，这是以国家利益为主导的行政法的本位思想；二是"个人本位"，这是以个人利益为主导的民法的本位思想；三是

〔1〕肖顺武："论经济法的基本原则"，载《社会科学家》2007年第2期，第79页。

〔2〕李昌麒主编：《经济法学》，中国政法大学出版社2007年版，第54页。

〔3〕李昌麒主编：《经济法学》，中国政法大学出版社2007年版，第30~62页。

"社会本位"，这是以社会公共利益为主导的经济法的本位思想。经济法的社会本位原则体现的是经济法对个人利益和国家利益之间矛盾的调和与平衡，民商法体现的是个人利益至上和个人权利本位，行政法的国家本位思想则更侧重强调与保护国家利益。经济法的社会本位原则体现了经济法的价值、理念，其强调"立法和司法实践均应从社会整体利益出发，以尊重个人利益为基础，维护社会整体利益为己任，把社会整体利益作为衡量一切行为的标准"。[1]笔者认为社会本位原则作为经济法的基本原则，是使经济法与其他部门法相区别的标志，其贯彻、体现在经济法的整个法律体系中，并且体现着经济法的本质特征。

（二）国家适度干预原则

现代意义上的经济法是伴随着市场自发调节失灵，国家逐渐介入经济生活而产生的，因此可以说，国家适度干预原则是经济法最基础的原则。国家干预经济生活最起码的要求，即适度，其体现了国家干预的本质特征。另外，许多学者提出，"经济法就是国家干预经济之法""国家干预是经济法的本质所在"这些不仅表明了国家适度干预原则还体现了经济法的本质特征。

适度干预原则要求国家要在权衡利弊和成本的基础上进行干预行为，干预行为既要严格按照法律规范要求为与不为，又要掌握好国家干预的力度和范围问题，要充分尊重市场运作规律和经济法的价值目标，不能反客为主，取代市场的主导性自我调节作用。总之，就是要求国家干预行为既合法又合理。对国家适度干预的要求归结起来有二：正当干预和谨慎干预。

简单来说，正当干预是指国家对经济活动进行干预时，必须按照相关法律的规定为与不为，不能与之相背离。具体来说，

---

〔1〕　程宝山：《经济法基本理论研究》，郑州大学出版社 2003 年版，第 123 页。

首先，对干预行为的范围进行界定。这是干预行为合法开展的前提，我们都知道，干预行为是在市场失灵时展开的，所以有必要对市场失灵的形式法定化，使国家干预行为为与不为有确切的法律参照。其次，干预主体必须法定。干预行为权力的获取必须来源于法律的授权，不能为法律无授权之行为，在法律有授权的情况下，也不可以不作为。最后，必须按照法定程序的要求为干预行为。对程序的遵守是干预行为正确行使的保障。

谨慎干预是对国家干预行为更高层次的要求，它要求国家在进行干预行为时应合理谨慎、尊重市场运作规律和经济法的价值、目标追求，不能威胁到市场主体对资源配置的主体地位。具体来说，首先，对干预行为定位要准确，即其是市场调节的补充、发挥次要作用。国家的干预行为不能遏制市场主体的自主性和创造性，不能取代市场的自发调节作用成为资源配置的主要手段。因此，市场可以自发调节的，国家就要放任置之。其次，国家的干预行为不能违背经济法所追求的公平、效率、正义等价值目标，并且在干预过程中要始终贯彻经济法的理念思想。[1]

（三）权利倾斜保护原则

对权利的倾斜保护是实现经济法价值之一——实质公平的有力手段之一。经济法所追求的实质公平不同于民法的形式公平，其不仅关注社会整体经济利益关系，而且注意到群体与群体、群体内部发展的不均衡。为了矫正这种发展上的倾斜状态，经济法注意对消费者、劳动者等弱势群体进行倾斜保护，对弱势群体给予更多的权利，苛以更少的责任，这体现了经济法以社会为本位的立场，它剥去"权利机会平等"的外衣，对具体

---

〔1〕 李静："论经济法的适度干预原则"，载《探索》2002年第1期，第138页。

人格进行切实具体的保护。[1]

权利倾斜保护原则通过给予弱者更多的保护，而科以更少的责任这样一种倾斜性的权责利分配方式，来试图矫正弱者与强者之间的不平衡状态。所谓弱者，就是在社会关系或社会资源占有中处于不利地位的群体。例如，消费者、市场竞争关系中的小企业、残疾者，他们与社会中对应的强者之间在公平、平等、知情等诸多权利上存在差异，且弱势群体维权成本高、难度大，如果不对弱势群体的权利进行倾斜保护，则会加剧社会矛盾，导致社会性问题的出现。但是仅仅是对弱势群体权利进行保护，而非进行倾斜性保护，可能难以矫正两个社会群体之间早已出现的差距。所以，对弱势群体进行倾斜保护是经济法社会本位思想和实质公平价值的表达。

对弱势群体权利的倾斜保护应从以下几方面入手：[2]第一，在立法上，对弱势群体给予更多的利益关怀，如消费者权益保护法、劳动法更多侧重保护消费者和劳动者来矫正两方面群体之间的不平衡；竞争法通过规制实力不同的竞争者之间的竞争行为，来保障平等的竞争权；产业调节法通过有条件地限制、扶持、鼓励等措施，来均衡优势产业与弱势产业、传统产业与新兴产业之间的生存权和发展权。第二，在执法和司法上进行侧重保护，在执法手段上实现创新，在执法机构设置上更加灵活、人性化；在司法上，设计更加简洁、便利、易于弱势群体接受的诉讼制度。

---

[1]　江帆："实质正义的经济法解读"，载李昌麒主编：《经济法论坛》（第5卷），群众出版社2008年版，第146页。

[2]　谭洁、曹平："关于中国经济法基本原则的若干问题研究"，载《法学杂志》2011年第7期，第113页。

五、结论

经济法的三大原则即社会本位原则、国家适度干预原则、权利倾斜保护原则之间不是孤立的，而是相互联系，共同促进的，社会本位原则是基础理念，国家适度干预原则和权利倾斜保护原则都是在社会本位观的基础上的发展，它们通过共同对经济法价值、理念、功能的具体化，促进了经济法实质公平、经济平等等价值的实现和经济法功能的完善。

名家解读

一、在有关经济法基本原则概念内涵的理论研究中，下列观点比较具有代表性：

1. 刘文华教授认为："经济法基本原则是对经济法所调整的经济关系的各个方面和全过程都具有普遍意义的指导思想，是经济立法、经济司法、经济法的实施等一切经济法制工作都必须遵循的指导方针。"对此，刘文华教授指出，中国经济法的基本原则，既体现着工人阶级和广大人民群众管理调整经济生活的基本意志和要求，又体现了党和国家在经济方面的主要政策和方针，因此对经济立法、经济司法和经济法学研究具有重要意义和巨大作用，当然地成为经济法基础理论的重要组成部分。

——刘文华：《中国经济法基础理论》，学苑出版社 2002 年版，第 128 页。

2. 史际春教授认为："经济法基本原则是经济法的灵魂和建构经济法体系的依据，是经济法宗旨的具体体现，是经济法的规范和法律文件所应贯彻的指导性准则。"他具体提出了确定经济法基本原则的内容所应当坚持的标准和方法：一是经济法基本原则应当具有法律规范的特性，本身属于法的原则性规范，至于超出法范畴的原则不能作为经济法的原则；二是经济法基本原则不应与经济法的宗旨或特性混同。经济法的价值、宗旨、特征等范畴并不能作为法的规范而存在；三是经济法基本原则应该是作为部门法的经济法所特有的原则；四是经济法基本原则应当是贯穿、指导、统领整个经济法的准则。

——史际春、邓峰："经济法的价值和基本原则刍论"，载《法商研究（中南政法学院学报）》1998 年第 6 期，第 11 页。

3. 杨紫烜教授认为："我国经济法的基本原则，是指贯穿于经济法之中的，人们在经济管理和经济协作过程中必须遵循的根本准则。"对此，杨紫烜教授做了进一步的解释：首先，经济法的基本原则是人们必须遵循的根本准则。它是人们行为的根本准则，其作用不同于经济法学说，也不同于具体经济法律规范。其次，经济法的基本原则是人们在经济管理和经济协作过程中所遵循的准则，因此不同于经济立法原则。最后，经济法的基本原则是贯穿于经济法之中的根本准则。它不能离开经济法而存在，是贯穿于一切经济法规之中的根本准则。并且，经济法基本原则由经济法的本质决定。

——杨紫烜主编：《经济法原理》，北京大学出版社 1987 年版，第 46~47 页。

4. 漆多俊教授认为："中国经济法的基本原则，是由中国经济法所确定，为中国经济法这一部门法的全部规定及其从制定到实施的全过程所遵循的准则。"在随后的研究中，漆多俊教授又进而主张：经济法原则是经济法在调整特定社会关系时，在特定的经济法调整范围内普遍适用的基本准则。它一般由宪法和有关经济法规范性文件明文加以规定，既体现在有关法律规范性文件中，也会在司法实践中由判例加以昭示。

——漆多俊：《经济法基础理论》（修订版），武汉大学出版社 1997 年版，第 166 页。

5. 李昌麒教授认为："经济法的基本原则是指规定于或寓意于经济法律之中的对经济立法、经济守法、经济司法和经济法学研究具有指导和适用价值的根本指导思想和规则。"并认为传统经济法原则的研究最根本的问题是在方法论上不具备导向性功能，如将社会主义法的一般原则表述为经济法的基本原则，将其他部门法的原则表述为经济法的基本原则，将经济规律或者经济战略直接表述为经济法的基本原则，将经济法部分法律的原则概括为经济法的基本原则，使得经济法原则的研究流于一般。进而，李昌麒教授主张，经济法基本原则必须反映经济法的本质特征，必须具备准则性或者导向性，必须大体适应于经济法体系中所有法律法规的本质要求，经济法基本原则表明的是一种法律精神或者法律价值。他还将上述四个方面作为确立经济法基本原则的指导标准。同时，李昌麒教授还阐述了经济法基本原则的作用：首先，经济法的基本原则对经济立法有指导作用，这表现为：一方面，制定基本经济法时，立法者要在确定所制定的法律的指导思想的前提下，确定该法律的具体内容；另一方面，一旦确定在基本经济法律之中而有所规定后，经济法基本原则就对国务院以及有立法权的地方权力机关制定的经济法规具有直接的约束作用，效力较低的下级法规的内容不得与经济法的基本原则相抵触。其次，经济法基本原则对经济守法有指导规制作用，这表现为：经济法基本原则作为经济法主体的行为准则，既可以对经济法主体进行积极作为的规制，又可以对其进行消极作为的规制。再次，经济法基本原则对经济司法有指导作用，这表现为：在法律没有规定的情况下，经济法基本原则可以用作裁判的准则，法官可直接依据经济法基本原则作出自由裁量，以有效应对法律规定的有限性和社会关系的无限性之间的矛盾。

——李昌麒主编:《经济法学》,中国政法大学出版社 1994
年版,第54~55页。

6. 张守文教授认为:"经济法基本原则,是贯穿于经济法的
法制建设各个环节的基本准则,是各类具体的经济法规则的本
源性规则。经济法基本原则,作为连接经济法宗旨和经济法具
体规范的桥梁和纽带,是体现经济法价值的重要环节。"经济法
基本原则的定位应该是法律规则和价值观念的汇合点,是衍生
其他具体规则的根本规则。进而,张守文教授提出了确立经济
法基本原则的三个基本标准,分别是"高度标准""普遍标准"
和"特色标准"。其中,高度标准旨在强调经济法基本原则的定
位要有其应有的"高度",不能将经济法的宗旨或价值理念等同
于基本原则,更不能将具体规则高估为基本原则;普遍标准则
强调经济法基本原则的"普适性",可避免将经济法分论中具体
的部门法原则上升为统领整个经济法而普遍适用的基本原则;
特色标准强调了经济法本身的"特色",既强调基本原则作为法
律原则的特性,也强调经济法不同于其他部门法的特性。并且,
要确立经济法的基本原则,不仅要确定相应的衡量标准,还要
匹配具体的确立方法,可以从多种角度、运用多种方法确立经
济法基本原则。

——张守文主编:《经济法学》,北京大学出版社 2006 年
版,第51~54页。

7. 王保树教授结合经济法的实践和理论,提出了确定经济
法基本原则时所应满足的三个要求:一是对经济法基本原则的
特殊性要求,即经济法基本原则必须是经济法所调整的社会关
系对经济法调整的特殊需求的集中反映。经济法基本原则与经
济法的本质、特征一样,是区别于其他法律部门的主要标志。

因此，经济法基本原则不能是法的一般原则或其他法律部门的基本原则。二是对经济法基本原则的规范性要求，即经济法基本原则作为经济法规则的一种应具有法律规范的一般性质，必须具有可操作性、可适用性和可诉性。也就是说，所确定的经济法基本原则应成为人们可遵行的规则，应能够成为人民法院审理经济案件的适用规则。并且，应成为人们向人民法院提起诉讼的法律依据。因此，经济性的、经济法宗旨性的原则都不宜列为经济法的基本原则。三是对经济法基本原则的指导性要求，即经济法基本原则作为理解和解释经济法律其他条文的基准，而当然地对其他经济法规则适用有指导意义。也就是所确认的经济法基本原则能够指导经济法其他规则的适用，它的存在有助于人们对经济法条文的理解。特别是在理解有分歧时，经济法基本原则可以指导人们排除歧义，求得其本意。

——王保树主编：《经济法原理》，社会科学文献出版社2004 年版，第 36~37 页。

二、对于经济法基本原则的构成，比较有代表性的观点有：

1. 刘文华教授认为，经济法基本原则具体包括：第一，平衡协调原则。平衡协调是经济法精神价值的体现，经济法兼顾了公与私，所以既要保持整个社会范围内的经济秩序体现着国家对于经济生活的意志以增进整体社会效益，又要保证民法调整范围内的意思自治能有效发挥。经济法的平衡协调正是在于创造和维护一个可以是自由市场机制和民法作用发挥的外部环境。第二，维护公平竞争原则。这是在经济法中反映出来的市场经济社会化发展的内在要求和理念，是经济法的一项核心和基础性的原则。第三，责权利效相统一原则。责权利效相统一原则主要适用于社会主义市场经济的经济法律关系中，强调各管理主体和公有制经营主体所承受的权（力）利、利益、义务和职责要一致，从而避免发生脱节、错位、不平衡的现象。

——潘静成、刘文华主编：《经济法》（第2版），中国人民大学出版社2005年版，第72~76页。

2. 史际春教授在刘文华教授提出的三大原则上，对其内涵进行了拓展，并明确将经济法三大原则与经济法所追求的价值目标相联系。平衡协调原则是由经济法本质所决定的国家调整经济的目标原则，维护市场竞争原则是对既有市场经济国家调整经济实践的归纳，责权利相统一原则是适用于社会主义公有制经济调整而应该采用的原则。并且后两个原则是统领于第一个原则之下的，即实现目标原则的手段原则。具体来说，我国经济法的基本原则有以下三项：第一，平衡协调原则。它由经济法的社会性和公私交融性所决定，普遍适用于不同社会经济制度下的经济法调整。第二，维护公平竞争原则。它普遍存在于经济法中而反映着社会化市场经济的内在要求和理念，其直接体现是在经济法部门的竞争法即反垄断法和反不正当竞争法领域，同时还体现在经济法各项制度如发展计划、产业政策、财政税收、金融外汇、企业组织、经济合同等中。第三，责权利相统一原则。该原则适用于社会主义市场经济或以公有制为主导的市场经济条件，确保着根本的经济发展，因而是体现经济法灵魂的一项根本性原则。进而，史际春教授指出："平衡协调原则体现了经济法力求实现实质正义和社会效益，维护公平竞争原则表明了经济法对市场精神和经济效益的追求，权利统一原则是公有制与市场经济之契合的联结点，三者协同一致，致力于实现公正、效益、经济自由、经济民主和经济秩序的统一。"

——潘静成、刘文华主编：《经济法》（第2版），中国人民大学出版社2005年版，第72~76页。

3. 杨紫烜教授所提出的经济法的基本原则，由经济法主体利益协调原则和国家协调本国经济运行法定原则构成。他做了具体阐释：首先就经济法主体利益协调原则而言，其中的"经济法主体"包括各种经济法主体，种类可根据不同的标准进行层层划分，协调主体和协调受体的划分可以在经济法部门当中不断继续，直到满足实践的需要为止；而"利益协调"也不同于"利益平衡"，经济法主体利益协调原则的基本精神强调，经济法主体依法所为无论作为或不作为只要对经济社会的发展作出了贡献就应依法获得相应的利益，即在增量利益的总和之中占有一个相对合理的比例，而不强调经济法主体之间的利益相等、均等或大致均等；在不同的社会制度下，各国基于经济法性质的不同，经济法主体利益协调的内涵又具有重要区别，社会主义国家的经济法性质决定了社会主义国家经济法中的经济法主体的利益协调以维护广大人民群众的根本利益为前提。其次就国家协调本国经济运行法定原则而言，其具体内容包括经济法主体法定（即经济法主体的种类、取得经济法主体资格的条件和程序法定）、经济法主体的行为法定（即协调主体的职权、职责法定和行使职权、履行职责的程序法定，协调受体的权利、义务法定，其行为合法与否以法律规定为准）、经济法主体行为的后果法定（又包括经济法主体行为的法定有利后果及法定不利后果）。

——杨紫烜："论构建社会主义和谐社会与中国经济法的基本原则"，载经济法网：www. cel. cn/List/FwllFext？articleId＝836 ifbe9-b49b-4131-bfaf-2e268efc8608，访问日期：2000 年 12 月 12 日。

4. 漆多俊教授认为中国经济法基本原则与其他市场经济国家一样，都是维护社会经济总体效益和兼顾各方经济权益，而中国经济法基本原则的特殊性只表现在所维护的是社会主义社会的总体经济效益上。之后漆教授又有所修正,指出经济法的基本原则是社会总体经济效益优先,兼顾社会各方利益公平。并结合经济法调整所确立的社会总体性和经济性价值理念,对经济法基本原则做了论证,提出:经济法产生于适应生产社会化的需要,生产社会化引起了社会经济调节机制和国家经济调节职能的需要。作为调整国家经济调节中社会关系的经济法,就在于维护和促进社会经济总体结构和运行的协调、稳定和发展。因此,经济法价值的基本取向当然就是社会总体性和经济性所要求的秩序、效率、公平和正义。所以,人们在确立经济法原则时应该思考怎样才能促使和确保经济法的各种具体规则有利于社会总体性和经济性的价值和理念目标的实现。这决定了所确立的经济法原则必须体现经济性和社会总体性,即社会经济的总体方面。综合经济性和社会总体性的要求,经济法原则就应主要立足于社会总体效率与社会经济总体公平。

　　——漆多俊:"经济法价值、理念与原则",载漆多俊主编:《经济法论丛》(第2卷),中国方正出版社1999年版。

　　5. 李昌麒教授构筑的经济法基本原则体系,体现了对市场经济法制的理解,具体的建构同样出于适应经济法调整价值取向的需要。他指出:谋求资源优化配置是经济法追求的首要目标;国家干预对于优化资源配置有着不可忽视的作用;而市场经济中国家干预的范围又不是任意的,必须以社会公共利益为自己的出发点和归宿;国家对经济所进行的干预必须有利于促进、保障经济民主和经济公平的实现;经济民主和经济公平是推动和提高经济效益的重要因素;作为现代化的法,经济法最后要做到的就是促进全球性的可持续发展战略在中国的实施。具体来说,经济法的基本原则包括:第一是资源优化配置原则,这反映了市场经济体制要求的最一般原则。第二是国家干预原则，这体现了经济法作为"适应国家对社会经济生活的干预而产生的一种法律形式"的本质特征。第三是社会本位原则，这体现了经济法的法律调整对社会经济生活的尊重，强调法律的干预是有限制的。第四是经济民主原则，这既主导着经济法主体决策机制、动力机制和利益机制运行的前提，也是国家干预要实现的首要目标，离开了它国家干预势必滑向经济独裁。第五是经济公平原则。这源于任何法律都必须具备的正义价值，以此实现整个社会主义法律的公正和正义。第六是经济效益原则，这是上述的国家干预、社会本位、经济民主、经济公平原则所要达到的终极目的，也是检验上述原则是否有效的客观尺度，指导着我国经济工作实践以及经济立法的加强。而在后续的研究中，李昌麒教授参照我国已经颁布的经济法律、法规，同时考虑到经济法应有的价值取向，又增加了第七个基本原则即可持续发展原则。

——李昌麒主编：《经济法学》，中国政法大学出版社2002年版，第61~66页。

6. 张守文教授提出，经济法基本原则包括：调制法定原则、调制适度原则、调制绩效原则。并认为，"这样的提炼更简明，更有法律性和经济法的特色，更能在经济法领域具有普遍意义，更能体现出各项原则之间的内在联系"。其中，调制适度和调制绩效的前提和基础只能是调整法定原则，调制适度与绩效的实现很大程度上取决于"法定"的状态所确保的法治程度；调整绩效是目标原则，无论调整适度还是调制法定都是为了实现这一目标；一定意义上，调制适度是对"调制法定"的展开，不过它在侧重于自由裁量的经济执法层面更有意义，是切实实现调制绩效的手段。进而言之，调制法定原则旨在为调制行为设置法制轨道和法制边界；调制适度原则则切合经济法实现的现实，强调对国家调制手段、措施、力度等方面的要求；而调制绩效原则是经济法调整目标的原则体现。

——张守文主编：《经济法学》，北京大学出版社 2006 年版，第 56~59 页。

7. 王保树教授指出，经济法基本原则的确立旨在适应国家管理经济的需要，经济法的本质就在于其是确认和规范政府干预经济之法。所以在国家对市场经济管理中，经济管理权限和程序都要法定，违法行为也必须法定，重心是强调经济协调行为法定原则。具体来说，经济法基本原则应该包括以下三项：第一，经济法应确保进入市场的经营主体的经济机会均等和经济平等，即公平与公正原则；第二，在经济法的相关规定没有明文禁止的情况下，应确保市场经营主体可以充分自由地进行经营，即违法行为法定原则；第三，经济法对有关的经济管理权限和程序应该在相关法律中明确规定，即经济管理权限和程序法定的原则。

——王保树主编：《经济法原理》，社会科学文献出版社 2004 年版，第 49~51 页。

经济法的功能研究

　　法的功能是指法作为一种特殊的社会规范本身所固有的性能或功用。这些功能是基于法的属性、内部诸要素及其结构所决定的某些潜在的能力。只要是法，无论其性质如何，也无论其是否发生了实际作用，法的功能都是存在的，它是法的固有属性。法主要有以下几种功能：其一，指引功能。法通过对权利义务的规定，为一般人的行为提供一个模式，引导人们在社会活动中正确作出行为选择。法的指引功能主要是通过法律规范对人们权利和义务的规定来实现的。其二，预测功能。法的预测功能是指根据法律的规定，人们可以预先估计到他们相互间将会发生怎样的行为以及行为的后果，从而对自己的行为作出合理的安排。预测功能作用的对象是人们相互的行为，包括国家机关的行为。其三，评价功能。法作为一种特殊的社会规范，是人们行为的准则，因而具有作为判断、衡量人们行为是否合法的标准与尺度的功能。评价功能作用的对象是他人的行为。当然，法只能评价人们的行为是否合法或有无法律效力，因此，有很多行为虽然由法来评价，但仅靠单一的法的标准来评价是不全面的，也是不深入的。其四，教育功能。法的教育功能是指法的实施对人们的认识和行为产生的影响。其作用的对象是一般人的行为。法的教育功能主要体现在两个方面：一方面，通过对违法行为的制裁，既可以教育违法者本人，同时又对那些企图违法的人起到威慑和警示作用，使其引以为戒；另一方面，通过对合法行为及其法律后果的确认和保护，对人们的行为起着示范与鼓励的作用。其五，强制功能。法具有国家意志性和国家强制性的特征，因而自然地具有强制功能。法的强制功能作用的对象是违法者的行为。任何社会的法都由国家强制力保障实施，对违法者以国家的名义加以制裁，但是，不同类型的法，其强制功能的对象、范围和方式是不一样的。

经济法功能不同于法的一般功能，本专题将对经济法的独特功能进行探讨。

一、经济法功能研究的大致梳理

经济法与民法、刑法等部门法相比产生较晚，其对社会生活的调整范围、方式等与传统的部门法也大不相同。因经济法产生的时间不长，加之经济法总论的理论性和抽象性太强，因而学界对经济法总论的关注和研究较少，特别是经济法总论中的一些基本问题经常被忽视，如经济法的功能。事实上，经济法对社会生活的调整是伴随着经济法功能的实现而展开的。经济法功能在现代社会呈现出多元化的局面。经济法的功能体现着经济法的本质，推动着经济法价值的实现，有力地捍卫着经济法在法律体系中的地位，因此经济法的功能在经济法基础理论中的重要性不容忽视。但目前学界对经济法功能的研究明显少于对其他基础理论的探讨，形成系统的文字资料的也不多见。[1]通过检索和查阅相关文献，对经济法功能的论述可归纳为如下观点：

---

〔1〕 符启林、刘亚莉："经济法的基础功能及对中国二元结构的调整"，载《政法论丛》2005年第6期，第44~46页。

（一）多元功能论

有的学者认为："社会经济要高效率、高速、可持续发展，需要两个基本条件：动力和协调。这两个基本需要就决定了，作为调节社会经济发展所赖以进行的基本制度之一——经济法必须具备以下五种功能：分配功能、信息传递功能、激励功能、节约交易费用功能、整合经济功能。""分配功能是基础，信息功能是中介，激励功能、节约交易费用功能是手段，最后经过整合功能，把所有个体之力整合为社会之力，并最终实现经济法的基本价值。就对实现经济法的基本价值来说，经济法的所有功能均不可或缺。"[1]

（二）单一功能论

有的学者虽没有对经济法的功能进行直接的论述，但其在论著中提到"经济法承担着发展性社会整合功能，社会法承担着保障性社会整合功能"，似乎对经济法的整合功能进行了确认。[2]

有的学者认为经济法的功能是再分配功能。"国家调节所作的分配乃是在市场调节所作的分配基础上为了社会公共利益即社会总体效率和社会公平而进行的分配。如果把市场调节的分配称为初次分配，那么国家调节便是一种再分配。市场调节的分配和国家调节的再分配都需要法律加以规范。规范市场调节分配的法律主要是民商法，规范国家调节再分配的法律主要是经济法。"[3]

---

〔1〕 刘水林、雷兴虎："论经济法的社会经济功能"，载《法学评论》2004年第2期，第37~41页。

〔2〕 单飞跃："社会整合：经济法与社会法的功能配合"，载《法学》2004年第5期，第14页。

〔3〕 漆多俊："经济法再分配功能与我国收入分配制度改革"，载《中共中央党校学报》2008年第2期，第78页。

对上述观点及其论证进行仔细研究和分析，我们大致可以得出这样的论断：上述学者对经济法功能的论证都具有一定的说服力，都从某个角度或某个侧面对经济法的"功能"进行了描述，这些描述使得我们对经济法的本质有了进一步的认识。但经济法的功能到底有哪些？从上述观点来看，有的学者认为经济法的功能有一个，有的认为有多个。出现这种状况的原因是什么呢？对经济法的功能到底应怎样认识才能较为接近经济法的本质呢？

二、对现有经济法功能研究的批判

我们来检讨现有的有代表性的经济法功能的阐述。

首先，将"（利益）分配功能"作为经济法的功能之一，似乎是不妥当的。凡是法都具有分配利益的功能。"从动态而言，法律机制是分配利益，并为这一分配提供具体保障的统一；宪法对社会的基本利益加以分配，普通立法则是宪法对利益分配的延伸性分配与补充性分配，二者构成法律分配利益的两个层级。"[1]经济法具有利益分配的功能，民法同样具有利益分配的功能，宪法是最根本的对利益进行分配的法，其功能之一也可以说是"利益分配"。因此，这种功能不是经济法特有的功能，将经济法的功能之一界定为"（利益）分配功能"不能够使经济法与其他法区别开来，不利于正确地认识经济法的本质，因而这种功能显然不是经济法"固有的内在的属性"，不是经济法的功能。激励功能、节约交易费用功能作为经济法的功能之一同样具有如上的问题，一项好的制度设计均具有激励和节约交易费用的功能，不唯经济法有之，不再赘述。

---

[1] 李琦："利益的法律分配及其保障——对现当代法律机制的整体性描述"，载《厦门大学学报（哲学社会科学版）》1998年第4期，第74~76页。

其次，将"整合功能"作为经济法的功能之一有待商榷。一般认为，整合（Integrarion）就是把一些零散的东西通过某种方式而彼此衔接，从而实现信息系统的资源共享和协同工作，其主要的精髓在于将零散的要素组合在一起，并最终形成有价值、有效率的一个整体。"整合"一词在当今似乎已经成为一个时髦的口号。通过中国知网——中国学术文献网络出版总库——"文献检索"题名中输入"整合"一词，模糊检索获得的项目为 61 414 项，这是在题目中包括"整合"一词的文献数，由此可知"整合"一词滥用的程度。

"功能"一词更多地是从生物学的角度进行使用的。在社会科学中使用"功能"一词最早的学者无从考证，但将"功能"作为一个有学术含义的术语来使用似乎可以追溯至结构功能主义学派的学者，结构功能主义学者将生物学意义上的"功能"含义移植和嫁接到社会学领域。如孔德认为："社会是一种有规律的结构，它与生物有机体有极大的相似性，是一个由各种要素组成的整体。"[1]帕森斯认为，社会系统中包括四种子系统，分别是经济系统、政治系统、社会共同体系统和文化系统。帕森斯强调社会系统之所以能保证自身的维持和延存，是由于其能够满足四个功能性条件，也就是他著名的"AGIL 图式"。其中，A（Adaptation）即所谓"适应"功能，主要指社会系统由其外部环境获得足够的资源或能力以及这些资源或能力在该系统中的配置；G（Goattainment）即所谓"目标实现"功能，主要指社会系统所具有的有助于确立其目标并为实现这些目标而激发和调动该系统中之能力与能量的功能；I（Integration）即所谓"整合"功能，主要指社会系统的连贯性或一体化的维持问

---

〔1〕 周怡："社会结构：由'形构'到'解构'——结构功能主义、结构主义和后结构主义理论之走向"，载《社会学研究》2000 年第 3 期，第 56~62 页。

题，包括控制手段的建立、保持子系统的协调、防止系统发生严重混乱等；L（Latency）即所谓"潜护"功能，主要指能量储存并配置于系统的过程，包括相互联系的两个方面：一是模式维持，即符号、观念、趣味、评价等的文化供应；二是张力处置，即行动者内心紧张和张力的消除，由此而维持社会的共同价值观模式，并使其在社会系统内制度化。[1]"经济系统"执行适应环境的功能；"政治系统"执行目标实现功能；"社会共同体系统"执行整合功能；"文化系统"执行潜护功能。这四个子系统之间既相互区别又相互联系，它们共同构成了作为整体的、均衡的、自我调解和相互支持的社会系统。从上述关于结构功能主义学说的论述中，我们可以看到："整合"功能是社会共同体系统的功能，社会共同体系统的主要作用在于使社会成员按一定规范从事活动而避免相互冲突，产生社会"凝聚力"或"团结"。社会共同体系统包括了所有旨在建立和维持社会内部团结的职能机构，如司法、军队及其他社区组织等。[2]因此，如果从"整合"一词的原初意义上考虑，将经济法的功能之一界定为"整合"显然是不妥的。而且"整合"与其说是经济法的"功能"毋宁说是经济法的"作用"，因为正如前述，法的功能是描述性的，而法的作用具有现实的指向。经济法在现实社会中确实发挥着整合的作用，如对资源的整合；对产业结构的整合；对资金投向的整合，等等。

　　笔者认为将经济法的功能界定为"再分配"是有一定道理的，但仍有值得探讨的余地。漆多俊教授认为："如果把市场调

----

〔1〕　刘润忠："试析结构功能主义及其社会理论"，载《天津社会科学》2005年第5期，第54页。

〔2〕　汪和建："社会系统分析模型：马克思与帕森斯的比较"，载《社会学研究》1992年第1期，第55页。

节的分配称为初次分配，那么国家调节便是一种再分配。市场调节的分配和国家调节的再分配都需要法律加以规范。规范市场调节分配的法律主要是民商法；规范国家调节再分配的法律主要是经济法。"[1]由这段论述，我们可以断定他所说的"初次分配"与"再分配"的含义与一般经济学意义上所说的"国民收入的初次分配和再分配"的含义是不同的。理解这一点对理解其"经济法是再分配法"的论断具有重要的意义。但是，此种论述背后隐含的似乎仍然是前述的一个判断：法律是利益分配的工具。这一判断，如果不把它拿来用于辨识经济法的功能，应该是没有太大争议的。但如果用于分析经济法的功能，就仍然走了前述的老路。在"分配"前加一个"再"字从而与民商法的"初次分配"区别开来，这个目的无疑是达到了。但是经济法的功能与行政法、刑法等其他部门法的功能的区别仅仅用"再分配"似乎显得不够精确。从某种意义上说，只要设定了一个参照系——"初次分配"，行政法和刑法同样也具有"再分配"的功能。因此，将经济法的功能界定为"再分配"虽然简洁精炼，但也有笼统和不够细致之嫌。因而对经济法功能的认识需要进一步推进。

三、经济法功能研究的方法与路径

据《现代汉语词典》的解释：功能是"事物或方法所发挥的有利的作用；效能"。此解释说明功能与作用并非完全等同。功能可以被理解为作用，但功能不是作用的全部，它只是有利的作用或者称"积极作用"。一般认为，法的功能是指法作为一种特殊的社会规范本身所固有的性能或功用。这些功能是基于

〔1〕漆多俊："经济法——利益资源的再分配法"，载《法制日报》2007年12月16日。

法的属性、内部诸要素及其结构所决定的某些潜在的能力。只要是法，无论其性质如何，也无论其是否发生了实际作用，法的功能都是存在的，它是法的固有属性。"法的功能和法的作用是形式上相似而实质上有别的两个事物。法的功能是法所固有的内在属性，而法的作用是被赋予和设定的；法的功能是法所固有的稳定属性，而法的作用则需常有变动；法的功能是法所固有的应然属性，而法的作用则具有现实的指向。法的功能主要是描述性的，法律人应把握法的功能的天然禀性，尊重法的规律来发现和表述法的功能，使法的功能的潜质尽可能得以实现，而不要去做形式上所谓"充分发挥"而实质上则属于画蛇添足的徒劳工作。法的作用主要是规定性的，法律人应在充分利用既有条件的基础上，更好地创设和发挥法的作用，使其能够适合国家、社会和公民生活的实际需求。"[1]

　　法的功能与法的作用的关系可以同样运用到经济法的功能和经济法的作用的关系上。因此在研究经济法的功能时，我们就要注意区别功能和作用，不能将作用"发挥"成功能。经济法的功能应定位于经济法"出生"时所具备的功能，即其"天生"的功能，就像眼睛天生就具有视物的功能，耳朵天生就具有视听的功能一样。不能说我们希望经济法具有什么样的功能，或实践中经济法正在发挥什么样的作用，我们就说它有什么样的功能。如果这样来认识，就可能将经济法的作用误当作了经济法的功能。在此，笔者认为：经济法的功能是经济法一经产生就具备的功能，这种功能只能从经济法产生的时候它所固有的内在属性去探究。离开那个时段的探究可能就偏离了认识真正的经济法功能的航道，当然我们可以在那个时段之后的时间

---

〔1〕　周旺生："法的功能和法的作用辨异"，载《政法论坛》2006年第5期，第112页。

中去继续加深对经济法功能的认识，但也只能是加深而已，不能够任意发挥，也不能任意转移。因为经济法的功能和法的功能一样是"经济法所固有的内在的应然的属性"。

讨论经济法的功能必须要注意的第二个问题是：经济法的功能应该与法的功能有所区别，经济法的功能应该与其他部门法的功能有所区分。法的功能是从经济法、民商法、刑法等部门法的功能中抽象出来的，经济法是法部门的一种，（即使它不是"独立"的部门法，但我们不能否定有经济法的存在）因而法的功能的种类的归纳同样适用于经济法等任何法部门。一般认为，法的功能有指引功能、预测功能、评价功能、教育功能、强制功能等。因此，我们说经济法作为法有这些功能是很少有人提出异议的。但同样的与此相关的问题是：如果我们在讨论经济法的功能时仅仅停留在法的功能的层面上，这种研究是没有意义的。因而我们在研究经济法的功能时，必须超越一般的法的功能的层次，将能够体现其本质特点的功能归纳出来，即力求通过经济法的功能的描述使得我们将经济法从其他法中辨识出来。事实上，上述学者都在这一方面进行了相当程度的努力，但可能也正是因为追求经济法的"特色"功能从而使得对经济法的功能的认识仁者见仁、智者见智。

四、经济法功能的初步框架：总功能与次级功能

正如前述，经济法的功能是"经济法所固有的内在的应然的属性"。经济法的功能应定位于经济法"出生"时所具备的功能，即其"天生"的功能。经济法是"国家干预经济的基本法律形式"。[1]其从诞生的那一天起就担负起了干预社会经济生活

---

[1] 参见李昌麒：《经济法——国家干预经济的基本法律形式》，四川人民出版社 1999 年版。

的责任。追寻经济法发展的轨迹，我们可以看到经济法是伴随着市场失灵问题而出现的，它的运行、发展、完善也无一不是针对市场失灵问题的。因此，经济法的总功能就应该是克服市场失灵。市场机制能够发挥作用的地方就应遵循市场规律和机制，在此时应由市场之"无形之手"起主要的调节作用，由市场来自动优化资源配置，国家或政府之"无形之手"无须干扰和介入。在这种状态下，以意思自治为其精神要旨的民商法起主导作用，此时效率与公平之间的关系以效率作为优选。但当市场不能有效发挥作用或根本不发挥作用的场合，即在市场失灵的情况下，国家或政府之"无形之手"理应依法伸出，以其强力和公权介入私人领域。在这种状态下，以"经济宏观安全、经济实质公平、经济整体效率"为基本理念的经济法应顺势登场，此时效率与公平之关系以公平作为优选。经济法针对市场失灵之病症给予防病与治病之良方，其功能之有效发挥之地为市场失灵之病症痊愈之处。当然，由于市场失灵表现形态的多样化，从而使得经济法的功能的具体样态也呈现出多元化的特征。这也是探讨经济法的功能时我们所持的一个基本观点：经济法的功能可以分多个层次，既可以有一个总的功能也可以有次级功能，还可以有更低一级的功能。通过多层次性的经济法功能的展现，我们可以更好地理解经济法的本质。克服市场失灵是经济法的总功能，经济法的具体的次级功能与市场失灵的形态相对应。

经济学中的市场失灵是指市场不能实现有效的帕累托资源配置。市场失灵的情形主要表现为信息失灵、垄断、外部性、公共产品、经济周期五种情形。相对应于上述失灵的情形，笔者认为，经济法的次级功能为强制信息传递功能、反垄断功能、外部性内部化功能、公共产品供应功能、经济周期应对功能。

（一）强制信息传递功能

信息失灵主要指信息不充分、信息不对称以及信息不准确。信息不充分是指决策所依赖的信息在量上的不足；信息不对称是指信息在交易主体之间的分配不均匀；信息不准确是指信息在质上与客观事实不一致。信息失灵的主要原因是"经济人"假设，即"经济人"在理性上的有限性以及"经济人"唯利是图的本性。经济人的有限理性导致完全信息的获取是不可能的。经济人的自利性常常使得信息优势主体利用自己的优势地位去损害劣势主体的利益，或隐瞒自身获取的信息，或用其他手段制造不正确的信息，如虚假披露等。[1]而市场对克服信息失灵的缺陷是无能为力的，因此经济法的信息传递功能得以发挥。这种信息传递功能的发挥是以公权介入私权的方式进行的，即政府以"有形之手"对信息资源的配置进行干预，从而矫正信息失灵的状况。例如，《产品质量法》[2]第27条规定："……（三）根据产品的特点和使用要求，需要标明产品规格、等级、所含主要成份的名称和含量的，用中文相应予以标明；需要事先让消费者知晓的，应当在外包装上标明，或者预先向消费者提供有关资料；（四）限期使用的产品，应当在显著位置清晰地标明生产日期和安全使用期或者失效日期；（五）使用不当，容易造成产品本身损坏或者可能危及人身、财产安全的产品，应当有警示标志或者中文警示说明。……"在这部法律中，国家强制要求信息优势主体——生产者和销售者向信息劣势主体——购买者提供充足的准确的信息。在此，经济法的功能就是尽量使得市场主体双方或多方的信息充分、对称、准确。这种信息的

---

〔1〕 李昌麒主编：《经济法学》，法律出版社2007年版，第39页。

〔2〕 《产品质量法》即《中华人民共和国产品质量法》，为论述方便本书涉及我国法律，省去"中华人民共和国"字样，全书统一，后不赘述。

传递具有强制性，不具有可选性，即有信息传递义务的一方必须履行其义务，否则法律的惩罚将随之而至。

（二）反垄断功能

在经济学上，竞争市场，有时称为完全竞争市场，一般有两个特点：市场上有许多卖者和买者以及各个卖者提供的物品大体上是相同的。在一个充分竞争的市场之中，没有哪个卖家或买家能够通过控制自己的销售量或购买量来对均衡的市场价格产生影响。由于这些条件，市场上任何一个买者或卖者的行动对市场价格的影响都可以忽略不计。每一个买者和卖者都把市场价格作为既定的。在竞争市场上的卖者和买者必须接受市场决定的价格，因而被称为价格接受者。在竞争市场上的企业与经济中的大多数其他企业一样，努力使利润最大化。而通过并购行为所形成的垄断企业与此恰恰相反，竞争企业是价格接受者，而垄断企业是价格制定者。如果并购行为造成了一个企业是其产品唯一的卖者，而且其产品并没有相近的替代品，这个企业就是垄断企业。垄断不仅会抑制竞争，减损市场的效率，而且还会抑制创新，损害消费者的利益。作为市场自身是难以克服垄断及其危害的，而只能通过经济法中的反垄断法加以克服。市场依赖竞争得以繁荣，然而，竞争又具有否定自身的倾向，即自由竞争必然会导致垄断。鼓励自由竞争是民商法的功能，因为"意思自治"是民商法的核心和精神。而民商法不能解决垄断问题，因为垄断行为从形式上看恰恰符合民商法"意思自治"的精神。如垄断协议的订立、企业合并的达成似乎都体现了协议双方的自主与自愿。但从最终的结果看，垄断行为有损市场公平竞争，会降低经济运行效率，损害消费者利益和社会公共利益，阻碍市场经济健康发展。因此，需要国家对这些垄断行为进行干预，如禁止卡特尔、企业合并事先申报等，无疑，国家干预这些行为的法律形式就是经济法。

（三）外部性内部化功能

所谓外部性，也称外部效应，是指私人边际成本和社会边际成本之间或私人边际效益和社会边际效益之间的非一致性，即某些个人或企业的经济行为影响了其他个人或企业，但都没有为之承担应有的成本费用或没有获得应有的报酬。外部效应可分为外部正效应和外部负效应两种。正效应典型的例子是教育，而负效应典型的例子是污染。沃尔夫指出，无论是受益还是损耗，只要是经济活动产生了"外在需求"的地方，由生产者满足这种需求都是不恰当的，市场结果将是没有效率的，因为这些外部受益是不进入决定生产决策的计算的。[1]外部性起源于经济人对自身利益最大化的追求，其中负外部性是一种典型的损人利己的行为，正外部性是一种典型的损己利人的行为。以上两种情况所造成的收益或受损，单靠市场的力量是难以协调受益人和受损人之间的利益平衡的，而只能通过体现国家干预的经济法建立相关的法律制度来平衡这种利益冲突。实践中的做法主要是采取"命令控制法"和"经济刺激法"，从而达到将外部性内部化的效果。

（四）公共产品供应功能

公共产品具有效用的不可分割性、消费的非竞争性和受益的非排他性，所以难以通过市场机制来供给。而且，由于普遍的"搭便车"现象的存在，市场不能有效地、足量地供应公共产品。特别是对私人而言，由于追求利润最大化的动机的驱动，其缺乏提供公共产品的动力；有时也不具有提供公共产品的实力。而公共产品的需求在任何一个社会都存在，在现代社会公

---

〔1〕 许红兵："市场失灵、政府失效及对策"，载《郑州大学学报（哲学社会科学版）》2003 年第 4 期，第 132~134 页。

共产品尤其不可或缺。公共产品理所当然地就应该由政府或主要由政府来提供。公共产品的提供一般有两个途径：一是政府通过直接生产来提供；二是由政府出面组织进行生产来提供。无论哪种提供方式，它们的生产活动很显然不同于私人的生产活动。私人生产活动的目的是追求利润最大化，因而其生产具有个体性的特征，国家通过法律——主要是民商法来保护其营业自由。而政府的生产完全不是或主要不是以盈利为目的的，政府提供公共产品是为了整个社会福利的最大化，是以社会为其本位的。政府在提供公共产品时必须依法进行，这种"法"只能是经济法。

（五）经济周期应对功能

经济周期一般是指经济总体活动所经历的有规律性的扩张和收缩的过程。经济学家一般把经济周期划分为繁荣、衰退、萧条、复苏四个阶段，这四个阶段循环一次，即为一个经济周期。美国著名经济学家萨缪尔森对经济周期曾经做了这样的描述："在繁荣之后，可能会出现恐慌和暴跌，经济扩张因此让位于衰退，国民收入、就业和生产下降，价格和利润下降，工人失业。当经济最终到达最低点以后，复苏阶段开始出现，复苏既可以是缓慢的，也可以是快速的，新的繁荣阶段表现为长期持续旺盛的需求，充足的就业机会以及增长的国民收入……简单来说，这就是所谓的经济周期。"[1]从萨缪尔森的描述中可以看出，经济周期从宏观上表现为国民收入及经济活动的周期性波动。在市场经济体制下，经济周期问题的存在是经济人个人理性导致集体非理性的结果，是一种微观有序、宏观无序的现象。这是因为，每个市场主体都在追求利益最大化，而没有任

---

〔1〕 参见 ［美］保罗・A. 萨缪尔森、威廉・D. 诺德豪斯：《经济学》（第 12版），高鸿业等译，中国发展出版社 1992 年版。

何一个主体在主观上愿意为市场的宏观效率负责。正如经济学家所言，市场是一个没有"大脑"和"心脏"的机体，在运行过程中迷失方向在所难免。而经济法可以通过制度设计，为市场装上"大脑"和"心脏"，为它指点迷津。[1]

五、余论

正如前述，经济法的功能具有层次性。这正如人体结构之功能：整个人体结构的功能是总功能，各器官的功能是次级功能，各器官组织内部的功能为更低一级的功能；以此类推，无以穷尽。因此，我们对经济法的功能的认识首先应把握认识的方法和路径，在此基础上再对经济法的功能进行类型化研究。当然，如同人体结构之功能的研究一样，对经济法功能的研究很难做到非常精细（有时也没有很多的必要），如果确实出于实践的需要，我们可以对经济法的一些更具体的功能加以分析（如可以探讨一下反垄断法的功能）。基于这样的考虑，本专题的研究止于经济法的次级功能，更深层次和更细微的功能留待以后在有需要时加以探讨。

名家解读

一、德国法理学者魏德士将法律功能概括为下述几项：

1. 形式上的调整功能，阻止混乱发生；

2. 保持功能，保持着当时国家和社会结构的原则，并因此为"制度变化"的合法性划定界限；

3. 赋予功能和法律保障功能，保护个人和集体的权利；

4. 裁判纠纷功能，是利益冲突的调整工具和判断标准；

---

〔1〕 李昌麒主编：《经济法学》，法律出版社 2007 年版，第 41 页。

5. 满足功能，有助于形成有序而和平的国家和社会的生活过程；

6. 融合功能，组织一切生活领域中的社会和政治过程；

7. 创造和教育过程，使现行的有效的法能够成为法律意识，它使得在法的有效期内对法的遵守成为对法的确信或曰信仰。

—— ［德］魏德士：《法理学》，丁晓春、吴越译，法律出版社 2005 年版，第 38~44 页。

二、法的功能和法的作用是形式上相似而实质上有别的两个事物。法的功能是法所固有的内在属性，而法的作用是被赋予和设定的；法的功能是法所固有的稳定属性，而法的作用则需常有变动；法的功能是法所固有的应然属性，而法的作用则具有现实的指向。法的功能主要是描述性的，法律人应把握法的功能的天然禀性，尊重法的规律来发现和表述法的功能，使法的功能的潜质尽可能得以实现，而不要去做形式上所谓"充分发挥"而实质上则属于画蛇添足的徒劳工作。法的作用主要是规定性的，法律人应在充分利用既有条件的基础上，更好地创设和发挥法的作用，使其能够适合国家、社会和公民生活的实际需求。

——周旺生："法的功能和法的作用辨异"，载《政法论坛》2006 年第 5 期。

三、关于经济法的功能，以下学者的观点比较有代表性：

1. 王保树认为，当我们讨论三法的功能时，不可不注意一种现象，即功能常被人们与作用混同使用。实际上，功能不能等同于作用。功能可以被理解为作用，但功能不是作用的全部，它只是有利的作用或者称"积极作用"。由于功能均具有特殊性，反映了三法各自的特有功用，因而它适应了解决三法定位的要求。首先，它在外部形态上揭示了三法的定位。无论是民法、商法，还是经济法，表现它们地位的作用很多，有积极意义的作用，也有消极意义的作用，但通过分析，剔除消极作用，归纳其有利作用，将功能明晰化，三法定位的外部形态就被揭示出来了。其次，功能表现在三法的实践中，而实践是人们亲自参加的社会经济活动，通过功能讨论三法的定位使三法定位问题越出了纯理论的探讨，更紧密地与人们的实践结合起来，其实践意义自不待言。

——王保树："关于民法、商法、经济法定位与功能的研究方法"，载《现代法学》2008年第3期。

2. 岳彩申、袁林认为，经济法的功能体现着经济法的本质，推动着经济法价值的实现，有力地捍卫着经济法在法律体系中的地位，因此经济法的功能在经济法基础理论中的重要性不容忽视。但目前学界对经济法功能的研究明显少于对其他基础理论的探讨，形成系统的文字资料的也不多见。

——岳彩申、袁林："经济法利益分配功能之解释"，载《社会科学研究》2002年第3期。

3. 漆多俊认为，经济法的功能是再分配功能。国家调节所作的分配乃是在市场调节所作的分配基础上为了社会公共利益即社会总体效率和社会公平而进行的分配。如果把市场调节的分配称为初次分配，那么国家调节便是一种再分配。市场调节的分配和国家调节的再分配都需要法律加以规范。规范市场调节分配的法律主要是民商法，规范国家调节再分配的法律主要是经济法。

——漆多俊："经济法再分配功能与我国收入分配制度改革"，载《中共中央党校学报》2008年第2期。

4. 刘水林、雷兴虎认为，经济学认为，社会经济要高效率高速、可持续发展，需要两个基本条件：动力和协调。这两个基本需要就决定了，作为调节社会经济发展所赖以进行的基本制度之一——经济法必须具备以下五种功能：分配功能、信息传递功能、激励功能、节约交易费用功能、整合经济功能。可见，分配功能是基础，信息功能是中介，激励功能、节约交易费用功能是手段，最后经过整合功能，把所有个体之力整合为社会之力，并最终实现经济法的基本价值。就对实现经济法的基本价值来说，经济法的所有功能均不可或缺。

  ——刘水林、雷兴虎："论经济法的社会经济功能"，载《法学评论》2004年第2期。

  5. 郑艳馨认为，"经济法是再分配法"指明的是经济法的功能。经济法的本质是国家调节经济之法。经济法的本质与功能密不可分，本质决定功能，功能是本质在不同角度的投射。功能不是事物的现象，而是内含于事物的本质之中。不同法律部门的利益分配对象、分配方式和分配层次等均存在不同之处。在市场经济体制下，对社会经济利益的初次分配首先是由民商法完成的。经济法是基于民商法等法律部门在社会利益初次分配中存在局限性，即尚不能很好保障社会公平、实质公平的前提下，才作出某些必要的调整与再分配，但它应当充分重民商法的初次分配，并以此为基础。当然也要注意到，经济法虽然是一种再分配法，但再分配法不全是经济法。再分配法的种类很多，如社会保障法就是一种再分配法，但经济法的再分配与其他再分配法相比，分配目标、对象、原则、领域和方式等方面存在特殊性。经济法再分配主要是指对社会利益资源和权利的调节和再分配。经济法再分配的目的主要是维护和促进社会总体效率与社会公平。经济法再分配是基于对社会总体和实质意义上效率和公平正义等目标的考量和追求，追求利益"衡平"，并在此基础上追求秩序、自由和安全。在进行再分配时，要恰当处理好社会总体经济效率与个体经济效率、社会整体利益与个体利益、社会公平与个体间公平相互之间的平衡问题，即寻找一个最佳的平衡点，在维护社会总体经济效率与公平时注意维护而不是妨害个体效率，使经济法的价值目标和理念目标得以实现。

——郑艳馨："国家调节与经济法再分配功能"，载《法学评论》2008 年第 2 期。

我国相关市场界定研究

——基于CiteSpace与Nvivo的多数据分析

　　我国《反垄断法》于 2008 年正式实施。并在后续的时间中接连颁布了《关于相关市场界定的指南》以及《反价格垄断规定》（已失效）等其他法律文件，为我国反垄断工作的开展奠定了法律基础。然而，涉及相关市场界定的规则在面对复杂的现实情况时仍存在一定的问题。尤其是随着数字经济的发展，相关市场界定也更具复杂性与不确定性。对此，国家市场监督管理总局于 2020 年发布《关于平台经济领域的反垄断指南（征求意见稿）》。国务院反垄断委员会于 2021 年发布《关于平台经济领域的反垄断指南》。基于上述背景，需要重新审视相关市场界定问题，以此为相关市场界定的后续研究提供参考。本专题利用文献计量软件 CiteSpace 及质性分析软件 NVivo，以中国相关市场界定研究为基本内容，通过 CNKI 数据库对相关市场界定的研究态势进行文献计量分析与质性分析。通过绘制相关市场界定研究的作者、关键词等方面的知识图谱，将该领域的整体情况以更直观的形式表现出来。通过分析中国相关市场界定的研究文献，系统地梳理分析相关市场界定的研究现状、研究热点，以及相关市场界定领域的演进过程，并从中选取较为重要的 7 篇文献进行质性分析，为后续的相关市场界定研究提供借鉴和参考依据。

一、数据检索与研究工具

本专题主要是基于文献计量方法对相关市场界定进行文献梳理和总结。对此，首先要确定所计量的文献数据以及对应的文献计量工具。本专题数据来源于 CNKI 数据库（中国学术期刊网络出版总库）。就具体研究工具来说，本专题将通过 CiteSpace 软件绘制相关市场界定领域研究的知识图谱，并根据图谱进行文献计量分析。

（一）数据检索

CNKI 数据库中的文献格式符合文献计量软件的要求，并且可以采用文献计量方法进行分析。CNKI 数据库中的文献来源于不同层次与领域的期刊，具有多样性的特征，能够反映相关研究领域的总体水平。在检索条件方面，本专题在选定 CNKI 为本次文献样本收集的数据库后，在 CNKI 的高级检索中选择"主题词"为检索字段，设置"相关市场界定"为检索条件，共检索到 653 篇文献（检索日期为 2021 年 1 月 21 日）。时间跨度为2001 年至 2020 年。为保证文献计量研究的针对性与准确性，再对检索的文献群进行人工筛选与剔除，将与相关市场界定内容不相关的研究文献、不具学术价值的文章、会议与政策的简要报道、新闻等去除于检索文献群，确定样本量为 599 篇。然后对该 599 篇文献进行再次检查，确保每篇文献均包含本次文献计量所需的主题、机构、作者、关键词、参考文献等信息。最终确定该 599 篇文献为有效的样本文献，并将该文献群通过CiteSpace 软件进行数据转化，得到本专题研究的 CiteSpace 文献数据库。同时，根据文献共引频次、文献下载频次、作者研究方向、期刊质量等多种因素，选取 7 篇主要文献进行质性分析，总结出代表性观点。

（二）研究工具

CiteSpace 由美国德雷塞尔大学的陈超美教授研发，通过中心性等有关算法对节点显示进行计算并绘制知识图谱，对研究前沿、研究趋势与热点进行分析和预测。[1]CiteSpace 通过绘制知识图谱中的节点大小反映对应字段的出现频次，越高的频次对应文中越大的节点。本专题通过 CiteSpace 绘制作者、机构、关键词的共现图谱，并通过对文献群进行关键词聚类分析、突现分析以及共被引分析等方法，以可视化的方式展现我国从 2000 年至 2020 年间相关市场界定研究的主要内容和演进路径。同时，本专题采用质性研究方法，选取相关市场界定研究中较为重要的若干篇文献作为质性研究的材料来源，通过对文献资料的编码、分析、比较、转化以形成不同层级的概念、范畴和类属，找出核心影响因素及其各因素结构关系。对此，本专题采用 Nvivo 质性分析软件。Nvivo 软件可以基于微观层面，对相关文献进行细致的编码，对文献的"质"得到一个比较全面的解释性理解。[2]此外，通过绘制词云图、词语聚类图等，还可以凭借可视化的方式展现相关市场界定的代表性理论的研究内容。

二、发文时间分布分析

根据历年研究文献发表数量可以确定目标研究领域的研究阶

---

〔1〕　李杰、陈超美：《CiteSpace：科技文本挖掘及可视化》，首都经济贸易大学出版社 2016 年版，第 10~16 页。

〔2〕　陈向明：《质的研究方法与社会科学研究》，教育科学出版社 2000 年版，第 10 页。

相关市场界定研究文献年度发表情况

(单位：篇)

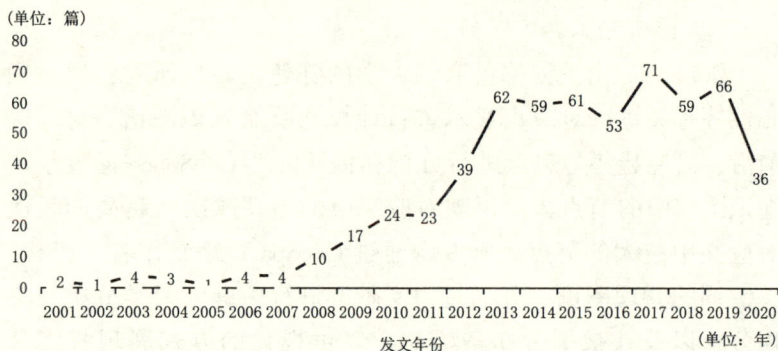

图 3-1　2001 年至 2020 年我国相关市场界定研究文献发文量随时间变化图

段和发展情况。[1] 图 3-1 表示我国相关市场界定研究文献的历年发文量情况。从图 3-1 可以看出，我国相关市场界定研究的年度发文数量经历了缓慢增长、高速发展以及现如今的稳定发展阶段。从 2001 年第一篇相关市场界定研究文献的发表，到 2008 年开始发文数量的不断增加，直到 2013 年至 2019 年间均保持每年 50 余篇的发文数量，可以将相关市场界定研究分为如下三个发展阶段：第一阶段为 2001 年至 2007 年，是相关市场界定研究的萌芽期。当时相关市场研究的关注程度明显不高，且不具备相应的研究力量和学术环境，年度论文发表数量均不足 5 篇，研究热度较低。第二阶段为 2008 年至 2012 年，是相关市场界定研究的起步期。彼时有更多的学者以及学术机构加入相关市场界定研究中，究其原因：一方面是反垄断法研究的学术理论不断发展，夯实了相关市场界定研究的学术基

---

〔1〕　Chen C，"Emerging trends and new developments in regenerative medicine：a scientometric update（2000-2014）"，*Expert Opinion on Biological Therapy*，2014，14（9）：1295~1317.

础；另一方面是《反垄断法》《关于相关市场界定的指南》均在这一时期发布，极大地激励了学者们的研究热情，也为相关市场界定的实践提供了明确的法律指引。第三阶段为 2013 年至今，是相关市场界定研究的高速发展期。从 2013 年起，相关市场界定研究呈现出一种高速发展态势，年发文量均为 50 篇以上。尤其是在 2017 年达到高峰，该年共发文 71 篇。总体而言，相关市场界定研究的初期研究力量薄弱，发文量较低，后来随着研究力量的增加，论文发表数量保持了一个较高态势，相关市场界定的相关理论在反垄断法学中也逐渐成为一个比较成熟的领域。

三、研究力量分析

通过研究力量分析，可以探究相关市场界定研究的学术环境以及研究态势。本专题主要以作者和机构的相关信息以及对应的发文数量作为分析研究力量的标准。就发文作者而言，本专题以作者合作网络图谱呈现出所示研究领域的主要研究人员及学者之间的合作关系。就研究机构而言，本专题主要通过绘制研究机构共现图谱表示相关市场界定研究的主要研究机构及研究机构之间的合作关系。

（一）发文作者分析

图 3-2 为相关市场界定研究的作者合作网络图谱。图中节点大小与作者出现频次成正相关，图中较大节点所示研究者在相关市场界定研究领域均作出较大的贡献，其中不乏对反垄断法学有较大影响的学者。

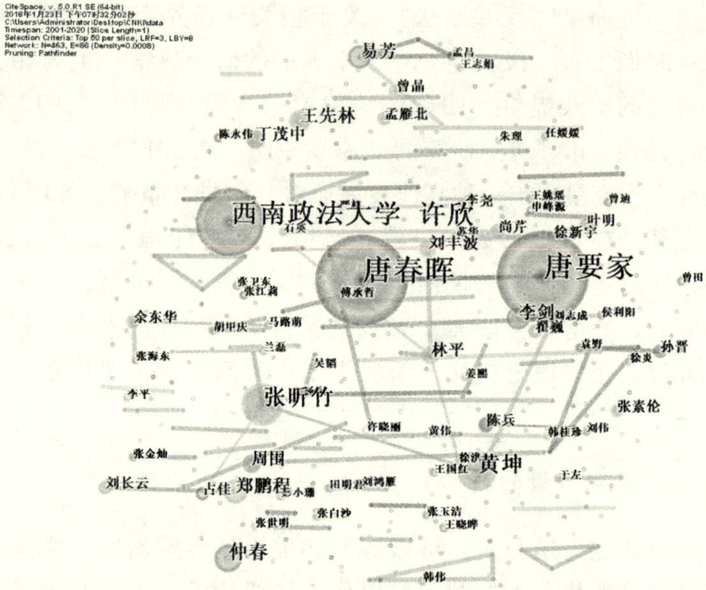

图 3-2　相关市场界定研究的作者合作网络图

　　根据作者共现频次，以共现频次最高的 15 位作者及其发文数量为数据绘制表 3-1。如表 3-1 所示，发文数量最多的是唐春晖、唐家要、许欣这三位学者，发文量均为 15 篇以上。代表以上作者的节点在图 3-2 中也占据较大位置。同时，在作者共现图的基础上，绘制作者突现图。图 3-3 为作者突现图，反映出对应作者发表有关相关市场界定论文的起始年份与最后发文年份，体现不同时期的相关市场界定研究的主要学者的变化态势。根据图 3-3 和表 3-1，在相关市场界定研究的萌芽阶段发挥了重要作用的是唐春晖、唐家要以及西南政法大学的许欣这三位学者。王先林、丁茂中、李剑等学者在相关市场界定的起步阶段中发挥了重要作用。周围和刘丰波等学者主要是在相关市场界定研究的稳步发展阶段中发挥了积极影响。

Top 20 Authors with the Strongest Citation Bursts

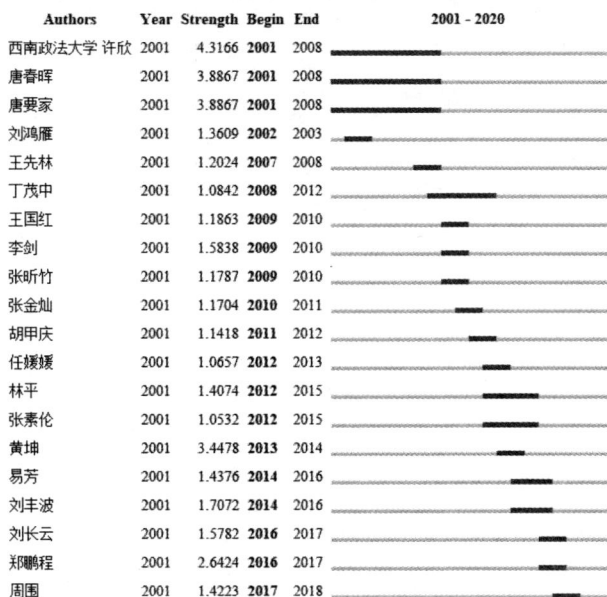

Authors	Year	Strength	Begin	End	2001 - 2020
西南政法大学 许欣	2001	4.3166	2001	2008	
唐春晖	2001	3.8867	2001	2008	
唐要家	2001	3.8867	2001	2008	
刘鸿雁	2001	1.3609	2002	2003	
王先林	2001	1.2024	2007	2008	
丁茂中	2001	1.0842	2008	2012	
王国红	2001	1.1863	2009	2010	
李剑	2001	1.5838	2009	2010	
张昕竹	2001	1.1787	2009	2010	
张金灿	2001	1.1704	2010	2011	
胡甲庆	2001	1.1418	2011	2012	
任媛媛	2001	1.0657	2012	2013	
林平	2001	1.4074	2012	2015	
张素伦	2001	1.0532	2012	2015	
黄坤	2001	3.4478	2013	2014	
易芳	2001	1.4376	2014	2016	
刘丰波	2001	1.7072	2014	2016	
刘长云	2001	1.5782	2016	2017	
郑鹏程	2001	2.6424	2016	2017	
周围	2001	1.4223	2017	2018	

图 3-3　相关市场界定研究的作者突现图

表 3-1　相关市场界定研究主要作者频次表

序号	作者	频数
1	唐春晖	20
2	唐家要	20
3	许欣	15
4	张昕竹	9
5	黄坤	8
6	仲春	6
7	郑鹏程	5

序号	作者	频数
8	李剑	5
9	王先林	5
10	易芳	5
11	丁茂中	4
12	林平	4
13	刘丰波	4
14	周围	4
15	占佳	3

　　图3-2中节点之间的连线表示作者之间的合作关系。作者合作网络图谱所示我国相关市场界定研究领域研究以个人和小团队研究为主，研究团队的人数主要为2人，最大的研究队伍也仅为4人。总体而言，关于相关市场界定研究的研究人员的合作关系集中程度不高，研究团队的规模较小，整体呈现较为分散的状态。同时，相关市场界定的相关研究团队中的研究人员大多隶属于同一机构，跨机构之间的研究合作较少。

　　（二）研究机构分析

　　图3-4为国内相关市场界定研究的机构共现图谱。图3-4中的连线用来表示机构之间的合作关系。节点的大小显示主要机构出现的频次，二者成正相关关系。通过图3-4可以分析相关市场研究主要的研究机构和机构之间的合作情况。

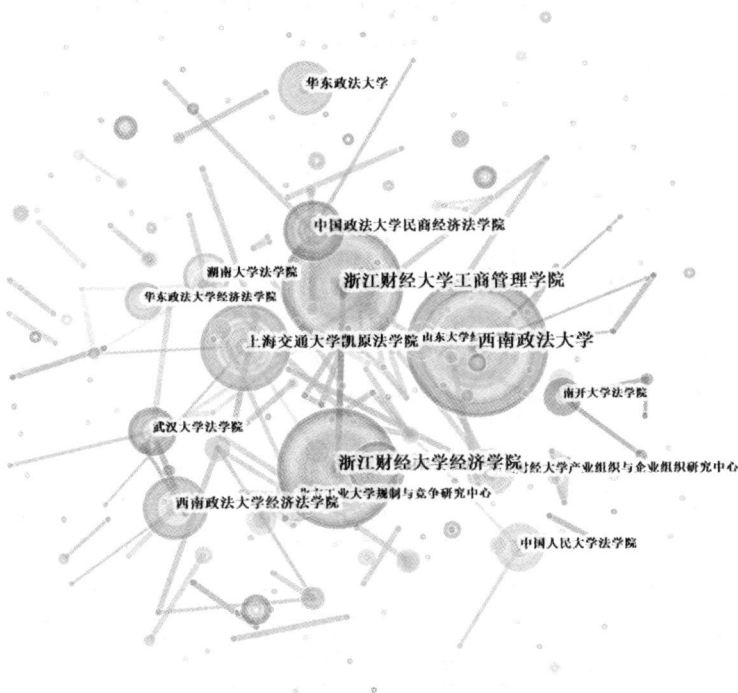

图 3-4　相关市场界定研究的机构共现图

　　同时，根据国内相关市场界定研究机构的出现频次与机构名称为数据，将发文数量前十五的重要研究机构绘制出表 3-2。根据机构共现图绘制出机构突现图，如图 3-5。

Top 10 Institutions with the Strongest Citation Bursts

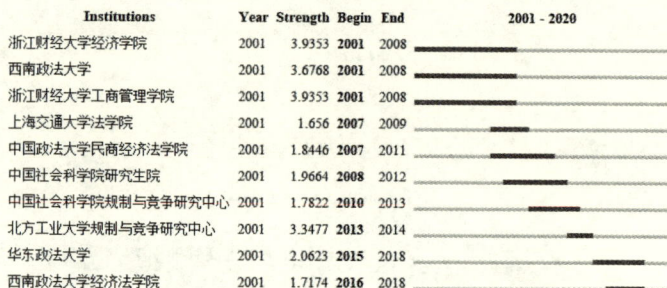

Institutions	Year	Strength	Begin	End	2001 - 2020
浙江财经大学经济学院	2001	3.9353	2001	2008	
西南政法大学	2001	3.6768	2001	2008	
浙江财经大学工商管理学院	2001	3.9353	2001	2008	
上海交通大学法学院	2001	1.656	2007	2009	
中国政法大学民商经济法学院	2001	1.8446	2007	2011	
中国社会科学院研究生院	2001	1.9664	2008	2012	
中国社会科学院规制与竞争研究中心	2001	1.7822	2010	2013	
北方工业大学规制与竞争研究中心	2001	3.3477	2013	2014	
华东政法大学	2001	2.0623	2015	2018	
西南政法大学经济法学院	2001	1.7174	2016	2018	

图 3-5　相关市场界定研究的机构突现图

表 3-2　相关市场界定研究的主要机构频次表

序号	机构	频数
1	西南政法大学	23
2	浙江财经大学经济学院	20
3	浙江财经大学工商管理学院	20
4	上海交通大学凯原法学院	14
5	西南政法大学经济法学院	10
6	中国政法大学民商经济法学院	10
7	华东政法大学	9
8	中央财经大学法学院	9
9	中国人民大学法学院	8
10	东北财经大学	8
11	武汉大学法学院	8
12	北方工业大学	7
13	湖南大学法学院	7

序号	机构	频数
14	华东政法大学	6
15	山东大学经济学院	6

根据图3-5的信息，在相关市场界定研究的萌芽阶段发挥了重要的作用的研究机构是浙江财经大学和西南政法大学。中国政法大学民商经济法学院、上海交通大学和中国社会科学院在相关市场界定的起步阶段中发挥了重要作用。北方工业大学、华东政法大学等在相关市场界定研究的稳步发展阶段中发挥积极影响。表3-2显示西南政法大学和浙江财经大学为发文量最多的研究机构。它们同上海交通大学凯原法学院、中国政法大学民商经济法学院、华东政法大学、中央财经大学法学院、中国人民大学法学院、东北财经大学、武汉大学法学院、北方工业大学、湖南大学以及山东大学均为发表有关相关市场界定研究的论文数量前十五的研究机构，是相关市场界定研究的代表性机构。这在一定程度反映了上述机构为相关市场界定研究的主要力量，也具有一定的经济法学的学科优势。从研究机构来看，机构共现图（图3-4）显示国内相关市场界定研究的研究机构主要为高校的法学院系。具备经济学与法学等交叉学科优势的研究机构在相关市场界定领域亦出现多次。从机构合作来看，相关市场界定研究基本属于独立研究状态，研究合作多为内部合作，跨机构的研究合作也多发生于同一地域。从研究机构的地域分布来看，机构共现图中出现的主要研究机构多分布于华北、华东和华南地区等东部地区中经济发展水平较高、反垄断案件多发的省份。这说明相关市场界定研究发展水平在一定程度上与研究机构所在区域的经济发展水平与反垄断案件的

发生数量呈正相关。总体而言，相关市场界定研究机构在集中程度上较低，同研究作者分布情况类似，整体呈现一种较为分散的状态。从整体上来看，全国各地域的研究机构在相关市场界定研究领域均有参与。各研究机构对相关市场界定研究领域并未过多涉及，主要是为对后续《反垄断法》有关议题的探讨进行铺垫。

四、研究内容分析

我国《反垄断法》的相关立法工作起步较晚，对于相关市场的法学研究也相对滞后。为了对我国相关市场研究内容进行全面且细致的分析，首先以相关市场界定研究的发展为角度，对研究内容进行梳理和总结，分析相关市场界定研究的演进过程。然后利用 CiteSpace 和 NVivo 软件分别对我国相关市场界定的研究文献进行知识图谱分析和质性分析，从而对我国相关市场界定研究进行整体分析。

（一）相关研究文献的评述

现有研究成果大致分为宏观层面的相关市场界定研究、特定行业的相关市场界定研究，以及相关市场界定方法研究。为了从宏观层面对相关市场界定进行研究，我国学者主要是以健全和完善相关市场界定为进路。早在 1996 年，王晓晔教授便对《美国企业横向合并指南》（1992 年）进行了翻译，以美国反托拉斯的实践为背景，讨论了相关市场的定义、计量及集中的标准和要点等一般性问题。[1]李文柱先生通过《欧盟竞争法中的相关市场理论》一文，介绍了欧盟相关市场界定的主流理论，并

---

〔1〕 王晓晔译："美国企业横向合并指南（续）——1992 年 4 月 2 日发布"，载《外国法译评》1996 年第 3 期，第 100~112 页。

较早地引入了相关期限市场和需求的交叉价格弹性方法等概念。[1]

随着我国反垄断立法工作的推进，相关市场界定的研究也越来越受到学界的关注。金朝武教授的文章《论相关市场的界定原则和方法》详细分析了相关市场界定的原则、方法、证据问题和我国彼时的立法工作。[2]王晓晔教授在《举足轻重的前提——反垄断法中相关市场的界定》一文中解释了相关市场界定的核心内容，并特别强调了相关市场界定的重要性。[3]李虹教授和张昕竹教授在其共同完成的文章中从经济学的角度出发，对相关市场的认定进行了详细分析，细致地对 SSNIP 测试法进行了引介。[4]李剑基于核心设施理论与相关市场理论的相关程度，提出基于相关市场的计量方法来分析反垄断案件中的核心设施问题。[5]王先林教授以法理的视角分别论述了界定相关商品市场和相关地域市场以及《论反垄断法实施中的相关市场界定》一文中的主要问题。[6]丁茂中从相关市场界定的方法、维度、权衡因素等角度比较了美国、欧盟、日本、英国、澳大利亚、新西兰等的《反垄断法》。他认为，相关市场界定在当前整个世界经济环境下有日益融合的趋势，因此在我国相关市场界

---

〔1〕 李文柱："欧盟竞争法中的相关市场理论"，载《国际经济合作》1999 年第 6 期，第 40~43 页。

〔2〕 金朝武："论相关市场的界定原则和方法"，载《中国法学》2001 年第 4 期，第 186~190 页。

〔3〕 王晓晔："举足轻重的前提——反垄断法中相关市场的界定"，载《国际贸易》2004 年第 2 期，第 46 页。

〔4〕 李虹、张昕竹："相关市场的认定与发展及对中国反垄断执法的借鉴"，载《经济理论与经济管理》2009 年第 5 期，第 31~36 页。

〔5〕 李剑："反垄断法中核心设施的界定标准——相关市场的视角"，载《现代法学》2009 年第 3 期，第 69~81 页。

〔6〕 王先林："论反垄断法实施中的相关市场界定"，载《法律科学（西北政法大学学报）》2008 年第 1 期，第 123 页。

定的反垄断工作中还需进一步提升 SSNIP 测试法应用的作用，厘清并细化相关市场界定的各个需要考量的因素，以提升我国反垄断执法工作的科学性。[1]

相较于以前的研究视域，特定行业的相关市场定义研究的结果更加详细，包括在特定市场（如互联网行业中经典的双边市场）的适用问题。李剑博士从法律和经济学的角度对双边市场下的《反垄断法》相关市场界定展开分析，提出"应区分双边市场与传统单边市场之间的区别，并对其量化。并在定量分析中保持相对审慎的态度"。[2]吴宏伟、廖娟于《互联网行业相关市场界定研究》一文中写道："之所以对互联网行业采取不同于传统的方法进行需求替代性分析，主要是由于互联网行业的特殊性。"同时他们还写道："互联网行业中潜在的经济价值使得潜在竞争者的数量日益增多。由此面对竞争激烈的互联网市场，不能仅仅以市场占有率来判断其互联网行业的市场范围。"[3]吴韬从实务的角度探讨了发生于美国互联网行业中的反垄断案件。同时深入分析了美国互联网行业相关市场的界定问题，他认为："在互联网行业中对企业的相关地域市场界定时，可以根据产品或服务的两种类型，判断在互联网市场中能否在线下中找到替代品。"[4]

最后则是对 SSNIP 测试法等相关市场的界定方法进行深入

〔1〕 丁茂中："反垄断法实施中的'相关市场'界定国际比较"，载《法学杂志》2012 年第 8 期，第 145~149 页。
〔2〕 李剑："双边市场下的反垄断法相关市场界定——'百度案'中的法与经济学"，载《法商研究》2010 年第 5 期，第 38~45 页。
〔3〕 吴宏伟、廖娟："互联网行业相关市场界定研究"，载《甘肃理论学刊》2013 年第 1 期，第 123 页。
〔4〕 吴韬："互联网行业反垄断案件中的相关市场界定：美国的经验与启示"，载《电子知识产权》2011 年第 5 期，第 31~34 页。

的研究。在《SSNIP 市场界定方法、缺陷及其改进》一文中，徐斌提出了 SSNIP 测试法需要改进的方面，他认为"SSNIP 测试法面临玻璃纸谬误和单边效应带来的挑战，其局限性也愈发凸显"。[1]余东华深入地讨论了 SSNIP 测试法的局限性及改进方法，并介绍了欧美国家反垄断当局在司法实践中对 SSNIP 测试法采用的辅助测定方法，如共同分析法等。[2]张志奇则认为利用产品价格来界定地理市场范围的实际效用并未达到所需程度，其主要是对相关地域市场界定中存在的特殊问题进行了讨论。[3]

（二）基于关键词的知识图谱宏观分析

关键词是对文章主要要素及内容的高度提炼。本专题将以关键词为切入点探析我国相关市场界定的主要研究内容。本专题利用 CiteSpace 软件绘制出关键词共现图谱。通过关键词共现方法，可以得到本专题文献群的文本中所出现词频较高的主要关键词以及关键词共现图谱。关键词共现图如图 3-6 所示。此时，该图谱上共有网络节点 433 个，节点连线 751 条。表 3-3 为相关市场研究文献中出现频数最高的前 15 个关键词，分别是相关市场界定、反垄断、双边市场、市场支配地位等。这些反映了我国相关市场界定研究中主要侧重的领域，即相关市场界定的应用领域、主要方法等。

---

〔1〕　徐斌："SSNIP 市场界定方法、缺陷及其改进"，载《江西行政学院学报》2008 年第 1 期，第 56~58 页。

〔2〕　余东华："反垄断法实施中相关市场界定的 SSNIP 方法研究——局限性其及改进"，载《经济评论》2010 年第 2 期，第 128 页。

〔3〕　张志奇："相关市场界定的方法及其缺陷"，载《北京行政学院学报》2009 年第 4 期，第 89 页。

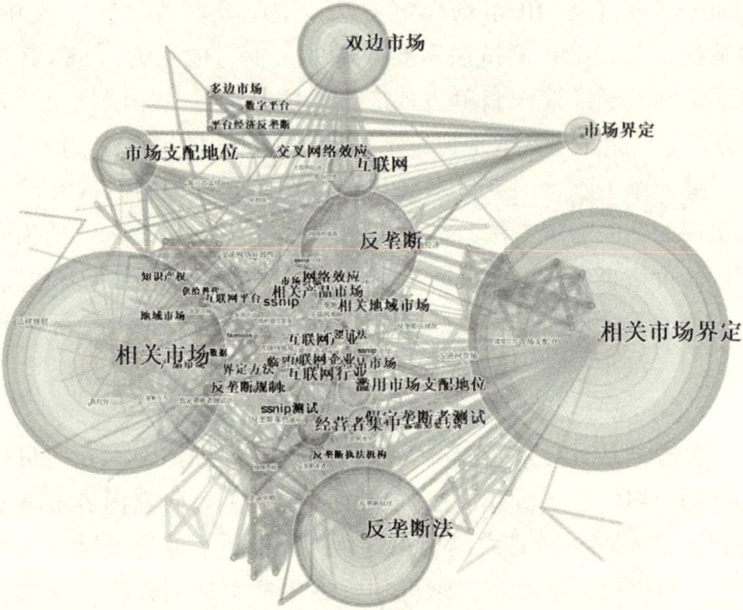

图 3-6   相关市场界定研究的关键词突现图

表 3-3   相关市场界定研究的主要关键词频次表

序号	关键词	频数
1	相关市场界定	412
2	反垄断法	235
3	反垄断	87
4	双边市场	63
5	市场支配地位	52
6	互联网	43
7	市场界定	37
8	假定垄断者测试	37

续表

序号	关键词	频数
9	经营者集中	33
10	滥用市场支配地位	27
11	互联网行业	23
12	相关产品市场	23
13	相关地域市场	22
14	网络效应	21
15	相关商品市场	20

在关键词共现分析的基础上，再对关键词进行聚类操作并绘制关键词聚类图谱。根据图谱参数所示，聚类图谱的网络密度为 0.0146，Q 值为 0.6083，S 值为 0.7359。其中 Q 值大于 0.3，S 值大于 0.5，说明本图谱聚类效果良好，符合聚类分析标准。为了方便对图谱进行分析，通过 citespace 软件中的 "Filiter Out Small Cluster" 功能滤除较小的聚类，将主要聚类凸显出来。图 3-7 即我国相关市场界定研究关键词聚类图谱，根据网络节点规模排序共有#0 相关市场界定、#1 反垄断法、#2 双边市场、#3 相关地域市场、#4 相关市场、#5 SSNIP、#6 反垄断、#7 经营者集中、#8 反垄断法律、#9 网络效应、#10 地理市场、#11 单边效应、#12 多层决定模型、#13 合并审查机制、#14 创新考量以及#15 实质性审查这些主要聚类。

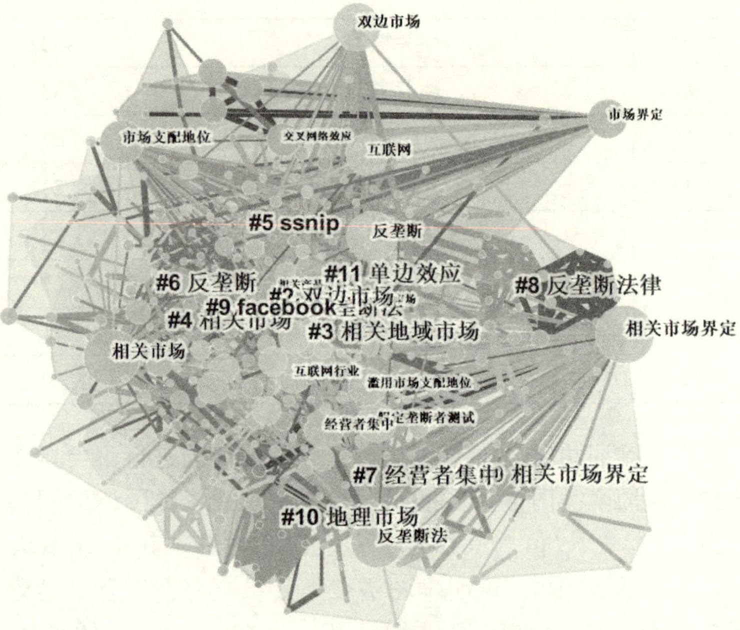

图 3-7　我国相关市场界定研究关键词聚类图

（三）基于经典文献的质性分析

对 599 篇相关市场界定文献进行宏观层次的内容分析后，还需选取若干篇重要文献在微观层面进行细致的解读，以更好地厘清相关市场界定研究的主要内容。对此，本专题从相关市场界定的文献中，以被引率、下载量以及作者的研究方向为标准，选取 8 篇相关市场界定的重要文献并通过 Nvivo 软件进行质性分析（选择文献如图 3-8 所示）。

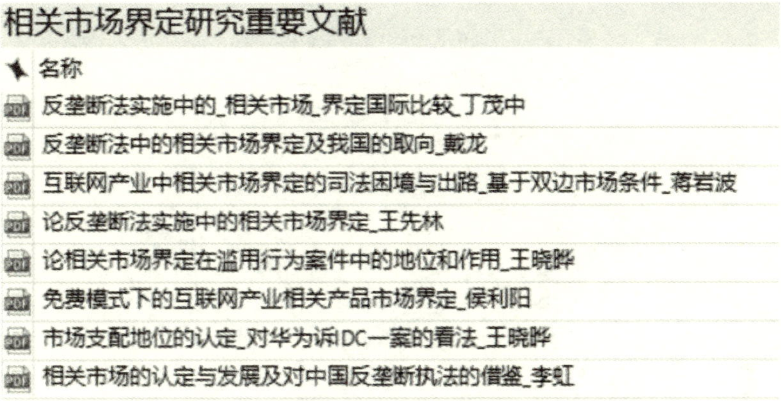
相关市场界定研究重要文献
名称
反垄断法实施中的_相关市场_界定国际比较_丁茂中
反垄断法中的相关市场界定及我国的取向_戴龙
互联网产业中相关市场界定的司法困境与出路_基于双边市场条件_蒋岩波
论反垄断法实施中的相关市场界定_王先林
论相关市场界定在滥用行为案件中的地位和作用_王晓晔
免费模式下的互联网产业相关产品市场界定_侯利阳
市场支配地位的认定_对华为诉IDC一案的看法_王晓晔
相关市场的认定与发展及对中国反垄断执法的借鉴_李虹

图 3-8　质性分析所选择的 8 篇重要文献

首先对这 8 篇文献进行文本分析，运用 Nvivo 软件自动对文献文本中的主要字段进行频数统计，并绘制矩阵结构词云图（图 3-9）。矩阵越大，表示相应词频越大。由此，可以直观地感受这 8 篇文献中出现的字段。在对这 8 篇重要文献的主要字段分析结果基础上，以 pearson 相关系数进行聚类，得到词语聚类图（图 3-10）。

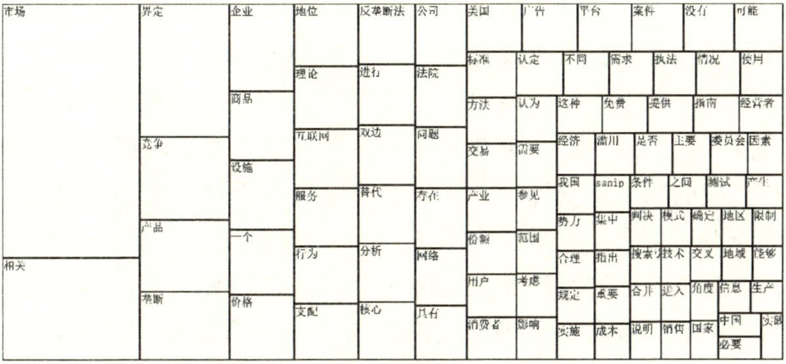
市场
相关
界定
竞争
产品
垄断
企业
商品
设施
一个
价格
地位
理论
互联网
服务
行为
支配
反垄断法
进行
双边
替代
分析
核心
公司
法院
问题
存在
网络
具有
美国
标准
方法
交易
产业
份额
用户
消费者
认定
认为
需要
参见
范围
考虑
影响
平台
案件
没有
可能
不同
需求
执法
情况
使用
这种
免费
提供
指南
经营者
经济
滥用
是否
主要
委员会
因素
我国
ssnip
条件
之间
测试
产生
势力
集中
判决
模式
确定
地区
限制
合理
指出
技术
交叉
地域
能够
规定
重要
合并
进入
角度
信息
生产
实施
成本
说明
销售
国家
中国
必要

图 3-9　重要文献矩阵结构词云图

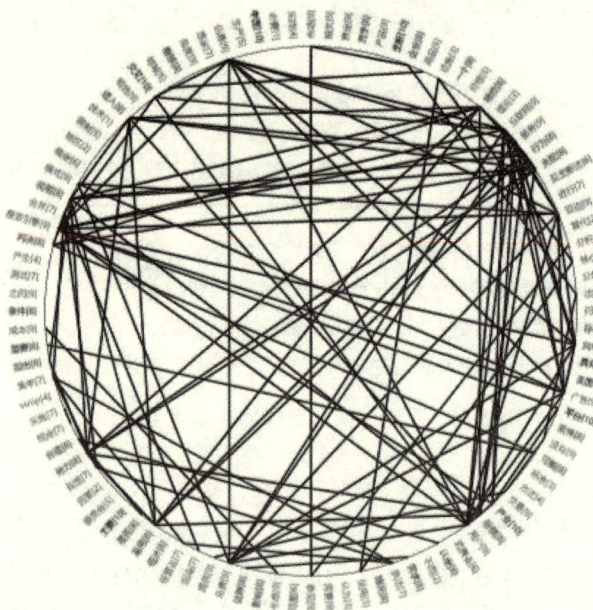

图 3-10　重要文献圆形词语聚类图

　　结合图 3-9 和图 3-10 中的信息，可以对主要文献进行第一轮的编码设计。这 8 篇主要文献都涉及域外相关市场界定的方法及标准介绍，由此设置"不同国家和地区的相关市场界定方法"为一级节点，同时将其他各国关于相关市场界定的具体标准及方法设置为该一级节点下的子节点。该 8 篇文献均论及几种典型的相关市场界定方法，由此设定"传统相关市场界定方法"为一级节点，将具体认定方法设置为该节点下的子节点。该 8 篇文献中均有涉及互联网行业相关市场界定的内容，由此将文中的主要部分，即"互联网行业相关市场界定的特殊性"设定为一级节点，将对互联网行业特殊性的具体阐述设定为下级节点。该 8 篇文献中有涉及利用其他经济学方法界定相关市场的内容，由此将"其他经济学方法"设定为一级节点，将对其他经济学方法的具体阐述设定为下级节点。该 8 篇文献中有论述相关市场界定的不同维度的理论，由此将"相关市场界定的维度选择"设定为一级节点，将对不同维度理论的具体阐述设定为下级节点。该 8 篇文献中有对相关市场界定的现实意义的讨论，由此将"相关市场界定的意义"设定为一级节点，将对其具体阐述设定为下级节点。该 8 篇文献最后都会回归到当前相关市场界定的难题的讨论，并深入地分析我国相关市场界定的制度、准则，由此将"我国相关市场界定标准"以及"相关市场界定面临的挑战"设定为一级节点，并根据其内容设定为下级节点。

表 3-4　重要文献质性分析编码节点及参考点数表

节点名称	参考点
不同国家和地区的相关市场界定方法	40
澳大利亚相关市场界定标准	3
美国对界定方法冲突的对策	8
美国相关市场界定标准	14
欧盟相关市场界定标准	11
日本相关市场界定标准	2
新西兰相关市场界定标准	1
英国相关市场界定标准	1
传统相关市场界定方法	27
需求替代认定法	5
SSNIP 测试法	12
附属市场理论	4
商品群理论	4

节点名称	参考点
同质产品认定法	2
互联网行业相关市场界定的特殊性	15
双边市场的特质	9
相关市场界定于互联网行业的司法困境	1
互联网免费模式	5
其他经济学方法	11
双边市场的特质	9
协调效应	1
单边效应	1
相关市场界定的维度选择	11
二维度论	2
三维度论	3
四维度论	3
五维度论	3
相关市场界定的意义	6
经营者集中应用与滥用市场支配地位应用	1
相关市场界定与垄断法的关系	5
我国相关市场界定标准	29
不必拘泥于相关市场界定的程序作业	4
我国反垄断法中的相关市场界定	9
我国反垄断法中相关市场界定的实践	11
我国其他相关市场界定的法律文件	5
相关市场界定面临的挑战	13

续表

节点名称	参考点
传统界定相关市场方法的局限性	7
地方保护主义	1
界定相关市场方法冲突	2
滥用市场支配地位的适用难度大	1
授权执法难度较高	1
相关市场界定于互联网行业的司法困境	1

根据上述编码操作对该 8 篇重要文献进行逐句的编码分析，并统计其下级节点个数，并进行统一汇总至上级节点。相关市场界定质性分析编码节点及参考点数表如表 3-4 所示。为了更好地直观感受该 8 篇主要文献对不同内容的侧重，根据不同节点的参考点数量绘制编码层次图。如图 3-11 所示，"不同国家和地区的相关市场节点方法""传统相关市场界定方法"以及"我国相关市场界定标准"层次区域最大，表示其内容为该 8 篇重要的文献的主要部分。即"不同国家和地区的相关市场界定方法""传统相关市场界定方法""我国相关市场界定标准""相关市场界定的维度选择""互联网行业相关市场界定""相关市场界定面临的挑战""相关市场界定的意义"以及"其他经济学方法"等。

（四）研究内容的整体分析

基于关键词知识图谱的宏观分析和对经典文献的质性分析，可以总结出我国相关市场界定研究主要是以对相关市场界定的一般性研究和对相关市场界定方法的评析为主的。同时，国外相关市场界定的经验及相关法律制度引介也是我国相关市场界定研究中极为重要的部分。总体而言，可大致分为以下内容：

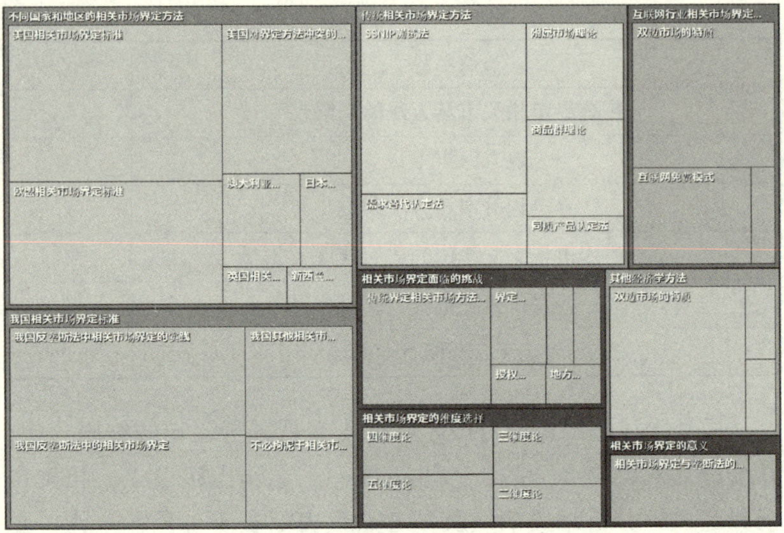

图 3-11 重要文献的编码层次图

1. 相关市场界定的基本理论

相关市场是《反垄断法》中极为重要的概念。对所有限制竞争的行为进行分析时，界定相关市场极为重要。相关市场是由美国反托拉斯法的判例法发展起来的理论。一般认为，美国联邦最高法院对标准石油公司所作的判决是关于相关市场的最初判例，在该案的判决书中，法院使用了"商贸所涉及的任何领域"这一法律术语来表示相关市场。相关市场的提出，不仅仅对任何一国内部的《反垄断法》有着重要的意义，还能对域外经营者行为的域外管辖性质有所规制。自此之后，在反垄断的理论研究和司法实践中，"相关市场"这一概念的使用愈加频繁，也激励学界对相关市场的研究愈加深入。

欧盟定义了相关产品市场和相关地理市场："相关产品市场是指消费者认为可以相互交换或替换的所有产品和服务。但前提是它们基于产品的性质、价格和功能。""相关地域市场是指相关主体在基本相同的竞争条件下提供和购买产品或服务的地理范围。之所以将其与邻近地区区分开，是因为竞争条件与邻近地区不同。"[1]

　　我国于 2008 年生效的《反垄断法》第 12 条第 2 款为相关市场提供了最基本的定义："本法所称相关市场，是指经营者在一定时期内就特定商品或者服务（以下统称商品）进行竞争的商品范围和地域范围。"根据本条的规定可以看出，我国《反垄断法》关于相关市场的界定，是对相关产品市场和相关地里市场两个基本方面同时进行分析，与美国《反垄断法》相同，并分析了相互竞争的产品范围和地理区域。对此，商务部在其于 2009 年公布的《关于相关市场界定的指南（草案）》中也作了相关规定："相关商品市场，是根据商品的特性、用途及价格等因素，可以相互替代的一组或一类商品所构成的市场，主要指被需求者视为具有紧密替代关系的所有商品。"另外，我国《反垄断法》和商务部的指南草案在对相关市场的定义中特别使用了"在一定时期内"这一限定性概念。根据全国人大常委会编著的《中华人民共和国反垄断法条文说明、立法理由及相关规定》，上述规定中所谓的"一定时期"是指"只有在一定时期内连续存在的足以影响市场竞争的行为才能构成垄断行为，且对不属于经营者的某些暂时性行为予以排除"。以上足以从监管范围影响市场竞争。

　　在《反垄断法》中，界定相关市场具有重要意义。相关市场是《反垄断法》中的一个基本概念。这是判断是否存在垄断行为的起点，也是实施《反垄断法》的起点和重点。界定相关市场在《反垄断法》中具有重要的理论和实践意义。定义相关

---

[1]　尚明主编：《企业并购反垄断控制——欧盟及部分成员国立法执法经验》，法律出版社 2008 年版，第 359 页。

市场的目的是明确供应商提供的特定产品或服务是否会限制竞争。它不仅是评估市场地位的先决条件，而且有助于确定市场主体是否在市场中占据主导地位。在确定市场份额之前，有必要定义相关市场；当市场主体进入市场时，有必要定义可能的市场范围。此外，定义相关市场无疑是同样重要的，反垄断调查是否已完成或继续进行，以及是否可以豁免某个市场主体的市场份额。

执法机构与司法机关在对某一特定行为进行反垄断审查时，必须判断该行为对市场竞争的影响，市场竞争效果的判断是基于市场范围的确定。[1]所有的竞争都一定是发生于一定区域内部的。对此，我们必须首先定义相关市场的范围，以便进一步确定相关市场中存在多少竞争者，以及他们的行为是否限制或破坏了竞争。如果界定相关市场范围过小，会扭曲正当且有效的竞争，从而人为地扩大企业的市场控制力和市场份额，夸大企业的垄断性质和反竞争行为。同时，这将导致反垄断当局对市场的不必要干预，不仅会浪费大量的行政资源，而且还可能增加企业不必要的负担，限制企业的发展，阻碍经济的发展，不利于社会进步和公平竞争环境的形成。[2]如果界定相关市场过于宽泛，它将掩盖许多阻碍竞争的因素，并扩大市场有效竞争的范围。真正占据市场支配地位并限制竞争的经济实体可能会逃避法律的约束和制裁，并会减弱反垄断的效果。

2. 相关市场界定域外经验

早在美国司法部发布的《美国企业横向合并指南》中，就系统地规定了相关市场的定义，并首次提出了 SSNIP 测试方法。

---

〔1〕 张穹：《反垄断理论研究》，中国法制出版社 2007 年版，第 142 页。

〔2〕 詹昊：《〈反垄断法〉下的企业并购实务——经营者集中法律解读、案例分析与操作指引》，法律出版社 2008 年版，第 85~98 页。

1997年，欧洲委员会发布了关于共同体竞争法实施的相关市场定义的委员会公告（即《关于欧共体竞争法界定相关市场的通知》），在借鉴美国和总结欧盟地区自身执法经验以及具体形式的基础上，规定了相关市场认定的原则、方法，以及调取证据等。作为反垄断相关法律制度较为发达的国家或地区，美国、日本、欧盟在相关市场界定的研究方面，无论是理论研究还是司法实践，都形成了自己独特的体系。尤其是作为垄断法律制度的起源，美国在相关市场研究方面较为领先，具有一定的代表性和指导意义。

相关市场的定义是各国在反垄断工作中实施《反垄断法》的前提和基本内容。对于经济主体滥用市场支配地位的判断，第一步是确定相关市场，这是判断市场份额的前提。至于垄断协议的界定，根据"本身违法的原则"确定该行为是否为非法，或者根据"合理性原则"确定该协议是否合理，以上均有必要在对该行为进行判断之前对相关市场进行界定。至于经营者集中程度的审查，也只有在确定了相关的市场定义之后，才能确定经济实体的市场集中度，进而审查其是否有碍正当竞争。

同时，相关市场的界定也是《反垄断法》和司法实践的基本问题。如果市场的定义太狭窄，可能导致不必要的干预和反垄断机构的干预，这不仅会造成行政资源的巨大浪费，增加企业的负担，而且不利于竞争。另外，如果定义的范围太广，会掩盖一些阻碍竞争的因素，这可能对竞争产生负面影响。

所以，正如美国联邦最高法院在1948年对哥伦比亚钢铁公司案违反《谢尔曼法》第1条及第2条的判决中所指出的那样，"确定什么样的领域或商品处于竞争关系的规则比较困难"。又如欧洲法院和欧洲初审法院在实践中一贯的所恰当运用的那样，相关市场合适的经济学定义对于评价某个计划的合并在市场竞争中所引起的后果来说是必要的。如果一个支配地位的标准被选来用于"使得评估受审查企业的实际经济势力成为可能",那么将相关产品市场作为出发点及评估目标就只可能导致一个对于可能的单一或集体支配地位的正确评估。市场的范围通常并不是很清晰。一个可乐制造商所处的竞争市场是一个品牌可乐饮料市场,还是所有可乐饮料的市场,还是碳酸饮料(不含酒精)市场,还是所有非酒精饮料市场,还是其他什么市场?因此,如何进行市场定义将对确定该制造商所占有的市场份额至关重要。同样,这一问题,对于进行并购审查的管理机关也十分重要。如若不妥善解决这一难题,确定市场份额,乃至进一步的审查评估则无从谈起。

竞争政策将随着经济和社会的发展而变化,从而随着实践的改变适时地调整反垄断机制。通过对相关市场界定的范围度和严厉性的调整,我们可以实现国内竞争政策的目标。例如,德国法院认为:"'定义相关市场'的目的是确定对相关企业有影响的竞争限制,因为企业是否处于主导地位的问题的关键在于企业的边界。即企业的行为是否全然受到竞争规制。"由此,在并购中,相关市场的定义是在竞争控制下使企业行为更加合理的关键要素。

具体而言,定义相关市场可以确定垄断行为的特定形式。垄断行为有多种形式。在确定某行为属于哪个特定垄断形式时,界定相关市场非常重要。例如,合并控制有三种形式:水平合并、垂直合并和混合合并。根据双方是否处于生产经营的同一阶段或不同阶段,来判断经营者之间的合并方式。在此过程中,界定相关市场极为重要。如果双方属于同一相关市场,那么通常来说,它们是横向合并。如果交易双方在相互关联的前后或上游和下游相关市场中,那么它们就是垂直合并。如果双方在不相关的相关市场中，则它们是混合合并。由于这些合并对竞争的危害程度不同，执法部门也有着不同取向。一般来说，监管部门对横向合并的态度最为严厉，对纵向合并和混合合并采取相对宽容的政策。因此，正确判断合并形式对当事人的权益有重要影响，在此过程中，正确界定相关市场非常重要。同样的原则也适用于限制性竞争协议的监管。协议属于横向协议还是纵向协议取决于对相关市场的正确界定。

此外，界定相关市场可以对垄断行为的违法效果加以测试。在反垄断法中，除少数自身违法的情况外，对绝大多数行为都需要进行具体分析来确定其是否具有反竞争的效果，而这种分析的展开必须以相关市场的界定为前提。例如，就禁止滥用独占地位而言，独占地位的构成和相关市场的界定有着紧密的联系，只有在一个范围确定的市场上，才可能衡量某个经营者是否具有独占地位。相关市场范围的大小对独占地位的衡量具有重大甚至是决定性的意义，只有将一个市场界定为恰当地包含所有替代品和替代区域时，才能正确评估经营者的市场份额是否已经达到独占地位。如果将一个市场界定得过宽，那么就会减少经营者实际的市场份额，使具有独占地位的经营者逃脱法律制裁；相反，如果将市场界定得过窄，就会人为夸大经营者的市场份额，使其蒙受不白之冤。因此可以说，界定相关市场是统计市场份额的基础。同样，在对企业合并进行审查时，界定相关市场也是必不可少的。只有划定了相关市场的具体范围，才能准确地计算出当事人所拥有的市场占有率及其所在市场的集中度，从而正确评价合并行为是否会产生反竞争的市场效果。

因此，相关市场的定义不应太宽泛或太窄。为了正确判断市场份额和市场集中度，必须坚持科学合理的原则，调查是否存在限制竞争或破坏竞争的行为。只有这样，才能消除和防止垄断行为，维持公平竞争和正常的市场秩序，才能实现反垄断的目标。《反垄断法》的目的是规范垄断行为。建立公平、诚实和安全的市场环境应以相关市场的定义为基础。反垄断立法应保持公平的市场环境和有效的竞争机制，促进有效提高生产效率和合理分配社会资源。反垄断执法应当根据法律和事实作出客观判断。

3. 相关市场类型

世界各国主要将相关市场的类型划分为相关产品市场和相关地域市场。相关产品市场是相关市场界定的类型之一，而且是最为基础和重要的类型。相关产品市场一般是指具有替代关系的产品的范围。此处的"产品"应作广义解释，既包括商品（狭义上的产品）市场又包括商业服务市场。我国《反垄断法》采用的是"商品范围"的概念，具体包括一定时期内特定的商品或者服务，其实质上与相关产品市场的内涵完全一致。

相关地域市场是指某地域和相邻区域之间在竞争条件上存在明显差异的事实，因此可以区分它们并成为两个市场。影响相关地域市场的因素是多种多样的。例如，某个区域的价格上涨后，如果相邻区域内类似商品的价格保持不变，而消费者转向价格没有上涨的区域购买此类商品，则两个相邻区域之间将存在竞争关系，属于同一个区域市场。但是，如果某个地区的商品价格上涨而相邻地区的同类商品价格保持不变，那么由于运输成本、关税和其他贸易壁垒、产品特性，消费者将不会转向价格没有上涨的地区。或许还涉及消费者的喜好等因素而有所变化，但仍会在原始区域购买商品。这样，两个地方之间就没有替代关系，并且它们不属于同一地区市场。另外，在特定条件下，考虑时间因素和技术因素，也有相关时间市场和相关技术市场的分类。

4. 相关市场的界定方法比较

在厘清相关市场类型的前提下，对相关市场界定方法进行分析。传统相关市场界定方法主要为同类产品认定法、需求替代认定法、商品群理论和供给替代分析法。后来随着界定和经济学理论不断丰富，美国于 1982 年提出的 SSNIP 市场界定方法逐渐成为当前主流的界定方法。

（1）传统相关市场界定方法。

同类产品认定法是根据产品性质的一致性标准确定相关产品市场的范围。同类产品识别法明确指出了相关产品市场的扩展，客观上减少了企业、反垄断执法机构和司法机构之间的理解差异。但是，最突出的问题是它忽略了产品的可替代性，这容易导致特定案件的相关市场过于狭窄，导致涉案企业的市场份额过度扩大。

在美国诉杜邦案件中，运用需求替代分析进行相关市场界定的方法首次出现在法院反垄断实践中。相对于同质产品认定法，需求替代认定法更为科学。它更多地站在消费者和使用者的角度，区别于同质产品认定法以产品性质进行区分的单一划分标准。该分析方法将诸如用途、质量等多种因素纳入考量范围，能够更加准确地计算相关市场范围，弥补了同质产品认定法带来的市场范围狭隘的问题。但是需求替代认定法最大的问题也在于其无法相对明确地指出相关市场的外延。进行相关市场界定的产品相互之间的替代程度各有高低。该分析方法只指明考虑多种因素进行替代法分析，但未进一步说明当替代达到何种程度或者范畴时，即可以认定为产品之间构成相关市场。指明的范围亦不够详尽。

商品群理论于 20 世纪 60 年代出现在美国法院的反托拉斯诉讼案件中。商品群理论在相关产品市场界定方面是对附属市场理论的一种逆向。它是在权衡多种因素的基础上将本身不具有替代性关系的产品一揽子地纳入同一个相关产品市场范围内。这种一揽子纳入同一个相关产品市场的分析方法似乎与专业准确的相关市场界定背道而驰。但实际上，商品群理论是内在坚持着相关市场界定中的替代性原理的。因为作为庞大的市场群，在进行相关界定时需要加以关注的除了价格、质量等，产品获得方式的快捷性也是重要权衡因素之一。但是，商品群理论对于全然纳入的产品何种情况下不能转化为具有竞争关系，何种情况下可能进一步转化为具有竞争关系没有进行说明。这也给实践中的界定工作带来了极大的困惑。

在后续工作中，美国反垄断执法机构和法院也开始逐步改变认定方法，从以往的需求替代分析方法转向更注重供给替代的认定方法进行相关市场界定。供应替代识别方法对于相关市场定义的完善具有极其重要的价值。供给替代认定法从市场供给的角度考察与涉案公司相关的竞争对手，而需求替代法更侧重于从市场需求的角度进行认定和调查。因此，两者具有互补作用，两者结合更有利于保证相关市场的范围不会被人为扩大或缩小。界定反垄断案件中的相关市场，需要从市场供给和市场需求两个方面进行全面考察。供给替代认定法是对需求替代认定法的进一步补充，是世界各国法律所承认和确定的。但是，也必须承认，与需求替代辨识方法的缺点一样，供给替代辨识方法的市场推广也是不确定的。

（2）SSNIP测试法。

美国在1992年的《美国企业横向合并指南》中首次提出了SSNIP市场界定方法："只要改变生产和设备就可以供应相应商品的供应商"被纳入相关市场。指导方针采用5%的测试方法。如果假设的垄断者在最小的产品组中实施涨价，并且不能盈利，那么下一个最接近的替代产品就会被添加到相关市场，并且再次应用 SSNIP 检验分析。这个测试过程不断重复，直到假想的垄断者可以获利地提高 5% 的价格。以这种方式界定的产品范围或地理区域构成了相关市场。

SSNIP 测试方法定义相关产品市场的基本原则是首先确定涉案产品的替代市场，该市场可以是一个或一组涉案产品的候选市场。假设候选市场的产品被某个垄断企业控制，如果产品涨价，涨价幅度将在 5% 到 10% 之间。涨价后，某一同类产品的销量将大幅增长，并将以涨价取代原有产品。如果垄断者通过涨价牟利的目标无法实现，那么这两种商品就属于同一产品市场，具有竞争和替代效应。相反，如果涨价幅度是在 5% 到 10% 之外，某一同类产品涨价后销量没有变化，使垄断企业通过涨价达到获利的目的，就意味着两者之间没有替代效应，仅涨价产品就构成了产品市场。进一步假设，如果价格上涨幅度在 5% 到 10% 之间，那么两种或两种以上同类型产品的销售额将显著增加。三种或三种以上的商品属于同一产品市场，具有竞争和替代效应。这样反复检测，直到垄断企业提高产品价格，才不再引起其他同类产品销量的变化，就可以认定该产品具有替代效应，也就可以认定一个相对独立的产品市场。

在确定相关地理市场时，基本原则也是首先确定候选地理市场。如果某个垄断企业一开始就把某一种商品或某一组商品的价格提高了 5% 到 10%，观察到该地区涨价后，相邻地区会把商品运到涨价地区，这样涨价地区的垄断企业就不能从涨价中获利。可以得出结论，两地具有很强的替代性，属于相同的相关地理市场。如果在上述前提下，提价后，将 3 个甚至 4 个地区的商品转入原提价地区，则 3 个甚至 4 个地区的商品将被替代。重复此测试，直到涨价区域的涨价不再导致周围区域的供应商转向供应，然后才能确定案例中的相关地理市场。

SSNIP 测试方法弥补了当前分析方法的不足，成为国际《反垄断法》实施中市场规制的一种公认的相关市场界定方法，但其仍然存在局限性。首先，就适用条件而言，SSNIP 试验方法有两个适用前提。即"其他产品销售条件不变""市场不存在价格歧视"，这意味着在反垄断执法案件中，SSNIP 测试方法的适用范围相对较小。在实践中，价格联动增加、市场变化、相关技术创新、原材料价格波动等诸多因素随时都会发生变化，这些条件都有可能导致 SSNIP 检验方法失效。同时，严格的适用条件也容易导致评价错误。美国司法界对基本价格的选择存在较大争议，在司法实践中，多数情况下，基本价格都采用竞争性价格。欧盟一般采用市场主导价作为基本价格，当主导价不是竞争性价格时，以竞争性价格作为基本价格。但是，当主导价格和竞争价格不一致时，基本价格选择的差异可能导致测试结果的偏差。当主导价格明显高于竞争水平，且未来可能的价格更接近竞争水平时，以主导价格作为 SSNIP 法的基本价格，将导致对并购的错误评估。此外，在一些所谓的招标市场，如建筑和公路建设合同以及国防等行业，一般没有主导价格或基本价格作为 SSNIP 定义的依据。此时，SSNIP 方法很难使用。因此，完善 SSNIP 检验方法价格计算模型的缺陷，使相关市场定义结果更加客观合理，也成为世界各国研究 SSNIP 检验方法的重要课题。

SSNIP 测试方法虽然存在一定的局限性，但仍然是科学的。SSNIP 检验方法比需求替代分析和供给替代分析更为完备。它不仅综合考虑了需求替代和供给替代，而且创造性地将这两个重要的替代分析结合起来，应用于统一的检验方法。[1]此外，

---

〔1〕 余东华："反垄断法实施中相关市场界定的 SSNIP 方法研究——局限性其及改进"，载《经济评论》2010 年第 2 期，第 128~135 页。

SSNIP 检验方法可以适当定位相关市场的延伸，临界损失分析方法进一步提高了 SSNIP 检验方法对相关市场延伸的准确性。它对相关市场定义方法的研究作出了重要贡献。总体来看，SSNIP 检验方法进一步提高了反垄断执法的科学性。

（五）研究热点及总结

Top 15 Keywords with the Strongest Citation Bursts

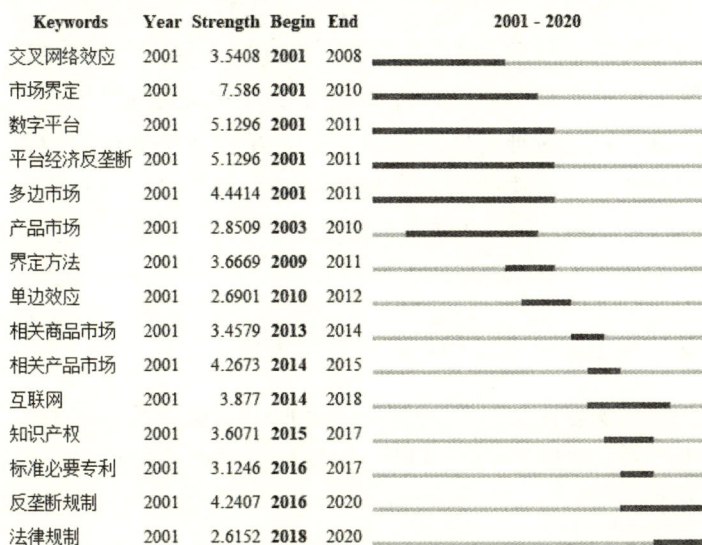

Keywords	Year	Strength	Begin	End	2001 - 2020
交叉网络效应	2001	3.5408	2001	2008	
市场界定	2001	7.586	2001	2010	
数字平台	2001	5.1296	2001	2011	
平台经济反垄断	2001	5.1296	2001	2011	
多边市场	2001	4.4414	2001	2011	
产品市场	2001	2.8509	2003	2010	
界定方法	2001	3.6669	2009	2011	
单边效应	2001	2.6901	2010	2012	
相关商品市场	2001	3.4579	2013	2014	
相关产品市场	2001	4.2673	2014	2015	
互联网	2001	3.877	2014	2018	
知识产权	2001	3.6071	2015	2017	
标准必要专利	2001	3.1246	2016	2017	
反垄断规制	2001	4.2407	2016	2020	
法律规制	2001	2.6152	2018	2020	

图 3-12　相关市场界定研究的关键词突现图

关键词突现图谱可以从时间的维度上反映出某一领域的研究趋势。对本专题的文献群进行分析，我国相关市场界定研究中共有 34 个关键突现词。为了便于分析我国环境保护立法研究的整体态势，将突现程度最高的前 15 个的关键词绘制成关键词突现图（如图 3-12 所示）。图 3-12 展现了我国相关市场界定研究的趋势和热度变化。对图 3-12 中的热度关键词进一步地分析可以看出，早在 2001 年，学者们就已经对互联网行业的特殊性进行了研究；后续的研究中对新型市场下，尤其是以互联网行业中经典的双边市场为研究对象；近年来具有热度的研究主题是互联网、知识产权、标准必要专利等。总体来看，我国当前的研究视域已然从相关市场界定的一般研究逐渐过渡到对特定行业的相关市场界定以及对相关市场界定方法的深入研究。学者们研究视域的变化反映出我国相关市场界定研究与我国经济整体的发展紧密相连。尤其是在互联网经济迅猛发展的背景下，传统界定相关市场的理论及方法的滞后与局限暴露了出来，使得相关市场界定的研究热点逐渐变为对互联网相关行业的相关市场理论及界定方法的研究。与此同时，随着我国对知识产权的愈发重视，相关技术市场、"标准必要专利"等有关议题已然成为相关市场界定研究的热点。

五、我国相关市场界定的不足与完善

我国《反垄断法》在法律创制方面上以欧盟和德国的相关法律为参照，并确定了以市场主体份额为基础确定市场支配地位的方式。国务院反垄断委员会《关于相关市场界定的指南》对《反垄断法》进行了再次补充，且适用于整个《反垄断法》。与美国、欧洲等国家的做法相比，我国《反垄断法》在法律条文中直接规定了相关市场。考虑到我国作为发展中国家和转型期经济市场的客观情况，如果将相关市场的界定作为执法问题，赋予反垄断执法机构自由裁量权可能导致执法和司法的任意性。所以，我国《反垄断法》明文规定了相关市场。

（一）我国相关市场界定的不足

近年来我国相关市场界定无论在理论层面还是实践层面都有了很大的发展与进步，但仍处于起步期，各方面都有待完善。

改革开放和市场经济建立后，相关的市场研究逐渐开始。学者们相关市场理论的积极研究热潮也是近20来年才出现的。同时，在具体实践中可获得的研究案例相对较少，理论界在近年来也并未取得突破性的理论成果。《反垄断法》在经济运行和发展过程中的适用尚未达到预期效果，社会对这一领域的认识也显不足。自1996年王晓晔教授发表的论文揭开了理论界对于相关市场界定研究的序幕，到李文柱对欧盟相关市场定义理论研究文献的介绍，以至中国加入WTO后，相关市场界定研究已然具有相当的研究热度。近年来，关于相关市场界定的著作也开始出现。然而，与《反垄断法》其他领域的讨论相比，对相关市场定义的分析和讨论还略显薄弱。

我国《反垄断法》主要借鉴欧盟等发达国家和地区的立法经验，仅对相关市场进行了界定，并给出了相关市场的一般适用范围。在国外，通常存在以下两种模式：一是以美国为代表的判例法国家通过有效的判例法创设法律，再通过相关指引等细致规定对相关市场界定进行详细解读；另一种是以欧盟为代表的国家和地区，通过制定成文法指导方针和具有约束力的实施细致规定进行详细指导。相关市场界定的指导方针和实施细则是对受理案件、社会需求和法律对市场竞争影响的总结。在当前的市场中，存在多种商业模式，也对《反垄断法》提出了更多的要求。

此外，我国尚未设立独立的反垄断执法机构，对实际执法机构也未明确其权限。但《反垄断法》实施后，商务部已经对经营者集中的情况进行了相关的市场界定工作。商务部享有反垄断执法权的主要依据是以商务部为首的六部委联合发布的《关于外国投资者并购境内企业的规定》。"徐某收购苏泊尔案"在商务部审核的外资并购中有着较大的影响。其实，我国反垄断执法的三驾马车都是在国务院反垄断委员会的协调下进行的。"滥用市场支配地位"由商务部负责审查,"价格垄断行为"由发改委负责,国家工商行政管理总局(现为国家市场监督管理总局)为更好地进行反垄断执法成立反垄断与不正当竞争执法局,三部委分工协作。然而在三部门职能重叠、执法模糊的地区,分工协作并不顺畅,管辖权冲突也不时出现。在某些情况下,价格因素和非价格因素同时存在。在湖南的新车保险案中,车主在购买新车时只能到汽车中心购买保险,不具备自行选择的权利。湖南省车险行业涉嫌达成垄断协议以垄断市场。该案中,发改委和湖南省工商行政管理局反垄断与反不正当竞争局都对涉案的保险单位进行了处理。

(二)我国相关市场界定的完善对策

总体而言,我国关于相关市场的界定的理论研究层面、相关市场机制层面以及执法实施层面均有待改善。对此,应从以下几个方面加以完善,以期加强我国反垄断的实施能力,进而促进我国反垄断工作的科学发展。

1. 建立完善的相关市场界定机制

2009 年,《关于相关市场界定的指南》引入了 SSNIP 测试方法。其在《反垄断法》的基础上,对相关市场的界定也提供了进一步的法律指导。不过,我国《关于相关市场界定的指南》同欧盟的规定相比,内容量显得不充足。此外,《关于相关市场界定的指南》对 SSNIP 测试法相关规定中的市场经营竞争范围的界定略显笼统而模糊。对此,可引入临界分析法,以弥补 SSNIP 测试法的不足,尤其是规避 SSNIP 测试法在数据计量中的结果过于单薄这一问题。面对错综复杂的相关市场定义案例,健全的法律规范必不可少。细化《关于相关市场界定的指南》,通过法律将相关市场定义的程序、定义标准等提前合法化,确保反垄断执法机构依法依规，高效、透明地处理相关市场界定工作。对相关市场定义的研究在我国方兴未艾的情况下显得极为关键。如果我国的相关市场定义想要达到有法可依、有法必依、执法必严、违法必究的理想状态，必然需要一个完整的法律体系。这既符合当前全世界的潮流和趋势，也对促进我国在法制经济等领域与世界接轨，形成成熟完善的相关市场界定体系具有积极作用。

将《关于相关市场界定的指南》进行细化有利于健全当前的反垄断规制机制。对此，将相关市场界定的程序透明化，界定标准规范化，保证反垄断执法机构依法行事，是极为重要的。以上不仅契合世界各国相关市场界定工作的总体趋势，即科学化、透明化；而且对于我国在经济领域与世界接轨，构建成熟完善的相关市场界定体系具有积极推动作用。

2. 明确各垄断执法机构的权责边界

面对艰巨的反垄断任务，反垄断执法机构的独立性和实践能力也是准确界定相关市场的前提。为了确保相关市场定义工作的公正性，建立高水平且高效的相关市场定义执法机构是必不可少的。到目前为止，尚无相应的司法解释或文件来建立定义相关市场的执法机构。

反垄断行政执法是对公权力对私权利的规制，必须谨慎、严谨地厘清公权力在反垄断规制中的权力界限。这就需要执法机构作出专业而细致的判断，以确保公共权力不会过度干预市场。我国当前的《关于相关市场界定的指南》对于公权力的实施边界及具体操作没有进一步地明确细化，尚不足以形成实际性的指引。

"三驾马车"执法模式还可能导致有关市场定义执法的信誉丧失。因此，建立统一、独立且权威的相关市场定义执法机构，使《反垄断法》具有现实的执行力、权威性和合法性。为了确保法律的有效执行，应当建立统一的国家执法机构以有效避免地方行政权力在执法过程中的干扰，并防止部门采取不当的执法行动，如分工不明确、彼此之间"踢皮球"等。简而言之，建立一个独立、专业的反垄断执法机构，提高反垄断执法水平，树立高效公平的执法机构形象，科学界定相关市场是非常必要的，且有助于我国市场经济的有序发展。

3. 建立案例指导体系

随着全球经济的发展，与市场定义相关的案例越来越多。我国虽不是判例法国家，但司法审判仍对相关市场的界定有着重要意义。相关市场界定是一个实践性极强的领域，对案例及其判决结果的公开与研究会产生指引作用，指导案例中的原理和方法对该类案件的审理有着很好的借鉴和指示意义。因此，在完善相关市场定义体系的同时，除了完善立法外，还应当引入详细的司法解释。除了建立独立的反垄断执法机构外，还应当发布具备指导意义的案例，建立相应的公开制度。

六、结语

界定相关市场对于我国当前的发展现状和反垄断实践具有重要作用，本专题首先利用 CiteSpace 软件对我国相关市场界定研究文献以知识图谱的方式进行了文献计量分析，梳理出相关市场界定研究的研究力量及整体内容。并筛选出 8 篇重要文献，通过 Nvivo 软件进行细致的质性分析。还结合文献计量结果和质性分析结果对相关市场界定研究的主要内容进行详细阐释。其中包括界定相关市场的基本理论，比较分析了欧盟、美国在相关市场界定方面的有关立法和案例。然后比较分析了相关市场的几种主要界定方法，着重介绍了 SSNIP 测试法。最后对于相关市场界定现状以及存在的不足进行归纳，以当前我国经济发展的现状作为基础，对我国相关市场界定的有关法律制度和技术方法提出自己的思考和建议，希望对我国界定相关市场的立法规定和司法实践能够起到某种程度的借鉴和参考意义。

名家解读

（一）对于相关市场的一般性理论和现实意义，有以下代表性观点：

1. 许光耀认为，相关市场是为了厘清企业之间的竞争边界而创设出的一个引用于反垄断法领域的概念。对于相关市场的具体属性，通说认为主要存在相关产品市场和相关地域市场两个部分。对于相关产品市场，金朝武主要采纳欧盟的认定标准，即相关产品市场主要是由消费者基于产品的特点、价格以及其具体用途而认为可替代的所有产品所构成的。相关地域市场则是指与该商品或者服务的供应地或需求地所在地相似地域构成的所有区域。就现实意义而言，许光耀认为界定相关市场将会对反垄断案件的处理结果产生决定性的影响。反垄断执法机关或者法院所关注的涉案企业行为可能影响的对象范围在不同程度上存在着相对的不确定性。这在几乎所有反垄断法执法、司法过程中都是极为常见的。鉴于相关市场最大外延难以确定，科学地创制与完善《反垄断法》中相关市场界定的条款对于个案作出合理裁决有着重要意义。

——许光耀：《欧共体竞争法通论》，武汉大学出版社 2006 年版，第 63 页。

2. 王晓晔认为，界定相关市场是反垄断执法机关判断一个企业并购或者一个垄断协议是否有损市场竞争的基础性且不可取代的重要步骤。因为界定相关市场可以确定市场的竞争边界，体现企业的市场集中程度与市场份额，还能体现市场进入门槛和隐形的竞争关系。同时，还能提供一个科学且系统的界定工具，有助于反垄断执法机构与法院收集相关证据和评估竞争影响程度。相关市场界定不仅仅是企业并购的竞争分析和垄断协议的违法性分析的必要步骤，还是极为关键的一步。相关市场界定作为并购竞争分析的基本方法，其蕴含经济学的功能与理论。尤其是计量经济学中的涨价压力测试法和并购模拟方法在相关市场界定中有着极为重要的价值。即便美国联邦委员会和司法部就《企业横向并购指南》指出："反垄断执法部门的分析无需从界定相关市场开始。"但就我国反垄断执法而言，尤其是从经营者集中的角度，相关市场界定在反垄断审查中是极为重要的。即便反垄断执法机关可以通过灵活运用多种分析方法分析企业并购的竞争影响以及垄断协议的违法性，使竞争分析工具不只依赖市场界定，相关市场界定也是反垄断审查及其他反垄断工作中不可替代的重要工具。

——王晓晔：《王晓晔论反垄断法》，社会科学文献出版社2010 年版，第 373 页。

（二）对于界定相关市场的原则和方法评析，有以下代表性观点：

李虹认为，早期相关市场的界定方法在替代程度方面考虑的因素较为简单，有一定的局限性，使得界定结果具有一定的主观性，且没有从供给和需求两个方面来考虑。之后的需求交叉价格弹性法虽然引入了定量方法，能准确给出替代性的确切大小，使得界定结果更加客观，但是却难以给出合理的数值范围。其后出现的 SSNIP 检验理论对此有了进一步的补充，并经过不断修改，成为世界各种反垄断实务中主要的分析依据。剩余需求弹性方法、临界弹性方法、临界损失方法也随之成为最常用的分析工具。对于以上三种具体的分析方法，李虹也分别进行评析。李虹指出，剩余需求弹性方法虽然通过比较兼并前后企业的剩余曲线便能确定假定垄断企业的竞争影响，但仍是基于 SSNIP 的思想框架。临界弹性方法和临界损失方法具有较强的关联性。但临界弹性方法只能考虑最容易发生转移的消费者的价格敏感程度，如果将他们的价格敏感程度作为界定相关市场的参考依据会使得相关市场的范围过于宽泛。由此，临界损失方法更具实践意义。

　　——李虹：《相关市场理论与实践——反垄断中相关市场界定的经济学分析》，商务印书馆 2011 年版，第 243 页。

　　（三）知识产权行为中涉及的相关市场界定问题，有以下代表性观点：

　　1. 万江认为，相关市场的一般性分析同样适用于知识产权类的反垄断案件。相关市场的传统分类，即相关产品市场和相关地域市场仍然是知识产权行为反竞争性分析的分类依据。在涉及知识产权许可的相关市场时，相关产品市场由被许可使用某技术的商品和根据产品特征、价格以及具体用途而认为可替代的所有产品所构成；相关地域市场是指所涉及的经营企业在进行许可技术或者相关产品的供需活动中的地理范围。此外，相关技术市场也是知识产权反垄断案件中一个比较特别的概念。万江认为，相关技术市场是指被许可的技术以及可替代技术构成的相关市场。这种可替代性是根据技术特征、许可费用以及具体用途而确定的，能考虑到知识产权、创新性、替代性等因素，比传统相关产品市场更能反映同类技术之间的竞争状况。

　　——万江：《中国反垄断法——理论、实践与国际比较》，中国法制出版社 2015 年版，第 203 页。

　　2. 王先林认为，界定相关市场是反垄断法各制度的基础，更是反垄断法实施中一个极为重要的问题。如果将市场范围界定过小，会扩大涉嫌企业实际行使着的或者将来可能会行使的市场支配力和其行为的反竞争效果，使其受到不应有的规制。如果市场界定得过于宽泛，则该市场上有效竞争的程度就会被夸大，那些实际上行使或者将来可能会行使市场支配力，从事着反竞争行为的企业便有可能逃脱应有的规制。

尤其是在知识产权领域，相关市场界定在反垄断实施中显得尤为重要。考虑到知识产权的特殊性，当涉及知识产权的相关市场界定时，需要注重对潜在替代产品的寻找，以及对市场进入壁垒的特别关注。另一方面，面对知识产权的客体无形性和时间性，需要从多个方面综合考量市场，并基于权利剩余期限估测直接影响其市场支配力的有关因素。此外，知识产权还具有地域性，可作为相关地域市场界定时的参考地域。就具体方法而言，相关市场的一般分析方法仍可以适用于知识产权中。但在知识产权领域又出现种种新的关注点，如用户锁定效应的形成、网络垄断的构建、价格歧视的实施、免费市场的出现等。随着社会经济的不断发展，还会有更多新的经济形式出现，给反垄断执法带来挑战。由此，应当先尽可能地寻找存在的市场，再对市场进行排除、合并，最终落脚到垄断利润实现的市场和垄断力量发出的市场上去。

——王先林：《知识产权与反垄断法：知识产权滥用的反垄断问题研究》，法律出版社2008年版，第183页。

行政垄断的法理廓清及规制路径

为有效应对行政垄断带来的社会挑战，当前必须在判定标准与规范构造层面予以关注。在判定标准层面，行政垄断判定标准存在"三要件说"与"四要件说"的争论。综合考量我国市场经济发展以及行政执法现状，笔者认为，我国更宜采用"四要件说"。在规制路径层面，首先，将公平竞争审查制度法治化，引入豁免制度；其次，提高反垄断执法机关执法权威性和独立性，厘清规制效果；最后，明确各类型受益经营者的法律责任形式。

一、行政垄断概念内涵及构成要件

（一）行政垄断的概念内涵

"概念乃是解决法律问题所必须的和必不可少的工具。没有限定严格的专门概念，我们便不能清楚地和理性地思考法律问题。"[1]自经济学家胡汝银在我国首次使用行政垄断这一概念后，众多学者从不同角度对行政垄断进行了定义。有学者认为，行政垄断是"对政府凭借公共权力来排除或限制竞争的一种表述"。[2]有学者认为，行政垄断是"一种滥用行政权力的非法行

---

〔1〕［美］E. 博登海默：《法理学——法律哲学与法律方法》，邓正来译，中国政法大学出版社 1999 年版，第 25 页。

〔2〕 参见王晓晔编：《反垄断法与市场经济》，法律出版社 1998 年版。

为，是因政府支持而妨碍企业自由的非法垄断"。[1]更有学者认为，行政垄断是"竞争者凭借国家经济主管机关或地方政府滥用行政权力所形成的强大力量或控制性安排，使自己在一定的经济领域内控制或支配市场、限制和排除竞争的状态"。[2]综上，行政垄断是国家各级各类行政主体违法行使职权，限制市场竞争，破坏社会主义市场经济的行为。

（二）行政垄断的构成要件

关于行政垄断的构成要件，学界的研究成果较为丰富。有学者提出"三要件说"，即行政垄断应包括主体要件——政府和政府部门；主观要件——行政权力的滥用；客观要件——对竞争的实质限制。[3]王保树认为，行政垄断的构成要件分别为主体要件、主观要件和客观要件，而未将客体要件放在界定范围之内。[4]吴宏伟则强调行政垄断的构成要素包括行政垄断的主体、形式以及行政垄断的后果。[5]也有学者在分析垄断的构成要件的基础上，对行政垄断的构成提出了"四要件说"，认为垄断的构成要件包括主体要件、主观要件、客体要件、客观要件等四个方面，据此行政垄断的构成也应包括主体要件即依法享有行政管理权的行政机关和具有行政管理权的企业或其他组织；客观要件即行政主体对行政垄断及其后果所持的主观心理状态，包括故意和过失两种情况；客体要件即行政垄断行为所侵害的，

〔1〕 参见曹士兵：《反垄断法研究》，法律出版社1996年版。
〔2〕 参见刘剑文、崔正军主编：《竞争法要论》，武汉大学出版社1996年版。
〔3〕 杨芳、问清泓："行政性垄断的形态研究"，载《武汉科技大学学报（社会科学版）》2005年第1期，第61~64页。
〔4〕 王保树："论反垄断法对行政垄断的规制"，载《中国社会科学院研究生院学报》1998年第5期，第51~63页。
〔5〕 吴宏伟、吴长军："行政垄断的规制与反思"，载《河北法学》2011年第6期，第2~8页。

受国家法律保护的社会主义公平竞争秩序；客观要件即行政垄断的客观外在表现，包括行为要件和结果要件两方面。

比较而言，"三要件说"没有将客体要件纳入考察范围，缺乏客体要件，此种界定行政垄断的标准会导致行政垄断的判定标准趋于模糊，进而无法明确行政垄断责任。如果采用"四要件"理论，就可以清晰地界定行政垄断行为。所以，笔者支持"四要件说"，认为行政垄断的构成要件可以由以下四个方面组成：行政垄断的主体是行政主体，客体是良好的社会主义市场经济秩序，客观方面是滥用行政权力排除、限制竞争，干扰市场经济正常运行的行为，主观方面即行政主体对行政垄断及其后果所持的主观心理状态，包括故意和过失两种情况。

下面笔者将从这四个方面展开论述行政垄断行为"四要件"的具体内涵。

第一，行政垄断主体是行政垄断行为的实施者，也是行政垄断后果的承担者。笔者认为，行政垄断的主体包含以下几种：其一，各级政府及其职能部门。这里的政府上至国务院下至乡级的各级人民政府，也包括地方政府的派出机关如行政公署等。这里的职能部门包括主管全国某项行政事务的有关部委、直属机构、部委管理的国家局，也包括地方政府中与中央政府职能部门相对应的地方职能部门；其二，法律法规授权的组织，包括经法律法规授权的行政机构、公务组织、事业单位、社会团体、社会中介组织、特殊企业和特定的普通企业等。

第二，行政垄断的客体即行政垄断所侵犯的社会关系，是社会主义市场经济秩序及竞争关系。因此，当行政主体中的公务人员实施了滥用行政权力的违法行为时，要判断该违法行为是否构成行政垄断，就要考虑这种滥用行政权力的行为侵害的客体是否为社会主义市场经济秩序及竞争关系，如果没有侵犯，则不构成行政垄断。

第三，行政垄断的主观方面是目的，目的指的是限制和排除其他经营者的竞争。由于行政垄断的行为主体是行政主体的公务人员，因此对于其违法性的判断标准要比一般主体的违法标准要求更高。因此，当行政主体中的公务人员实施了排除竞争的垄断行为时，本身是存在过错的，而这种过错应该是被认定为故意的。易言之，行政主体的违法行为不管是故意还是过失实施的，都应视为有明显的主观过错。

第四，行政的客观方面是滥用行政权的行为。不论是哪种类型或形式的行政垄断，其客观方面的核心要素都由以下两个部分组成：第一部分是行政自由裁量权被行政主体所滥用；第二部分是行政主体实施了排除、限制竞争的行为。此种行为应从行为要件与结果要件两个方面去把握。行为要件，即行政主体的行为必须是违法的行政行为，非行政行为不能构成行政垄断，而合法的行政行为也不会构成行政垄断结果要件，即行政行为"在一定交易领域内实质性地限制竞争"。"一定交易领域"是指"成立了竞争关系的市场"，实质性的限制竞争，是指"几乎不可能期待有效竞争的状态"。如果违法行政不构成对于垄断的实质限制，那么它只是一般的违法行政而不构成行政垄断。[1]

二、行政垄断的成因分析

我国行政垄断主要是从特定的经济和体制转型过程中产生并泛滥的，具体而言包括：经济转型不彻底、立法缺失以及权

---

〔1〕 苗青："行政垄断的法律规制"，郑州大学 2006 年硕士学位论文。

力寻租。

（一）经济和体制转型不彻底

20世纪70年代末，中央明确划分了央地财政的收支范围，此举财政改革是为了解决经济发展不平衡的社会问题。因此，地方政府采取了许多封锁市场的措施，如给本地产品提供补贴，提高外地商品进入本地市场的门槛来提高本地企业的利润率。以上措施在保护本地产品的同时却对外来产品进行了垄断限制，这样不仅不利于商品在市场上流通，搅乱了原本正常的自由市场经济秩序，更是阻碍了市场经济的发展。在当时的政治背景和经济条件下，政府干预实行计划经济可以使国家将有限的财力、物力通过政府手段实现其最大效益，但随着市场经济的逐步建立和发展，原本的经济运行机制发生了巨变。经济管理体制由原来的国家统筹安排资源配置转变为由市场机制实现对资源的优化配置，同时，政府的行政意识也从"管理型政府"转变为"服务型政府"。不过在现实生活中，政府在行政执法中仍往往以行政管理的角色出现，这充分说明当时政府行政意识的转变已落后于社会主义市场经济发展的要求。

据此，行政垄断属于经济和体制转型不完全所遗留下来的问题，加之其中各种主体的利益关系错综复杂，监管主体常常对实施监管的边界认识不清。不可否认，实践中众多宏观或微观经济领域均有行政权力的影子。我国正处于经济转型时期，政府过度干预一直是我国行政垄断现象长期难以消解的重要原因，政府职权在我国主要表现为间接宏观调控与特定市场规制，但计划经济向市场经济转型之时并未将这种国家过度干预经济的习惯完全摒除，比如通过不合理的宏观调控手段对经济进行引导，部分学者认为这是对现代社会的政府所拥有的职能的一种不正确的解读。

（二）立法层面的不足

我国现行有关行政垄断的法律规则并没有形成一个完整的体系，质言之，我国尚未制定一部专门规制行政垄断的法律。目前关于行政垄断的法律规定大多散见于其他法律、法规的某个章节，立法的形式较为散乱。

从法律等级来看，这些分散的行政规定及条款大多由国务院下设的各部委出台，其权威性比不上法律的效力，并且是行政机关自己监督自己出台的规定。从法律实施的角度来看，实践执法中常常出现部门之间或者地方政府之间所规定的部分条款冲突的问题，这些均是行政垄断规制的立法形式散乱、重要行政规制缺失所致。

此外，《反垄断法》对于行政垄断的规定还有一个比较大的问题在于，条文规定过于笼统，概括性的法律规定也令执法机构不好判断行为违法与否。其一，《反垄断法》在行政垄断主体范围方面仅笼统规定了行政机关和法律、法规授权组织；其二，对于行政垄断的主要手段——滥用行政权力，我国《反垄断法》仅用"滥用行政权力"一词概括，却未具体说明哪些情况下才构成"滥用行政权力"，这就使得判断行政主体是否真正违法存在非常明显的模糊性。

（三）权力寻租

"人们总是理性地使他们的满足得以最大化——一切人（只有很小的孩子和智力有非常大障碍的人是例外）在他们一切涉及选择的活动中（除了那些受精神变态或其他由于滥用毒品和酒精而产生类似的精神错乱影响的活动）。"[1]行政垄断不仅是政府部门单方面滥用权力获取利益；同样地，部分经营者有追

---

〔1〕〔美〕波斯纳：《法理学问题》，苏力译，中国政法大学出版社1994年版，第444页。

求更高额的利润的私心，常常会和一些政府人员勾结，令自己在市场竞争中占据优势地位。

值得一提的是，利益分配不合理是行政垄断产生的经济基础，财权与事权的下放应是配套与同步的。实践中，政府部门在企业衰败、缺乏竞争力、经济效益受到威胁时，不是帮助企业通过正确的市场决策尽快适应市场，而是直接用"本地保护主义"的行政命令的方式限制、排斥或阻碍外地同类企业或部门企业参与竞争。

三、行政垄断的危害

行政垄断存在于我国市场经济的各个方面，并会造成各种各样的危害后果。以下拟就行政垄断行为的危害进行简单阐述和总结，为论述为何要进行行政垄断规制的重要性做铺垫。行政垄断本身具有经济性危害和政治性危害两重属性。以下将围绕这两个属性阐述行政垄断的危害性。

第一，行政垄断损害了正常的经济自由。经济自由是任何实行市场经济国家的要义，毫无疑问，行政垄断将直接侵害这种自由。具言之，行政垄断侵害了两方面的自由：市场主体的经营自由和消费者的自由。在实践中，主要表现为行政机关滥用职权，通过封锁市场对销售的商品进行限制等。

第二，行政垄断损害了正常的市场竞争秩序。从经济学的视角来看，垄断并不必然限制、排斥竞争，其所改变的不是竞争而是竞争形式，在某些情况下垄断甚至促进竞争并使得竞争变得高级化。不过，现代竞争理论针对竞争与垄断的认识，对于行政垄断却不适用。甚至对于行政垄断而言，竞争和垄断效果则完全相反。在我国经济领域中，行政垄断有以下两种表现形式：直接排斥和限制竞争。整个市场竞争之中，各地区与各部门被割裂开，各自保护自己的本土企业和产品导致外地的商品在市场上的自由流通被阻碍，行政垄断会严重损害市场竞争秩序。

第三，行政垄断降低了社会经济效率。行政垄断是违背经济运行规律的，其结果是造成经济效率低下。政府追求公共利益的最大化，而企业则追求其自身利益的最大化，是因为两者在市场上的角色定位不同，两者本身的目的具有一定的冲突。政府的政治活动相较于企业的经济活动有较大的不确定性，人们在政治活动中承担的风险相对较小，因此政府控制下的垄断企业和其他企业相比，缺乏竞争意识，忽视经济效率，从而会导致整个垄断行业发展效率低下。

第四，行政垄断会导致更严重的腐败。因为腐败会产生行政垄断，行政垄断会导致更严重的腐败。我国自十八大以来响应习近平总书记提出的"老虎苍蝇一起打""把权力关进制度的笼子里"的号召，坚持惩治腐败，行政垄断所导致的腐败的表现形式往往是权力扩张所带来的欲望膨胀，从而引发官商勾结、权力寻租。

第五，行政垄断会破坏政府公信力、损害竞争公平。通过行政垄断行为获得高额利润，必然会损害竞争公平，让一部分原本应获得利益的人蒙受巨大损失。此外，行政垄断会使一些不利于社会分配公平的高薪资、高福利的垄断企业出现，垄断带来的高额利润，是万恶资本的手在攫取劳动人民的正当利益，极大地破坏了国家现行的分配体制。

四、行政垄断规制的必要性

因为行政垄断造成的危害性极大，加之当下我国处于依法治国的重要阶段，行政垄断和经济法密切相关，现从经济法角度以行政垄断这一典型现象为例对行政垄断规制的必要性进行分析。在当前市场经济体制正常运行下，政府应当充当好"守夜人"的角色，只有在出现"市场失灵"的情形时才应介入。

（一）行政垄断规制是完善法律体系的关键之义

第一，注重行政垄断规制的完善是强调宪法作用的一个重要方面。宪法在一个国家法律体系中起着根本性的作用，它的公平理念对反垄断法起着引导作用，规制行政垄断行为，必将对市场经济发展具有重要的意义和影响。立法上明确"滥用职权"的具体行为，可以为市场主体是否违法提供确切的评判依据。

第二，行政垄断规制是完善行政法的当下缺陷的关键。我国行政程序法相关程序尚未健全，因此应当完善和加强行政立法，明确政府权力的边界，保证行政权力的正常运行，从而促进全国统一市场体系的形成，打破地区封锁、价格歧视、市场壁垒。

第三，行政垄断也是反垄断法的重要组成部分。这就要求对行政垄断有一个准确的界定，明确行政垄断的各种形式，在此基础上对行政垄断作出专门性的规定，以完善法律制度。虽然公平正义是法律的基本价值，但是公平正义并不能完全涵盖法律的全部价值，植根于经济生活中的法律还应当具有效益的基本价值。反垄断法作为直接调整经济关系的法律，其更应该将效率作为自己的基本价值目标。[1]

（二）行政垄断规制可以完善法律法规的审查制度

行政垄断行为主要表现为政府利用权力颁发一些禁令，这些行为其本质上违背了国家法律对竞争秩序的规定，是一种违法的行为。因此，应当完善行政垄断的审查机制，加强对法律

---

〔1〕　王先林：《知识产权与反垄断法：知识产权滥用的反垄断问题研究》，法律出版社 2001 年版，第 75 页。

法规的审核，弥补立法空白和法律漏洞，以免这种破坏经济秩序的垄断行为发生。

（三）行政垄断规制可以强化社会责任，树立社会监督的良好风气

为了更好地规制行政垄断行为，相关联的行政公益诉讼制度也需要大力完善。行政诉讼制度给公民提供了行使监督权利、维护自我权益的平台，这样不但实现了公民对监督权的使用，而且有利于对公平竞争的维护。行政垄断规制可以带领社会树立起举报监督、过滤不良竞争的风气，使人人都明确自身的责任，从而强化社会责任。

五、行政垄断的立法、司法、执法现状特点评述

既然要研究行政垄断，就应该先了解行政垄断的现状，从而对具体问题进行具体分析，给出针对不同具体问题的对策。

（一）行政垄断的立法现状特点

随着经济体制的改革发展，为了规制行政垄断，我国出台了相应的法律法规和规范性文件，总体分为实体法和程序法两大方面。

实体法方面，第一，主要表现为立法形式散乱，反行政垄断的规定多散见于众多的法律、法规、规章中。我国当前规制行政垄断的法律有 2007 年颁布的《反垄断法》、1997 年颁布的《价格法》和 1999 年颁布的《招标投标法》等。第一次涉及行政垄断的法律法规是我国在 1993 年 9 月颁布的《反不正当竞争法》。

《反垄断法》实施以后，原国家工商行政管理总局先后制定了《工商行政管理机关制止滥用行政权力排除、限制竞争行为程序规定》（已失效）和《工商行政管理机关制止滥用行政权

力排除、限制竞争行为的规定》（已失效）等规章，对反行政性垄断立法进行细化。1980 年 10 月，国务院颁布《关于开展和保护社会主义竞争的暂行规定》（已失效），首次提出了反行政垄断的任务。该规定指出："在经济生活中，除国家指定由有关部门和单位专门经营的产品外，其余的不得进行垄断、搞独家经营。"2016 年，国务院出台了《关于在市场体系建设中建立公平竞争审查制度的意见》（以下简称《公平竞争审查意见》）。为保障公平竞争审查制度的有效实施，2017 年 10 月《公平竞争审查制度实施细则（暂行）》（已失效）颁布并实行。该文件对公平审查制度的开展在程序上作出了相应规定，但由于该制度起步较晚，各方面的规定尚不完善，具体实施机制也有待提高。

第二，违法的行政责任形式过于笼统，种类不够全面。总的来看，我国行政垄断的法律规范形式较为散乱，内容上偏重行政方面的责任方式，缺乏必要的刑事和民事责任予以种类补充和约束。行政垄断作为一种严重扰乱市场秩序的违法行为（比如其在有些官商勾结种类中对于市场主体犯下的经济类犯罪可以用刑法予以约束和处罚），如果单靠行政责任或者简单的民事责任进行规制有所不妥。

另外，研究在反垄断法中的责任种类，笔者发现，主要规定了停止侵害和损害赔偿两种民事法律责任。民事责任提供私人救济，不能维护社会的整体利益，而行政垄断更多是破坏了整个市场经济的公平秩序，所以在行政垄断规制的责任设置方面，刑事制裁是非常有必要去考虑的。刑法具有强制性，作为最后一道屏障，是极具威慑力的。我国对于一些严重扰乱市场经济秩序的行为规定了死刑，说明这些犯罪社会危害性之大。行政垄断的腐败和对竞争市场的危害不言而喻，对于具有严重危害性的行政垄断行为应由刑法规定为犯罪，采用科学的刑事制裁进行处罚，以起到威慑的效果。我国《刑法》第397条，对于特别严重的国家机关滥用职权或玩忽职守，仅处3年以上7年以下有期徒刑，由此可以看出其威慑效果不佳。

笔者认为，立法上可以规定严重的行政垄断判处直接负责人有期徒刑并处罚金，也可以运用公司法里的"刺破公司面纱"制度，例如，不必追究行政垄断主体的刑事责任，而只追究负责人员的刑事责任。"法网恢恢，疏而不漏"，对法律责任的科学设置关乎法律规范的实施和遵守，需要综合各方面的情况科学、灵活处理。

第三，对行政垄断实施主体缺少强有力的监督机制。行政垄断行为直接关系到国家和社会的整体利益，甚至关系到整个国家的经济命脉。笔者认为，一个强有力的监督机制可以起到遏制行政垄断行为的作用，也是运转国家机器促使刑罚得以顺利进行的关键。因此，我国应该不断地在实践中积累经验，逐步完善行政垄断的专门监督机制。

第四，对于行政垄断刑事主体承担责任的方式设置比较模糊，使得执法不能顺畅落地。我国《反垄断法》虽在第七章规定了行政性垄断的法律责任，但同样规定得比较笼统，未详细规定责任的承担形式及如何承担。此外，部分法律法规甚至没有去设置行政垄断的法律责任，这显然是不合理的。比如我国《关于开展和保护社会主义竞争的暂行规定》（已失效）也仅仅认定行政垄断行为具有违法性，非常概括和宽泛，使其执行的难度较大。

第五，反垄断法对公平竞争审查制度缺乏具体的指引。公平竞争审查是一种典型的竞争政策，可以在很大程度上弥补《反垄断法》在行政垄断规制方面的立法空白。由于公平竞争审查的主体具有行政垄断的主观动机，因此其缺乏自我审查的意愿。《反垄断法》对公平竞争审查制度也没有相关的指导原则。因此，最终导致公平竞争审查的外部监督机制在抑制行政垄断动机和保证审查有效性方面受到极大的损害。

第六，抽象行为未被纳入诉讼之列，使行政垄断法律救济手段力有不逮。在我国，行政垄断的表现形式较为多样。例如，行政机关可以通过通知、命令等抽象行政行为进行行政垄断，质言之，抽象行政行为是行政垄断产生的主要方式和手段。我国《行政诉讼法》并未将抽象行政行为纳入司法审查的范围，所以《行政法》和《行政诉讼法》对行政垄断行为无法进行规制。《反不正当竞争法》第 17 条第 2 款规定："经营者的合法权益受到不正当竞争行为损害的，可以向人民法院提起诉讼。"这里没有明确指出经营者向法院起诉后能得到什么样的保护。法律规定的不明确难以让受害者得到适宜的救济，即使他们提起了正确的诉讼。对于因行政机关的行政垄断行为而蒙受损失的经营者和消费者来说，应该通过何种渠道来维护自身的合法权益，在《反不正当竞争法》中也只概括规定由行政机关进行内部处理。受害的经营者和消费者就只能通过向上级行政机关检举、控告等方式提起监督程序，或者借助新闻舆论的力量对事件进行披露、曝光。

程序法方面总结如下，主要规定了两种程序：一种行政救济，行政救济的法律依据源于《行政复议法》第 6 条规定的行政复议受案范围、第 8 条关于对抽象行政行为进行复议的规定；另一种是诉讼救济，法律根据是我国《行政诉讼法》第 2 条、第 11 条。

（二）行政垄断的司法现状特点

我国《反垄断法》专门以第五章"滥用行政权力排除、限制竞争"对行政垄断行为进行规制，具体规定了行政垄断的主体和行为，并设置了相关的法律责任。党中央坚决防止和克服地方保护主义和部门保护主义，坚决防止和克服执法工作中的利益驱动，坚决惩治腐败现象，做到有权必有责、用权受监督、违法必追究。对于行政垄断行为，必须加以规制和进行有效遏制。

在我国司法领域内，行政性垄断的规制最为常见的就是指司法机关对反行政性垄断诉讼案件的审理。自公平竞争权被最高人民法院的司法解释确立为行政诉讼的客体之一，特别是2008年《反垄断法》实施后，行政相对人提起反行政性垄断诉讼的情况屡见不鲜，遗憾的是，这些案件大多因为不属于受案范围而被裁定驳回起诉，导致反行政性垄断诉讼真正进入实体审查的较少。2014年深圳斯维尔公司诉广东省教育厅侵犯公平竞争权一案才被称为"国内首例反行政性垄断诉讼案"，该案进入实体审理阶段，引起了反垄断法以及行政法学界的聚焦和关注。

根据《行政诉讼法》的具体规定，对行政性垄断的救济方式，行政相对人可以就行政机关作出的涉及垄断的行政行为提起相应的行政诉讼。但通过对近年来北京全市辖区法院所审理的行政垄断纠纷案件进行统计、梳理与分析，通过筛选关键字"行政垄断""法院省份：北京市"，笔者发现：在案件数量多、案件类型丰富著称的北京市法院辖区内，2017年至2019年，只有13起行政垄断案件。其中2017年3件，2018年6件，2019年4件。原因在于，虽然基于行政机关行政权力与执法范围的不同，将涉及经营者集中、有关价格垄断以及其他垄断行为的行政与执法权力分属于商务部、国家发改委和原国家工商行政管理总局（现国家市场监督管理总局）三家执法机构，地方价格监督检查和工商行政管理部门在法律规定的范围内也享有部分案件的执法权。近年来国家机关主动进行反垄断调查的案件不断出现，北京法院审理的涉及反垄断纠纷案件仍以民事纠纷为主。由此可见，长期以来，我国行政性垄断司法规制的运行状态并不顺畅。

此外，笔者又在中国裁判文书网上输入"限制竞争"以及"行政诉讼"关键词，找到了涉及行政性垄断案件的司法裁判文书，对一些经典案件分析后发现：其一，被诉行政行为与规范性文件有着密切联系，争议焦点大多为诉讼主体资格、受案范围等诉讼基础性问题。从目前查阅到的为数不多的行政垄断诉讼案件来看，作为被告的行政主体在面对原告的控告时，普遍对原告的诉讼主体资格以及被诉行政行为是否可诉进行抗辩。例如以原告与被诉的行政行为不存在竞争关系，抑或是被诉的行政行为未损害原告的竞争利益为由对原告的诉讼主体资格提出异议。其二，通过分析案例我们可以看出，一般都是对诉讼主体资格和被诉行为是否可行进行抗辩。在我国立法规定上，《反垄断法》仅就行政垄断导致的行政责任及其救济方式加以规定，并未规定相应的民事责任和刑事责任以及相对应的救济途径。由此可见，我国《反垄断法》的司法救济制度仍需要继续完善。

（三）行政垄断执法现状的研究

在执法层面，我国《反垄断法》实施以来，特别是 2015 年以来行政性垄断案件的查处明显增多，也是在同一年，全国首例行政垄断进入诉讼审判程序，就此反行政性垄断进入新的阶段。

2018 年，工商系统首次公布了对于滥用行政权力限制竞争案件的整改建议，但整体的执法程序、信息披露制度仍"在路上"。2018 年 3 月 13 日，《国务院关于提请审议国务院机构改革方案的议案》提出组建国家市场监督管理总局，打破了自 2008 年《反垄断法》生效以来反垄断执法权"三分天下"的局面。改革前，反垄断执法常常被业界称为"三国演义"，反垄断执法权一分为三，是分散的，这已成为影响《反垄断法》全面有效落实的原因之一。改革前，《反不正当竞争法》规定我国的执行机关主体是工商行政管理部门，这一设置直接影响了行政垄断的执法力度和效果，工商行政管理部门隶属于各级行政机关，监督和执法应当分离，其财务不受限制时才有科学、公平、透明可言。

现在反垄断执法权由市场监督管理总局统一行使，在反垄断执法权"三合一"之后，形式上是由分立变成合一了，可是本质上是否改变了呢？这才是厘清执法工作本质的关键研究方向。通过新一轮国务院机构改革，反垄断执法权"三分天下"被合为一体，形式设置较为科学，不过执法透明度较低仍是一个缺陷。透明度较低，会造成信息披露的不足，导致外部机构、公众不能有效和及时监管反垄断执法者行使权力的过程。换言之，反垄断执法透明度需要明文规定强制性约束，让权力运行在阳光下，拒绝腐败滋生，让反垄断执法保持独立性、中立性、权威性。

再者，反垄断执法机构执行力度不够，正如上文提到，要让反垄断执法保持独立、权威性。如今的情况是，反垄断机构独立性不高，需要当前执法机构体系内部建立单独的职能部门；权威性不强，需要立法者制定成熟的制度。同时，在行政垄断形式具有多样性的情况下，反垄断执法机构自身应当提高执法水平，从而得以高效应对。

六、行政垄断的规制路径

建立公平的市场环境，让市场主体自由、竞争，反行政垄断需要一套完整的法律责任体系进行权利救济。当前的反行政性垄断规定稍显不足，行政机构内部的自我纠错机制效果不佳。笔者建议从引入豁免制度、提高反垄断执法机关执法权威性和独立性、明确各类型受益经营者法律责任形式及其区分等方面完善行政垄断规制的救济措施。

（一）将公平竞争审查制度法制化，引入豁免制度

公平竞争审查制度又被称为竞争评估制度，提倡引入竞争评估制度在大部分国家已经成为一种流行趋势。例如，经济合作和发展组织（OECD）已经制定《竞争评估指南》《竞争评估原则》等文件，为的就是引导世界各国竞争评估科学创立、高效执行。我国国务院于 2016 年发布的《公平竞争审查意见》，也表明了公平竞争审查在国内的应用和探索，利用公平竞争审查，以强制的方式表明竞争政策的积极作用，更是可以帮助完善我国顶层制度设计。

当然，公平竞争审查制度在实施中也有一定不足。国务院发布的《公平竞争审查意见》和《公平竞争审查制度实施细则（暂行）》（已失效）已经明确了主要制度内容，但并不能直接作为执法依据，可以在根据实践填补完全其内容后，升高细则的法律位阶。质言之，可以将公平竞争审查制度纳入《反垄断法》立法之中，增强法治性，从而真正实现维护公平竞争的政策功能。之所以引入此制度，是因为公平竞争审查制度是处理政府和市场关系的重要且灵活的竞争方式。公平竞争制度的核心内容是针对政府调控市场经济活动的政策措施进行"事前审查"，该机制可以评价行政行为形式及其内容是否合法合规以及风险管理是否可防可控，这样可以提高政府决策的合法合理性，营造自由市场竞争环境，使经济发展多一层"事前保护"。因而，将公平竞争审查制度法治化无疑会促使我国市场经济更具活力。

因为我们无法穷尽哪些行为是构成危害的行政垄断行为，立法只是概括性地提到"滥用权力"，因此豁免制度便应运而生。也就是说，国内立法者可以通过列举的方式对行政机关的权力做一个限定类清单，如分为"权力清单""黑名单"等，将各种可能出现的行为科学列举归纳后从而将其当作主要规定，去除符合豁免制度标准的国家行政行为之外，剩余行为需要被划分成具体的规制对象。这样的机制可以概括为反向规制，该机制既可以明确权力和责任的界线，避免无法完全涵盖违法行为现象，还能节约司法资源，可以保持法律的稳定性，不会因为时过境迁而频繁修改法律，保证法律的庄严性和稳定性。

引入此制度需要重点思考的问题是如何确定并列举允许被豁免的行政行为，笔者认为，可以采用网上征集起草，立法时进行听证等方式收集更多的社会建议，汇聚民众的意见，增加民主性和科学性，最终整合列举出来可以被豁免的国家行政行为。

（二）提高反垄断执法机关执法权威性和独立性

执法机构能否在规制行政垄断方面取得一定的效果，将是评价反垄断法是纸上的法律还是实际的法律的最根本的依据。因此，建立专业、独立、权威的执法机构将是提高规制行政垄断效果的关键。

首先，需要确保反垄断执法机构在具体工作时期的独立性以及权威性。国家应在立法上明确规定，给予反垄断执法机构类似于监察委的独立执法权和监督权。原因在于，反垄断执法机构现如今既不够独立也欠缺权威性，导致反垄断执法机构不够中立，无法全面惩处行政垄断行为，并容易受到行政机关的掣肘。据此，一方面，应保证反垄断执法机构不受任何行政机关的干涉，不接受行政机关命令上的领导，权力应隶属于不同的部门，两者可以对立牵扯，而不是谁服从于谁，在利益牵制下毫无抵抗力；另一方面，反垄断执法组织的工作者要确保自身独立性，不得兼任，其近亲属要保持回避。

其次，在具体执法阶段，为了增强执法的权威性，应增强反垄断执法过程中的公开和透明度。具言之，当前需要增添信息披露，让外部机构和公民看到其所作所为，产生对机关执法的信赖。据此，可以从政务分阶段、分时段公开做起，保持披露的频率。内容上，反垄断执法机构需要定时出具对案件的具体意见书，比如，最终的处罚意见书，通报上网，做到处罚意见书事实清楚，法律明确，处罚恰当，做到人人想查时人人可查。此举可以提高反垄断执法机构的公信力，让公众信服，继而取得权威性，使执法的道路越走越宽。

最后，在反垄断执法机构保持独立性不受干扰的同时，也需要健全执法公开的制度。在反垄断的道路上，阳光才是最好的防腐剂，只有通过充分的信息公开与披露公众才能了解我国反垄断执法机构对于行政垄断的具体规制情况，从而起到有效的社会和大众监督作用。

（三）明确各类型受益经营者法律责任形式

各类型受益经营者是行政主体滥用行政权力介入市场活动的关键支点。在设置受益经营者法律时，应考虑到各类型受益经营者法律责任的共性。同时，应根据受益经营者参与行政性垄断行为的知情程度、主观态度以及与行政主体的关联程度，确定其法律责任。明确各类型受益经营者法律责任形式的重要前提是建立综合性制裁体系。

一方面，应以经济制裁完善行政责任。参考各国反垄断立法，行政责任的具体措施以经济制裁为主，其他措施为辅。我国《反垄断法》对经营者违法行为主要有责令停止违法行为、没收违法所得和行政罚款三种，可依据具体情形全部或者部分适用于参与行政垄断的受益经营者。责令停止违法行为的处罚措施可以减少违法行为对竞争的损害。没收违法所得的功能在于收缴受益经营者经由违法行为获得的收益，"填平"其造成的损害。行政罚款责任形式旨在惩罚受益经营者，阻止其再次从事违法行为。

另一方面，应重视建立填补受害方损失的民事责任。反垄断法民事责任，一是可以填补受害方所遭受的损害以及损失的预期利益，体现矫正正义；二是可惩罚和预防限制竞争行为，起到教育和预防作用。从反垄断法执行的角度看，反垄断民事责任开辟了新渠道，使私主体有权对受益经营者自行起诉追责，可弥补反垄断执法机关执法力量的不足。

此外，在进行赔偿时，需要关注行政垄断的行政以及民事赔偿之间的具体联系。由于前者存在明显的局限，因此要和民事赔偿相结合，确保损益均衡。具体而言：关于行政垄断行为损害其他竞争者利益的赔偿机制问题，关键是选择单一的行政赔偿方式还是二者结合。因为行政垄断体现出多重违法性以及负面作用，所以确定因行政垄断受益的实际经营者和行政组织在进行赔偿的时候要求其担负连带责任，此要求和法理以及实际情况相符合。《反垄断法》作为我国规制行政垄断的重要武器，假如针对行政垄断的法律责任要求相对含糊，甚至要使用《民法典》等相关法律条文的内容进行补充，就会影响《反垄断法》原本具备的经济宪法作用。

名家解读

一、关于行政垄断概念内涵的理论，有如下代表性观点：

1. 李国海教授认为，使用"行政性垄断受益经营者"这一概念描述参与行政性垄断的经营者具有简洁、准确等优点。他在《行政性垄断受益经营者可制裁性分析》一文提到了自己认可的行政垄断的概念并阐述了其发展路径：行政性垄断，有学者称之为行政垄断或行政性限制竞争，是指行政主体滥用行政权力限制竞争的行为。在我国反垄断法理论研究和立法及执法实践中，行政性垄断一直是其中的关注重点之一。早在1980年国务院颁布的《关于开展和保护社会主义竞争的暂行规定》中，就明确提出禁止地区封锁及部门分割等行政性垄断行为。1993年出台的《反不正当竞争法》首次以法律的形式初步构建了反行政性垄断的制度框架。2007年制定的《反垄断法》进一步扩展了反行政性垄断的制度体系，原国家工商行政管理总局还以此为依据，出台了《工商行政管理机关制止滥用行政权力排除、限制竞争行为的规定》（已失效）对《反垄断法》的相关规定予以具体化。此外，国务院还于2016年发布了《关于在市场体系建设中建立公平竞争审查制度的意见》，力图通过建构和实施公平竞争审查制度阻却行政性垄断行为的发生。

　　——李国海："行政性垄断受益经营者可制裁性分析"，载《法学评论》2019年第5期。

　　2. 王保树教授认为，行政垄断由于是滥用行政权力的结果，和建立社会主义市场经济体制这一点充分发挥市场经济机制作用的要求是根本冲突的，因而构成了对自由公平竞争秩序的主要威胁。不消除行政垄断，没有充分的竞争，不可能建立起完善的社会主义市场经济体制这一点，已成为人们的一种共识，并且这种共识既存在于法学学者之中，也存在于立法机关和公平交易执法机关之中。总结学界对于行政垄断其主要的见解有：

　　（1）行政垄断是通过行政手段和具有严格等级制的行政组织维持的垄断。

（2）行政垄断是凭借行政权力而形成的垄断。

（3）行政垄断是指国家经济主管部门和地方政府滥用行政权，排除、限制或妨碍企业之间的合法竞争。

（4）行政垄断是行政权力加市场力量而形成的特殊垄断。

（5）行政垄断是指政府及其所属部门滥用行政权力限制正当竞争。

无疑，上述见解是从不同的角度观察行政垄断的。第一种见解着眼于维持垄断的主体和手段；第二种见解着眼于行政垄断的依据是行政权力；第三种见解着眼于滥用行政权力和限制合法竞争；第四种见解着眼于行政垄断的形成依据是行政权力加市场力量；第五种见解着眼于行政垄断的实施主体和限制竞争的原因。这些见解，都在一定意义上表现出了某些合理性。但是，第一、二、四种见解忽视了行政垄断形成中的行政权力滥用；第二、四种见解忽视了行政垄断的实施主体。相比之下，第三、五种见解比较准确。因而可以作这样的概括：行政垄断是指政府和政府部门滥用行政权力限制竞争。

——王保树："论反垄断法对行政垄断的规制"，载《中国社会科学院研究生院学报》1998年第5期。

3. 吴宏伟教授认为，行政垄断并非一般市场经济运行的必然产物，也不属于经济垄断范畴。正因为如此，当人们研讨行政垄断这一社会现象时，基于不同的角度会得出不同的结论："行政垄断是通过行政手段和具有严格登记的行政组织维持的垄断"；"行政垄断是国家经济主管部门和地方政府滥用行政权，排除、限制或妨碍企业之间的合法竞争"；"行政垄断是指凭借机关或其授权的单位拥有的行政权力，滥施行政行为，而使某些企业得以实现垄断和限制竞争的一种状态和行为"，等等。根据我国《反不正当竞争法》第7条的规定及现行社会经济生活中存在着的形形色色的行政垄断现象，笔者认为：行政垄断，实质上是指政府及其所属部门超越或滥用行政职权而实施的其后果表现为限制竞争或者破坏竞争秩序的行为。具体有下列几层含义：①行政垄断的主体是政府及其所属部门；②行政垄断的表现形式是行政机关超越和滥用职权；③行政垄断的后果表现为限制竞争或破坏竞争秩序。

　　——吴宏伟："试论我国行政性垄断及其消除对策"，载《法学家》2000年第6期。

　　4. 魏琼教授认为，长久以来，以行政性垄断究竟是一种状态还是一种行为，还是既包括状态又包括行为的论争为例，学者们就颇有争议。这一论争源于产业组织理论关于市场结构、市场行为、市场绩效的分析范式，人们习惯于将经济性垄断划分为垄断状态与垄断行为，前者系指市场中只有一个或少数几个竞争者这样一种市场结构；后者则指滥用市场支配地位等行为。但笔者认为这一分野更适宜于用来剖析经济性垄断，它无法解释行政性垄断的内涵，也无法揭示行政性垄断的根源。从行政性垄断的构成要件进行考察，笔者主张应当将行政性垄断定位为一种行为，而非是状态。因为行政主体是理解行政性垄断内涵的逻辑起点，行政违法是诠释行政性垄断外延的直接载体，没有行政主体的行政违法就没有行政性垄断存在的可能。无论是何种行政违法的行政性垄断均将因具有排除、限制竞争的效果而侵害到了某一市场秩序关系，故而将行政性垄断界定为一种行政行为较为妥当。还需指出的是，这一行政行为系由行政主体针对市场秩序行使行政权力的客观后果，它既可以表现为一种即时终了的行为，亦可表现为连续性或者继续性状态的行为，具有排除、限制竞争，妨害市场的效果，无论是即时终了的还是持续的，该行为的指向对象和终极对象（即行政性垄断的客体要件）均是市场竞争秩序关系。

——魏琼："反行政性垄断执法模式的现实与理想"，载《法学》2009 年第 9 期。

5. 白贵秀认为，"行政垄断"这一概念在学术上久已存在，但并非法律术语。无论是 2008 年实施的《反垄断法》还是早在 1993 年颁行的《反不正当竞争法》，都没有明确使用这一概念。但两部法律都对行政机关滥用行政权力干预市场竞争的行为有明确的禁止性规定。其中《反垄断法》设专章（第五章）对"滥用行政权力排除、限制竞争"的行为进行了列举性规定。通说认为，"行政垄断"是行政主体滥用行政权力限制、排除市场竞争、损害市场公平的一种违法行为。可以说，反行政性垄断是"转型国家特有的现象"，原因在于由计划经济向市场经济转型过程中，政府都存在着"滥用行政权力，排除、限制竞争的惯性"。在我国，因市场经济发育尚不成熟，经济性垄断并不明显，而行政性垄断则是主要的垄断形式。这与素有"经济宪法"之称的欧盟等的反垄断法有着明显的区别。西方国家的反垄断法之所以具有"经济宪法"的地位，并不是因为它具有如同一个国家"宪法"一样高的法律效力，而主要是因为其维护的是市场经济的基本运行机制——竞争机制，保障的是市场主体的基本权利竞争自由。"市场经济的基本特点是自由的市场主体从事自由的商业活动，这集中表现在市场主体的竞争自由。反垄断法的基本功能就是限制私人企业对竞争的限制，保护自由竞争的市场体制。因此，具有了与宪法相似的基础性价值。"需要指出的是，西方国家的反垄断法是针对经济性垄断而言的，其价值判断的标准往往以经济效率为衡量标准，当然，也辅以社会公共利益等方面的伦理价值的判断。

——白贵秀："行政垄断的本质及其救济——由'中国反垄

断法第一案'所引发的思考",载《政法论丛》2008年第6期。

二、有关行政垄断要件理论研究中,下列观点比较具有代表性:

1. 王保树教授认为,行政垄断的构成要件分别为主体要件、主观要件和客观要件。

其一,主体要件。所谓行政垄断的主体要件,即指行政垄断行为的实施者,或曰行政垄断行为的后果承担责任者。在我国,行政垄断的实施主体是政府和政府部门。前者,指地方政府;后者,指中央政府部门和地方政府部门。从这一意义而言,我国《反不正当竞争法》(1993年)第7条将行政垄断实施主体表述为"政府及其所属部门",是不准确的。因为,如将"政府"理解为"地方政府",其所属部门只能是地方政府部门。实际上,中央政府部门实施行政垄断行为者也不少见。不仅如此,将行政垄断实施主体表述为"政府及政府部门"也欠准确。因为,依中国语言习惯,"及"作为连词所连接的成分多是具有主次关系的。由此,当人们将政府理解为地方政府时,"政府及政府部门"同样只能理解为地方政府和地方政府部门。无疑,这是不符合立法本义的。也有人笼统地将"国家"称为行政垄断的主体,这显然也是含糊不清的。如从国家机关的构成而言,它在行政机关之外还有审判机关和权力机关。地方审判机关在地方政府的干预下可以作出维护地方政府所实施的行政垄断行为的判决。但是,纠正审判机关的上述行为不属于反垄断法的规制任务,而属于其他法应解决的问题。譬如,由诉讼法上的监督程序解决。地方人民代表大会也存在以制定地方性法规维护地方政府行政垄断的可能性,但这应通过地方性法规备案制度解决,也不属于反垄断法的规制任务。所以,审判机关和地方权力机关均不应作为行政垄断的主体,因而不应将"国家"

表述为行政垄断的主体。

其二，主观要件。行政垄断的主观要件是行政权力的滥用。无疑，行政权力由各级行政机关行使，这是为宪法所肯定的。但是，政府依法行政，这也是社会主义法治的根本要求之一。换言之，政府和政府部门对经济生活的适度干预必须依据法定的权限和法定的程序。政府和政府部门干预经济生活的行为违反法定权限和法定程序，则构成了行政权力滥用。显然，行政权力滥用有多种表现。但构成行政垄断要件的行政权力滥用，仅发生在政府和政府部门对市场活动的干预中，主要表现为三个方面：①排除，即在一定交易领域里，使某些商事主体的经营活动难以继续进行，包括现实的排除和有发生排除后果的可能。②支配，指对商事主体加以制约，直接或间接地剥夺该商事主体在经营活动中自主作出决定的权利。③妨碍，即公平竞争的妨碍性，指存在着对公平竞争秩序造成不良影响的危险性，而不必是已经发生了结果。行政垄断的主观要件向人们表明，"依法行政"和"行政垄断"的界限是清楚的。政府和政府部门依法维护公平竞争的市场秩序和实施宏观调控措施，是社会主义市场经济发展所必须的，不构成行政垄断的主观要件，因而是不能加以反对的。

其三，客观要件。行政垄断的客观要件是竞争的实质限制。行政垄断中竞争的实质限制，应与经济垄断中的竞争的实质限制作相同理解，即一定交易领域内实质性地限制竞争。所谓"一定交易领域"，即成立了竞争关系的市场。所谓实质地限制竞争，是指几乎不可能期待有效竞争的状态。竞争的阻碍性，应是认定实质限制竞争的标准。上述三个要件，是判断行政垄断的根本标准，缺一不可。垄断必须是政府和政府部门实施的，非此不能成为行政垄断。滥用行政权力是行政垄断的主观特征，当它表现为对市场活动的干预时，必然导致对竞争的实质限制，这表明它们之间存在着必然联系。

——王保树："论反垄断法对行政垄断的规制"，载《中国社会科学院研究生院学报》1998 年第 5 期。

2. 吴宏伟教授认为，学界对行政垄断概念的界定有多种表述，观点角度亦有所不同。并指出行政垄断主要包行政垄断主体、行政垄断形式、行政垄断后果三个要素。

其一，行政垄断主体。行政垄断主体即行政垄断的实施者。根据我国《反不正当竞争法》和《反垄断法》的相关规定，行政垄断主体是指"政府及其所属部门"和"行政机关、法律法规授权的具有管理公共事务职能的组织"。据此，行政垄断主体应该是享有实施行政权限，拥有公权力资格，并能在国家行政活动中实施公权力的机构。根据我国相应法律法规规定，作为中央政府的国务院以及作为地方政府的各级政府，为了实施其国家行政活动，势必在其政府内设立相应的职能机构，并赋予其行政职权。相应职能部门作为政府的组成部分，其实施行政职责与权限的活动，实质上是政府职能的具体实现。可见，政府及其所属部门实施的行政垄断，就是行政机关实施的行政垄断。另外，国家立法机关可依法变更或者撤销行政机关制定的行政法规、规章制度，任何一级行政机关的行政行为包括抽象的行政行为和具体的行政行为，都应该符合法律规定，而不应存在豁免可能。因此，行政垄断主体应该是行政机关，而行政机关应该包括国家各级政府及其所属部门。当然，行政垄断的主体，除了行使公权力的行政机关外，法律法规授权的具有管理公共事务职能的组织，也是行政垄断的当然主体。

其二，行政垄断的表现形式。依据我国行政法理论，行政行为可分为两大类，即抽象行政行为和具体行政行为。前者是指行政机关依据其享有的行政权而实施的立法行为，后者是指行政机关依据国家法律法规而实施的执法行为。行政垄断本质上是一种行政行为，因此，可将中国经济体制改革过程中出现的行政垄断，相应地划分为行政立法行为和行政执法行为。

其三，行政垄断后果。行政机关假借行政权力、滥用行政权力、超越行政职权实施的违法行为，限制竞争或破坏竞争秩序，破坏了我国统一大市场的建立与完善。纵观五花八门的行政垄断，无论其源于何种借口，其后果都是通过限制其他经营者、行业、部门、区域等进入竞争领域开展竞争的方式，保护特定的经营者、特定的行业、特定的部门、特定的区域等的竞争利益，制造"条块分割"，影响了社会主义市场经济竞争机制的正常运行。行政垄断侵犯了竞争者的竞争权利，在行政垄断状态下，受限制的其他竞争者不得自由地进入相关行业、部门和地区参与竞争。此外，行政垄断也从根本上否定了竞争，限制了公平有序的竞争秩序，阻碍了社会主义市场经济体制的发展完善。

——吴宏伟、吴长军："行政垄断的规制与反思"，载《河北法学》2011 年第 6 期。

"知假买假"惩罚性赔偿制度研究

　　近年来我国食品药品领域的种种乱象不仅严重侵害了消费者的生命健康权，也削弱了消费者的幸福感和消费信心。为了保护消费者权益，维护健康的市场经济秩序，我国先后制定并完善了多部法律、行政法规，对生产、销售假冒伪劣食品、药品的行为系地规定了民事责任、行政责任和刑事责任，以此遏制食品药品领域侵害消费者权益的行为。但从实际效果来看，我国目前仍未摆脱食品药品安全的严峻形势。为了进一步强化对食品药品领域的监管，2013 年最高人民法院审判委员会通过了《关于审理食品药品纠纷案件适用法律若干问题的规定》（2020 年修正）（以下简称《食品药品规定》）。《食品药品规定》第 3 条首次在国家司法层面明确认可了"知假买假"者在食品、药品领域内的惩罚性赔偿请求权。但规范性法律文件的不统一，直接影响地方司法机关关于惩罚性赔偿案件的判决。有的法院以"知假买假"不属于消费者为由拒绝，有的法院以"知假买假"者未受欺诈为由拒绝，有的法院以"知假买假"者以索赔为目的，并未造成实际损失为由认定购买者不能适用惩罚性赔偿。由此，在"知假买假"惩罚性赔偿案件中经常出现同案不同判的现象。因此，需要对"知假买假"者能否获得惩罚性赔偿的问题进行学术上的探讨，为解决惩罚性赔偿制度的适用争议提供分析解决路径。

惩罚性赔偿不仅与一般的民事责任一样有着填补损失的功能，更起着惩戒、威慑的作用，但针对该领域出现的"知假买假"行为应如何规制，法律并未作出明确规定。学界在该问题上也仍未达成一致观点。所以在此情形下，"知假买假"行为如何认定？"知假买假"者能否适用惩罚性赔偿？"知假买假"群体是否应当受到法律保护？这些问题都需要我们一一探讨。

一、"知假买假"行为的界定

"知假买假"并非专门的法律术语，我国相关法律或司法解释并未对"知假买假"的概念予以明确规定。作为一种法律产生的负向激励现象，"知假买假"通常是指购买者知道其将要购买的商品是假冒伪劣商品而仍然购买，之后以消费者身份依据《消费者权益保护法》（以下简称《消法》）第55条主张惩罚性赔偿的行为。[1]在司法实践中，"知假买假"可以分为以消费为目的的"知假买假"和以索赔为目的的"知假买假"。以消费为目的的"知假买假"主要表现为：购买者明知是假货但因其价格低廉而购买，比如购买盗版书籍。以索赔为目的的"知假买假"表现为：购买者知道是假货，出于索赔谋利目的进行购买。从学理上看，"知假买假"行为有广义和狭义之分。广义的"知假买假"行为是指只要购买者明知是假冒伪劣商品而购买即为"知假买假"，而不考虑购买者的主观目的是出于牟利还是个人消费。狭义上的"知假买假"行为是指购买者基于获得惩罚性赔偿的目的而购买假冒伪劣产品的行为。本专题所讨论

---

[1] 李仁玉、陈超："知假买假惩罚性赔偿法律适用探析——对《最高人民法院关于审理食品药品纠纷案件适用法律若干问题的规定》第3条的解读"，载《法学杂志》2015年第1期，第48~58页。

的"知假买假"应作狭义上的理解。综上所述,"知假买假"行为至少包括以下几种类型:一是购买者以个人消费为目的"知假买假",购买者因为假冒伪劣商品的价格较为优惠而购买此商品;二是购买者出于获得惩罚性赔偿金的牟利目的而购买假冒伪劣商品,此行为属于狭义上的"知假买假"行为;三是购买者基于将商品转售给他人的经营目的而购买假冒伪劣商品。对于以个人消费为目的的"知假买假"行为,一般情况下不会发生纠纷。狭义上的"知假买假"行为的认定和能否适用惩罚性赔偿制度是本专题探讨的重点。对基于转售等生产经营目的而"知假买假"的行为,会出现其购买者本身属于生产者、经营者还是消费者以及据此能否适用惩罚性赔偿的争议。

"知假买假"行为认定的参考依据主要有以下几项:其一,以购买的数量多少来判断购买者是否出于生活消费目的。如果涉案商品的数量较多时,就要注意其是否属于"知假买假"行为。例如,购买者购买了好几台洗衣机和电视机。根据一般经验法则,每个家庭对洗衣机等耐用商品的需求量往往较少,此时就有理由怀疑购买者购买商品的动机。其二,以购买者是否曾经多次购买涉案商品或者多次提起惩罚性赔偿诉讼请求来判断其是否属于"知假买假"。如果购买者曾经在同一个地方或不同地方多次购买涉案商品并提起过惩罚性赔偿诉讼,就可以推定购买者在购买商品时知道商品存在质量问题并出于牟利目的购买。其三,以购买者取证和维权的熟练程度来判断其是否属于职业打假者。职业打假者出于牟利目的,会在诉前做好举证准备以确保胜诉。但这并不排除购买者本人具有较强的证据意识和举证能力,所以需要结合其他因素综合考量。法院在判断购买者的行为是否属于"知假买假"时应当结合案件具体情况综合考量,准确判断。

二、惩罚性赔偿制度的基本理论

（一）惩罚性赔偿的含义

惩罚性赔偿制度是经济法中具有特色的一项调整手段，其实质上是公私法二分体制下以私法机制执行、由公法担当的惩罚与威慑功能的特殊惩罚制度。惩罚性赔偿，全称为惩罚性损害赔偿，是一个相对于补偿性损害赔偿的私法概念。[1]惩罚性赔偿[2]是指依据法律的规定由不法行为（违约、侵权或其他不法行为）人向受害人支付一定数量的金钱。韩世远教授认为，惩罚性赔偿制度是以"赔偿"的名义对不法行为进行的惩罚，其目的一方面是要惩罚和抑制不法行为人的违法行为，另一方面是警示和教育其他人不要出现类似的情况。换言之，惩罚性赔偿是责任人在承担一般的法律责任以外所承受的额外负担，而非以惩罚性赔偿取代其他的责任。[3]在食品、药品等关涉消费者生命健康安全的领域，通过引入惩罚性赔偿制度和提高惩罚性赔偿金额，提高经营者的违法成本，使得经营者不敢轻易以身试法。

现代法上的惩罚性赔偿制度通常被认为发端于英美。英美法中的惩罚性赔偿最初源于 1763 年英国法官卡姆登（Lord Cam-

---

〔1〕 朱广新："惩罚性赔偿制度的演进与适用"，载《中国社会科学》2014 年第 3 期。

〔2〕 对于惩罚性赔偿存在不同的理解，比如王利明先生认为，惩罚性赔偿是由惩罚和赔偿所组成的，除惩罚和制裁严重过错行为之外，也有填补受害人损害的功能，补偿也是惩罚性赔偿所要追求的目标之一。参见王利明：《合同法研究》（第 2 卷），中国人民大学出版社 2003 年版，第 674~676 页。这种看法实际上是将赔偿性的损害赔偿与惩罚性赔偿合二为一。

〔3〕 韩世远："消费者合同三题：知假买假、惩罚性赔偿与合同终了"，载《法律适用》2015 年第 10 期，第 87~92 页。

den) 在哈克勒诉莫尼 (Huckle v. Money) 一案中的判决。[1] 19
世纪中叶, 法院普遍采纳了惩罚性赔偿制度。20 世纪以来, 消
费者因为各种不合格产品的存在遭受严重损害, 其合法权益得
不到保障, 惩罚性赔偿制度逐渐适用于产品责任来保障处于弱
势地位的消费者的利益。《美国惩罚性赔偿示范法案》将惩罚性
赔偿定义为 "基于请求者的仅仅用于惩罚和威慑的金钱"。[2]
惩罚性赔偿制度从根本上而言是为了弥补补偿性赔偿制度存在
的不足。美国学者海尔顿认为: "惩罚性赔偿就是采用利益消除
的方式对不法行为进行最优化遏制, 行为人在惩罚性赔偿制度
下会考虑自己行为的成本效益, 从利益机制角度出发对行为进
行遏制。" 大陆法系国家和地区一般并不接受惩罚性赔偿。比
如, 日本的通说和判例对惩罚性赔偿持否定态度, 以致美国承认
惩罚性损害赔偿的判决在日本执行时便遇到了问题, 日本以其
不允许以惩罚为目的超过被害人所受实际损害的赔偿为由否认
了美国的惩罚性损害赔偿制度的适用。

我国法中的惩罚性赔偿制度与美国法中的惩罚性赔偿制度
存在差异, 美国法中的惩罚性赔偿制度主要集中在侵权法领域, 比
如产品责任。美国合同法原则上并不承认惩罚性赔偿制度,[3] 而我
国法中的惩罚性赔偿首先是作为合同责任规定下来的, 属于违
约损害的惩罚性赔偿。1993 年制定的《消法》在我国首次确立

---

〔1〕 Wils. K. B . 205, 95 Eng. Rep. 768 (C. P. 1763). 在美国, 则是在 1784 年
的 Genay v. Norris 一案中最早确认了这一制度。Genay v. Norris , 1 S. C. L. 3, 1 Bay6
(1784).

〔2〕 Thomas F. Lambert, Jr. , "Suing for Safety", TRLAL, Nov. 1983, at 48. See
Michhael L. Rustad, "How the Commen Good Is Serbed By the Remedy of Punitive Dama-
ges", *Tenessee Law Review*, 1997.

〔3〕 See E. Allan Farnsworth, *Contracts 760-761* (4th ed), New York: Aspen Pub-
lishers, 2004.

了惩罚性赔偿制度，对主观上具有欺诈目的的经营者实行给付价款的双倍赔偿。

惩罚性赔偿制度是"知假买假"行为得以产生的制度前提。对惩罚性赔偿制度性质和功能的认知，也会影响到对"知假买假"的态度。对"知假买假"的态度，应建立在对惩罚性赔偿制度功能准确认识的基础上。我国惩罚性赔偿立法体系已经初步建立，并且逐步扩大了赔偿范围和加大了赔偿责任。

（二）惩罚性赔偿的责任性质

惩罚性赔偿制度具有实施法律的社会性功能，具有私法的形式和社会法的特性。惩罚性赔偿制度产生和发展的原因可分为私法和公法两个层面：在私法层面，受害者难以举证证明其遭受损失，可能基于专业知识匮乏、维权成本过高、力量不均衡等原因而放弃赔偿请求，从而事实上对不法行为人的加害行为造成激励。在公法层面，主要有对违法行为进行公法惩治可能存在政府能力不足、过度的资源消耗以及公权机构及其官员可能存在经济人特性等原因。这些因素的共同作用使得惩罚性赔偿制度自产生起就具有多元性的功能。惩罚性赔偿制度具有促进公共利益和市场秩序的宏观功能，使得《消法》中规定的惩罚性赔偿制度虽然具有私法形式，但更多是一个社会法的制度。[1]

《消法》第 55 条第 1 款规定的惩罚性赔偿制度，其发生根据在于法律的直接规定，又由于它是一种额外负担，因而与合同的某种命运没有必然的联系。为此，不应认为它在合同被撤销场合便是缔约过失责任；在合同被解除场合便是违约责任。《消法》所规定的惩罚性赔偿，以其法定性而具有独立性，无论合

---

[1] 应飞虎："禁止抑或限制？——知假买假行为规制研究"，载《法学评论》2019 年第 4 期，第 63 页。

专题五 "知假买假"惩罚性赔偿制度研究

同如何终了，均不影响其特殊的性质。上述缔约过失责任或违约责任，与依《消法》第 55 条第 1 款的惩罚性赔偿，并用不悖。

（三）惩罚性赔偿制度的特征

（1）惩罚性赔偿制度诉讼主体的多样性。在诉讼主体方面，原告既可能是典型的消费者，也可能是"知假买假"等非典型消费者；被告主要是经营者，生产者和网络平台极少单独作为被告，少数案例中会将其列为共同被告。

（2）惩罚性赔偿案件的诉讼案由主要包括合同和侵权纠纷两种。由于经营者和消费者的冲突发生于合同关系中，此种惩罚性赔偿责任的承担依托于合同关系的存在，因此，《消法》第 55 条第 1 款规定的惩罚性赔偿制度属于合同之诉的惩罚性赔偿。《消法》第 55 条第 2 款规定的惩罚性赔偿制度是《民法典》侵权责任编第 1207 条在消费者权益保护领域的具体化，属于侵权之诉的惩罚性赔偿。[1]

（3）法院并非全部支持消费者提出的惩罚性赔偿请求。原告依《食品安全法》第 148 条提出惩罚性赔偿主张时，并非均能获得法院支持，《食品安全法》修订前也是如此。法院驳回的主要理由包括：惩罚性额度应当适用《消法》第 55 条的 3 倍而非《食品安全法》规定的 10 倍、包装标注不合格不属于违反食品安全标准、原告未遭受实际损害、被告无明知的主观状态。各地法院裁判争点体现出对立法的解释性差异，其一致性做法和司法共识中也潜含着惩罚性立法设计上需要检讨的信息，需要我们

---

〔1〕 马强："消费者权益保护法惩罚性赔偿条款适用中引发问题之探讨——以修订后的我国《消费者权益保护法》实施一年来之判决为中心"，载《政治与法律》2016 年第 3 期，第 140~148 页。

拨开裁判争点的"乌云"来呈现其"先天性缺陷"。[1]

（四）惩罚性赔偿制度的功能

惩罚性赔偿制度突破了传统民事损害赔偿制度的一般原则，具备了传统民事损害赔偿所不具有的制度功能。

（1）能对受害人产生补偿作用。当补偿性赔偿制度不能对受害人提供充分的救济时适用惩罚性赔偿制度，惩罚性赔偿制度的补偿范围比补偿性损害补偿范围大，包括了对精神损害赔偿的救济、对人身损害损失的赔偿以及对受害人提起诉讼后有关费用的补偿等。[2]通过使受侵害的消费者获得比实际损害更高的赔偿，来鼓励他们起诉不法经营者，同违法行为作斗争。[3]

（2）能对侵权人产生惩罚作用。惩罚性赔偿制度可以在一定程度上弥补同质补偿威慑力不足的缺陷，通过给不法行为人施加更重的经济负担，使其承担超过受害人实际损失以外的赔偿，制裁不法行为，阻止该行为的发生。

（3）能对潜在的同类侵权人产生威慑作用。[4]潜在的行为人可能为了获得物质利益而侵害消费者的合法权益，设置惩罚性赔偿金可以对潜在的施害者产生威慑作用使其不敢作出不负责的行为。[5]一方面通过惩罚性赔偿制度给不法行为人施加经

〔1〕肖峰、陈科林："我国食品安全惩罚性赔偿立法的反思与完善——以经济法义务民事化归责的制度困境为视角"，载《法律科学（西北政法大学学报）》2018年第2期，第114~122页。

〔2〕王利明："惩罚性赔偿研究"，载《中国社会科学》2000年第4期，第116页。

〔3〕葛江虬："'知假买假'：基于功能主义的评价标准构建与实践应用"，载《法学家》2020年第1期，第76页。

〔4〕刘大洪、段宏磊："消费者保护领域惩罚性赔偿的制度嬗变与未来改进"，载《法律科学（西北政法大学学报）》2016年第4期，第114~123页。

〔5〕［美］罗伯特·考特、托马斯·尤伦：《法和经济学》，张军等译，上海人民出版社1994年版，第544页。

济上的负担，使其以后不敢再犯同样的错误，以避免承担更大的赔偿责任；另一方面使其他人不敢从事与受惩罚的被告相同或者类似的不法行为，并促使不法行为人采取较为安全的措施以防止将来继续发生损害，或降低损害发生的危险。[1]惩罚性赔偿制度实质上是公私法二分体制下以私法机制执行、由公法担当的惩罚与威慑功能的特殊惩罚制度。

威慑与制裁功能各有独立的功能价值。前者侧重于对未来不法侵害的防止，要求以最小的社会成本来实现恰当的威慑水平；而后者则侧重于对已经发生的不法侵害在伦理上予以否定评价，旨在通过伦理谴责和惩戒不法行为，尽可能使得所有违法者皆受到相应的处罚。[2]制裁功能与威慑功能的差异可用以判断是否需要"知假买假"者的介入。这主要体现在两个方面：

第一，制裁功能要求在威慑功能的基础上进一步提升被追责率。在威慑功能语境下，当法律施加的惩罚性赔偿金数额足够高时，即使被追责率低于百分之百，对潜在违法者的事前激励也可能达到或者接近完全威慑的效果。但是，在制裁功能语境下，凡是已发生的欺诈行为，应当尽可能确保百分之百遭受事后的谴责与否定。换言之，在威慑功能语境下令人满意的被追责率，有时难以完全满足制裁功能的要求，因为仍有部分违法经营者逃离了法律的制裁与谴责。因此，在某种欺诈行为需要受到制裁的语境下，"知假买假"者的行动会因能够起到进一步提升被追责率的作用而被正当化。

第二，制裁功能要求以一种更加实质化的视角看待违法行

---

[1]　陈聪富："美国法上之损害赔偿制度"，载《台大法学论丛》2002年第5期，第174页。

[2]　邓恒："探求惩罚性赔偿的实质意义　审视职业打假人的法律地位——消费领域惩罚性赔偿法律适用研讨会综述"，载《人民法院报》2017年4月12日。

为的负外部性。威慑功能的着眼点在于负外部性的形式定性，以决定后续的威慑应以最优威慑还是完全威慑为制度考量的基本出发点；而制裁功能的着眼点在于负外部性的具体程度和范围——一旦某种行为进入了制裁范围，那便意味着该行为所造成的负外部性已经达到了相当可观的程度。[1]具体到"知假买假"的语境，只有造成极为可观的负外部性的欺诈行为才值得法律在伦理高度给予谴责和惩戒，才有可能认可"知假买假"者作为执行者通过主张惩罚性赔偿实现制度功能。"可能造成极为可观的负外部性"的情形是指产品损害不确定多数消费者的生命健康，或严重影响市场的正常秩序。经营者欺诈行为的可谴责性与损害消费者人身权益的可能性，与可能造成损害的程度呈正相关性。[2]应根据上述程度与可能性决定是否允许"知假买假"者介入。对于"严重影响市场秩序"来说，则应当衡量经营者违法收益与违法成本的比值——比值越大，欺诈行为的恶性便越大，越应受到法律的制裁。

总而言之，从制裁功能的角度出发，允许"知假买假"者主张《消法》第 55 条第 1 款规定的惩罚性赔偿，旨在借用"知假买假"的力量，进一步提高被追责率，以保证每一个恶性较大的欺诈行为都能够受到惩戒。对于恶性较大的行为的认定，应以"造成消费者人身损害的程度和可能性"及"实施欺诈行为的收益与成本之比值"为标准。

（五）惩罚性赔偿的构成要件

在美国，惩罚性赔偿的构成要件包括以下几项：①主观要件。只有当行为人主观过错较为严重的情况下才能适用惩罚性赔

---

〔1〕 于冠魁：《惩罚性赔偿适用问题研究》，法律出版社 2016 年版，第 66~67 页。

〔2〕 杨立新："我国消费者保护惩罚性赔偿的新发展"，载《法学家》2014 年第 2 期，第 90 页。

偿。主要包括故意、被告具有恶意或者具有恶劣的动机、毫不关心和不尊重他人的权利、重大过失等几种主观要件。②行为具有不法性和道德上的应受谴责性。惩罚性赔偿适用于被告存在严重过错的行为。③造成损害后果。受害人在主张惩罚性赔偿时必须证明自身遭受了严重损害，并且此种损害是由于被告的行为造成的。[1]

三、关于"知假买假"者能否获得惩罚性赔偿的探讨

在司法实践中，法院对"知假买假"者能否适用惩罚性赔偿条款存在两种不同意见。法院支持的理由主要包括司法解释已经明确食品药品领域的"知假买假"行为属于法律保护范围、惩罚性赔偿条款并未对消费者的身份作出区别规定、惩罚性赔偿不以造成消费者的实际损害为前提条件等；法院反对的理由是"知假买假"者购买商品的行为不属于生活消费，不属于《消法》的保护范围、没有证据证明经营者存在欺诈行为、没有证据证明假冒伪劣产品影响了食品安全、"知假买假"者不属于消费者的范畴，不应适用惩罚性赔偿条款、假冒伪劣产品并未对消费者造成实际损害，所以不能适用惩罚性赔偿条款等。

我国《消法》《食品安全法》和《民法典》侵权责任编都规定了惩罚性赔偿制度。《消法》第 55 条第 1 款符合惩罚性赔偿经典理论，为一般性规定。如案情不符合《食品安全法》规定的 10 倍赔偿，但符合《消法》第 55 条第 1 款时，法官释明后，应考虑一般规则的适用，不宜直接驳回。[2]

---

〔1〕 王利明："美国惩罚性赔偿制度研究"，载《比较法研究》2003 年第 5 期，第 1~15 页。

〔2〕 张红："论《民法典》内外合同责任之惩罚性赔偿"，载《法学评论》2020 年第 5 期，第 25~40 页。

　　依据《消法》第 55 条[1]的规定，受害人请求惩罚性赔偿的主观要件是"经营者明知商品或者服务存在缺陷，仍然向消费者提供"，客观要件是造成消费者或者其他受害人死亡或健康严重受损的"后果，就其规范目的而言，应为一种"对于公共政策的私人执行"（private enforcement of public police）。[2]在现代给付行政理念下，行政目标的实现可以借力于私人或者私团体，而《消法》惩罚性赔偿规则的出台，正是运用惩罚性赔偿作为激励（as incentive），鼓励广大消费者行动起来，积极地与经营者提供商品或者服务的欺诈行为作斗争，以营造诚信经营、童叟无欺的良好商业环境。

　　继《消法》之后，我国还有其他法律和司法解释规定了惩罚性赔偿。《食品安全法》第 148 条第 2 款的规定[3]与《消法》第 55 条关于惩罚性赔偿的规定相比，该条规定既没有主观上"明知"的要求，也没有"死亡或者健康严重损害"的后果限制，只要"生产不符合食品安全标准的食品或者经营明知是不符合食品安全标准的食品"，消费者便可以主张惩罚性赔偿。

---

　　[1]《消法》第 55 条规定"经营者提供商品或者服务有欺诈行为的，应当按照消费者的要求增加赔偿其受到的损失，增加赔偿的金额为消费者购买商品的价款或者接受服务的费用的三倍；增加赔偿的金额不足五百元的，为五百元。法律另有规定的，依照其规定。经营者明知商品或者服务存在缺陷，仍然向消费者提供，造成消费者或者其他受害人死亡或者健康严重损害的，受害人有权要求经营者依照本法第四十九条、第五十一条等法律规定赔偿损失，并有权要求所受损失二倍以下的惩罚性赔偿。"

　　[2] 参见 Mark A. Cohen and Paul H. Rubin，"Private Enforcement of Public Policy"，*3 Yale J. on Reg*，167（1985~1986）.

　　[3]《食品安全法》第 148 条第 2 款规定："生产不符合食品安全标准的食品或者经营明知是不符合食品安全标准的食品，消费者除要求赔偿损失外，还可以向生产者或者经营者要求支付价款十倍或者损失三倍的赔偿金；增加赔偿的金额不足一千元的，为一千元。但是，食品的标签、说明书存在不影响食品安全且不会对消费者造成误导的瑕疵的除外。"

该条规定不以"欺诈行为"为惩罚性赔偿的构成要件，为"知假买假"索赔行为提供了法律上的可行性。《食品药品规定》第3条规定[1]被认为明示了"知假买假"行为不影响消费者维护自身权益。但是2016年原国家工商行政管理总局公布的《消费者权益保护法实施条例》第2条规定"知假买假"行为不适用惩罚性赔偿规则。所以，如何认定"知假买假"行为是理论和实践均需要解决的重要问题。

应飞虎在《知假买假行为适用惩罚性赔偿的思考——基于法经济学和法社会学的视角》一文中认为，消费者受欺诈的现象时有发生，市场主体存在不诚信行为，假冒伪劣产品泛滥，但目前的措施难以有效规制此类违法行为。所以，综合考虑以上因素，我国目前应当赋予"知假买假"者获得惩罚性赔偿的权利，发挥惩罚性赔偿制度的功能。[2]

（一）"消费者"身份的界定

作为"弱者的公权保护路径"，是否基于"知假买假"者保护的争论导火索在于对"消费者"的理解上。[3]其他国家和地区对消费者的界定主要有三种立法模式：第一，通过反向排除的方式界定消费者，规定消费者是非以生产经营目的而从事消费行为的人。例如，《德国民法典》规定，消费者是指既非以其营利活动为目的，也非以其独立的职业活动为目的而缔结法

---

〔1〕《食品药品规定》第3条规定："因食品、药品质量问题发生纠纷，购买者向生产者、销售者主张权利，生产者、销售者以购买者明知食品、药品存在质量问题而仍然购买为由进行抗辩的，人民法院不予支持。"

〔2〕 应飞虎："知假买假行为适用惩罚性赔偿的思考——基于法经济学和法社会学的视角"，载《中国法学》2004年第6期，第116~124页。

〔3〕 刘沐炎："王海现象：法理评述与分解"，载《中外法学》1998年第2期，第80~84页。

律行为的任何自然人。〔1〕第二，正面表述消费者的概念。分为两种立法例：一种是规定消费者是为生活消费需要目的购买、使用商品或者接受服务的民事主体。例如，俄罗斯法律规定，消费者是使用、取得商品或者服务以供个人生活需要的公民。〔2〕另一种是规定消费者是为个人或家庭需要购买、使用商品或者接受服务的民事主体。例如，《美国统一商法典》规定，消费者是指为了个人、家庭成员或者家庭目的而购买商品的个人。第三，混合立法模式。对消费者的界定既有正面表述，也从反向予以排除。例如，我国在一系列相关"函释"中，规定消费是指非供执行业务或者投入生产使用，不再用于生产或销售之情形。〔3〕

我国《消法》既没有采用反向排除的方式来界定消费者，也未正面表述消费者的概念，亦未采用混合立法模式。《消法》第 2 条规定，消费者是指为满足生活需要而购买或使用经营者提供的商品或服务的人。其中，"生活需要"是指为了实现自身的生存、享受与发展而进行的消费。《消法》并未从法律规范上对消费者作出明确界定。《消法》的立法目的是加强对消费者的权益保护，强化经营者的义务和责任。所以，笔者认为"生活消费"的外延广泛，因为《消法》只将消费分为生活消费和生产消费，所以可采取排除生产消费的方法来判断"生活消费"。法律并未限制其他形式的购买目的与动机，故可以理解为购买者只要未将该商品或服务用于再次生产经营，就应当从有利于保护消费者权益角度和强化经营者义务和责任角度出发，赋予购买者消费者的身份。"孙某山案"采用了经营者与消费者二

---

〔1〕 参见《德国民法典》第 13 条。
〔2〕 参见《俄罗斯联邦消费者权利保护法》"在本法中使用的基本概念"部分。
〔3〕 李适时主编：《中华人民共和国消费者权益保护法释义》（最新修正版），法律出版社 2013 年版，第 16 页。

分法，换言之，只要不是出于生产经营目的而购买，便可认定为消费者。[1] 2013 年最高人民法院出台相关司法解释，表明"知假买假"者具有消费者身份已逐渐成为实务界的共识。

（二）"知假买假"者是否应认定为消费者

"知假买假"者获得惩罚性赔偿的前提为其本身属于《消法》所称的"消费者"，《消法》第 2 条规定了消费者权益保护法的调整范围，却并未明确"消费者"的具体概念。随着王海等职业打假人士的出现，针对"知假买假"引发了理论上和实践中对消费者理解上的分歧。《食品安全法》关于惩罚性赔偿制度的规定也涉及对消费者的理解，明知是不合格的食品而购买是否属于消费者？能否主张 10 倍赔偿？部分学者根据《消法》第 2 条的规定，认为"知假买假"者的行为不属于消费行为，对其因购买不符合食品安全标准的食品所造成的经济损失可以退还，但不能请求价款 10 倍的赔偿金。故只有明确"知假买假"者的法律属性——消费者抑或非消费者，才能确定其各自的适用规范，进而分析其能否获得惩罚性赔偿。"知假买假"行为的认定需要考虑购买者的主观动机和目的。司法实践中对"知假买假"行为的认定关键在于判断消费者是否出于生活消费目的而购买产品。关于"知假买假"者是否属于消费者，主要有以下几种观点：[2]

（1）以购买者购买的动机与目的来判断其是否属于"生活消费"，进而否定"知假买假"者的消费者地位。梁慧星教授认为，"买假索赔"案件以获得双倍赔偿为目的（旧《消法》规

---

〔1〕 王令玉："论食药领域知假买假行为与惩罚性赔偿"，载《食品安全导刊》2020 年第 25 期，第 52~53 页。

〔2〕 刘保玉、魏振华："'知假买假'的理论阐释与法律适用"，载《法学论坛》2017 年第 3 期，第 62~73 页。

定），其显然不是"为生活消费的需要"。因此，按《消法》第2条规定，应否定"知假买假"者的消费者地位，其权益不应受《消法》保护，不能获得惩罚性赔偿。[1]

（2）以购买者购买后是否转售来判断其是否属于"生活消费"，进而肯定"知假买假"者属于消费者。王利明教授认为，购买商品和接受服务的行为体现着消费者一定的经济利益追求，只要其目的不是为了将商品或者服务再次转手或者为了专门从事商品交易活动，其便是消费者。最高人民法院的王毓莹法官认为，只要不是以进行商品交易活动为目的而购买商品或接受服务，那么该购买者的行为就是为了生活消费。[2]

（3）以购买的物品属性来判断其是否为"生活消费"，进而区分"知假买假"者是否属于消费者。《消法》的起草人之一何山认为，只要购买的是生活消费品，无论是为物质文化生活而直接消耗，还是为"打假"并获取物质利益，都属于生活消费，购买者都是《消法》所保护的消费者，进而都可以获得《消法》所规定的惩罚性赔偿。[3]

上述三种观点均具有合理性，但也有需要进一步补充之处。对于第一种观点而言，司法实践中很难根据"经验法则"来判断购买者的主观动机，即使购买者购买了超出一般生活所需的商品数量，其也有可能是出于其他各种消费目的。除非购买者自己承认"知假买假"行为，否则很难通过外部行为推知购买

---

[1] 梁慧星："消费者权益保护法第 49 条的解释与适用"，载《人民法院报》2001 年 3 月 29 日。

[2] 王毓莹："食品药品民事纠纷案件审理中的重点与难点问题"，载《法律适用》2014 年第 3 期，第 45 页。

[3] 壬子："何山：'还我一个宁静的公序良俗'——消费者权益保护法有关问题访谈录"，载《中国律师》1998 年第 3 期，第 66 页。

者在购买商品时的主观动机。[1]第二种观点也存在不周延之处，如新闻工作者、行政执法部门或者真正权利人基于调查取证的需要而购买商品，尽管其都没有转售行为，却不宜直接认定为消费者。[2]第三种观点的问题在于如何判断购买的物品是否为"生活消费品"，有些物品只可能用于生活消费或者生产消费，而有些物品则既可以用于生活消费，也可以用于生产消费，如汽车既可以作为生活消费也可以作为生产消费。因此，简单地从购买物品的属性来判断购买者是否属于消费者，并不妥当。[3]

笔者认为，不能以"知假买假"否认其消费者身份。[4]

第一，消费者是与经营者相对应的概念。我国《食品安全法》和《消法》等法律都未明确界定消费者的概念。美国《布莱克法律辞典》中关于消费者的定义是："消费者是与制造者、批发商和零售商相区别的人，他是指购买、使用、保存和处分商品和服务的个人或最终产品的使用者。"消费者与经营者是相对应的概念，二者的区别是客观的，不需要考虑购买者的主观动机和目的。

第二，将消费者限制在为自己消费而购买的范围过于狭隘。其一，生活中存在各种各样的消费行为，购买者购买物品并非都是为自己生活需要，诸如购买物品收藏、保存、作为礼物赠予他人以及替家人和朋友购买物品，代理他人购买生活用品等。

〔1〕 宋征、胡明："从王海打假案看知假买假者是否消费者——法解释学意义上的分析"，载《当代法学》2003年第1期，第65页。

〔2〕 李仁玉、陈超："知假买假惩罚性赔偿法律适用探析——对《最高人民法院关于审理食品药品纠纷案件适用法律若干问题的规定》第3条的解读"，载《法学杂志》2015年第1期，第48~58页。

〔3〕 王利明："消费者的概念及消费者权益保护法的调整范围"，载《政治与法律》2002年第2期，第6页。

〔4〕 参见"成都爱莲超市有限公司与郑某龙产品责任纠纷上诉案——消费者主张十倍赔偿的构成要件"案例。

其二，有法院裁判认为不是纯粹用于生活领域的消费，不是《消法》意义上的消费者。笔者认为，这种观点并不妥当。参照《消法》第54条的规定，农民购买生产资料属于消费行为，那么城市居民购买汽车用于经营，比如从事运输，也应当视为消费者。

第三，"知假买假"行为有利于维护社会公共利益，法律应当给予肯定性评价。分散的消费者与经营者相比处于绝对的劣势地位。消费者在购买商品时难以甄别商品的伪劣。"知假买假"者的存在提高了制假售假者被发现的概率，增加了违法成本，有利于净化交易市场和维护不特定消费者的利益。从该角度而言，"知假买假"行为能够达到规范经营、净化市场环境的目标，有利于公共利益的实现，而公共利益是法律应当维护的最高利益，否定"知假买假"者作为消费者享有惩罚性赔偿的权利，就是对公共利益的侵害。

第四，否定"知假买假"者不属于消费者的判决不具有可接受性。法院裁判应当具有可接受性，不承认"知假买假"者的消费者身份，实质上是对不法经营者的纵容和对消费者的严重伤害，是对公共利益的漠视。法院应在涉及人民群众健康安全的问题产品面前作出回应，支持"知假买假"者获得惩罚性赔偿的请求。

第五，"知假买假"者相对于制假、售假者而言属于弱者，《消法》中消费者的弱势地位是相对于经营者的优势地位而言的，所以"知假买假"者应当得到《消法》的特别保护。《消法》第6条第1、2款规定[1]表明消法支持通过"知假买假"

---

[1]《消法》第6条第1、2款规定："保护消费者的合法权益是全社会的共同责任。国家鼓励、支持一切组织和个人对损害消费者合法权益的行为进行社会监督。"

索赔来监督经营者的生产、销售行为。

司法裁判应当体现正义性，引导社会诚信的构建。在对消费者理解发生歧义时，应当从追求社会正义的角度出发作出有利于保障消费者权益的解释，所以"知假买假"者的法律属性应定位为"消费者"，其可以请求获得法律上规定的惩罚性赔偿。因为对"知假买假"者的法律保护涉及对违法经营者的规制和消费者群体利益保护两个方面。在最高人民法院指导案例23号中，江苏省南京市江宁区人民法院经审理认为相对于销售者和生产者的概念，只要具有购买、使用商品或者接受服务的消费行为，并且不是用于生产销售的，就应当认定为是生活消费需要，即属于消费者。虽然《食品药品规定》明确了"知假买假"仍可索赔，但这并不意味着所有"知假买假"者均可纳入"消费者"范畴。以下几类主体不应纳入消费者范畴。

（1）职业打假者或"打假公司"。对于职业打假者"知假买假"要求惩罚性赔偿的，人民法院不应支持。因为职业打假者以打假为职业，以营利为目的，而非以消费为目的，其行为不符合"生活消费"的内涵。并且职业打假者或"打假公司"通常是有组织、经常化的活动，与经营者之间的力量基本均衡，不属于弱势群体，所以不应将其纳入消费者范畴。梁慧星教授认为："职业打假阶层是一个游离于公权和私权之外的、以打假为业的牟利行业，不利于法治建设。"[1]职业打假不能得到支持的主要原因有以下几点：[2]

第一，混淆了私法功能与公法功能的界限，假冒伪劣泛滥的社会现象的治理应属于公法范畴，不可能通过私法的赔偿救

---

〔1〕 参见梁慧星：《为中国民法典而斗争》，法律出版社2002年版。
〔2〕 "知假买假与多倍赔偿：法的解释、功能与价值取向"，载《人民司法（应用）》2018年第19期，第103页。

济包括惩罚性赔偿得到解决。

第二，职业打假者的主观目的是牟利，在某种意义上职业打假者并不希望制假者消失。

第三，职业打假现象本身就是惩罚性赔偿制度的异化，说明所谓的惩罚性赔偿制度本身存在先天性缺陷。

第四，近二十年的事实已经充分证明，中国特有的职业打假现象对于假冒伪劣产品肆虐的情形并未起到任何积极作用。

第五，某些政府部门的懒政、对假冒伪劣治理不力和无效，不能成为职业打假正当性的依据，职业打假行为只会助长政府的懒政，把政府的责任推向民间。

也有学者认为职业打假行为可以得到支持，主要理由如下：[1]

第一，假冒伪劣泛滥的社会现象的治理应当属于公法的范畴和功能，虽不可能通过私法的赔偿救济包括惩罚性赔偿得到解决，但并不能否定私法赔偿对制售假冒伪劣的打击作用。

第二，即使假设职业打假人关注的唯一目的是牟利，但并不影响客观上对制假者的打击，制假者出于违法成本的考量会规范自己的生产销售行为。

第三，职业打假现象本身就是公权力懈怠的证明。

第四，近二十年的事实已经充分证明，中国特有的职业打假现象对于假冒伪劣肆虐的当下起到了积极作用。

第五，某些政府部门的懒政现象和对假冒伪劣产品的行为治理不力和无效，正是社会对职业打假者的呼唤。

（2）新闻工作者。新闻工作者购买假冒伪劣产品的目的是业务需要而非生活消费，并且新闻工作者可能利用职业便利

---

〔1〕 牟瑞瑾："《消费者权益保护法》第49条的适用条件"，载梁慧星主编：《民商法论丛》（第15卷），法律出版社2000年版。

"知假买假"索赔，不利于对消费者的正确引导，所以新闻工作者不应纳入消费者范畴。

（3）竞争对手。竞争对手的身份属于经营者，其对相关商品或服务的真实状况知情，不存在信息不对称问题，所以，竞争对手不应纳入消费者的范畴。

（4）单位。我国《消法》并未明确规定消费者只能是自然人，但是从《消法》保护属于弱势群体的消费者的立法目的出发，单位因具备一定的经济能力和谈判能力，不属于《消法》要保护的弱者。如果单位购买的商品存在质量问题，可由受害人直接依据《消法》进行维权，所以单位原则上不应纳入消费者范畴。

（三）"知假买假"者是否受到"欺诈"的问题

《消法》第55条第1款对于惩罚性赔偿明确要求经营者具有"欺诈行为"，在该法律及有关司法解释等没有明确规定此处的"欺诈行为"不以行为人具有故意及相对人因此陷入错误为要件时，对其理解适用应严格遵循最高人民法院有关司法解释的规定，不应随便突破。从《消法》第55条的规定可以看出，消费者惩罚性害赔偿请求权的发生须具备两项要件：第一，须是消费者合同；第二，须有欺诈行为。

1. 对消费者合同的界定

我国目前尚无专门的消费者合同立法，因此关于什么是消费者合同，法律并未作出规定。消费者合同中一方须为消费者，根据《消法》的规定，消费者应当是指为满足个人或家庭需要而购买、使用商品或接受服务的自然人。消费者的身份是相对且和消费行为不可分割的。依前文所述，"知假买假"者应当被认定为属于《消法》第2条规定的消费者。职业打假者"知假买假"要求惩罚性赔偿的，人民法院不予支持。另外一方当事人须为经营者,《消法》对经营者的概念并未作出规定,与消费者的概念相对应,经营者应当是指为盈利而生产、销售商品或提供服务的自然人、法人或其他组织。经营者的身份与经营行为相关。故消费者合同可以界定为"当事人一方是消费者,另一方是经营者的一切合同"。

2. 关于"欺诈行为"的语义

"欺诈行为"与惩罚性赔偿责任制度密切相关,惩罚性赔偿责任的确立涉及对"欺诈行为"的认定。《消法》第 55 条规定的惩罚性赔偿制度的规范目的是"对于公共政策的私人执行"(private enforcement of public police[1])。基于现代给付行政理念,可以借力于私人或者私团体实现行政目标,《消法》运用惩罚性赔偿制度作为激励,鼓励广大消费者积极地与经营者提供商品或者服务的欺诈行为作斗争,以营造诚信经营的良好市场经济秩序。《食品药品规定》第 3 条肯定了"知假买假"行为,但能否依据该条款认为消费欺诈的构成不需要消费者因经营者的行为陷入错误认识值得探讨。

德国民法学者迪特·莱波尔德(Dieter Leipold)教授认为,欺诈行为的构成要件有三:其一,实施了引起、加强或者维持对方对事实或者其他客观可以证明的情况的错误认识的欺骗行为;其二,欺诈人具有知道或者认为可能会给对方造成不真实的认识的恶意;其三,欺骗行为和对方作出的意思表示之间具有因果关系,至少是与其他因素共同发挥作用。因果关系的认定可以单方面地从被欺诈人的主观认识来判断。

我国对"欺诈"的解读存在两种观点。第一种观点认为,《消法》中规定的"欺诈"与《民法典》中的"欺诈"属于同

---

〔1〕 See Mark A. Cohen and Paul H. Rubin, "Private Enforcement of Public Policy", *3 Yale J. on Reg*, 167(1985~1986).

一含义，即"一方当事人，故意告知对方虚假情况，或者故意隐瞒真实情况，诱使对方当事人作出错误意思表示的，可以认定为欺诈行为"。该"欺诈"以"故意"为构成要件，"过失"不构成"欺诈"。有学者进一步指出，"欺诈行为"应具备四个构成要件：①须有欺诈的故意；②经营者必须有欺诈的行为；③消费者必须基于欺诈而陷入错误判断；④消费者必须基于错误判断而为意思表示。[1]第二种观点认为，对"欺诈"的认定应当区别于一般民事法律制度中对平等的法律主体之间行为的法律规制。因为消费者与经营者相比处于弱势地位，所以对"欺诈"的认定无需考虑经营者的主观状态和消费者是否基于欺诈而陷入错误判断并且为错误的意思表示，只要经营者实施了欺诈行为，就可以认定为《消法》中规定的"欺诈"。[2]董文军教授认为，《消法》所规定的"欺诈"不同于《民法典》中的"欺诈"的认定标准。《消法》中的欺诈须具备两个要件：一是经营者主观上具有欺诈的故意或重大过失；二是经营者作出欺诈行为。《民法典》中的"欺诈"除上述两个构成要件外，还要求消费者基于经营者的欺诈行为陷入错误判断并基于错误判断而为意思表示。因为《消法》对"欺诈"的认定不要求消费者陷入错误判断而为意思表示，所以"知假买假"者是否受到欺诈并不影响"知假买假"者基于《消法》的规定主张双倍赔偿。[3]

笔者认为，我国《消法》中规定的"欺诈行为"的认定应

---

〔1〕 牟瑞瑾："《消费者权益保护法》第49条的适用条件"，载梁慧星主编：《民商法论丛》（第15卷），法律出版社2000年版。

〔2〕 葛江虬："论消费者无理由退货权——以适用《合同法》条文之解释论为中心"，载《清华法学》2015年第6期，第95页。

〔3〕 董文军："论我国《消费者权益保护法》中的惩罚性赔偿"，载《当代法学》2006年第2期，第69~74页。

当区别于一般民事法律制度中规定的"欺诈"的认定标准。普通的民事合同中，双方主体处于平等地位，彼此的知识经验和交易能力相当，当民事法律行为中存在欺诈时，被欺诈一方有能力承担举证责任。但是在消费者合同中，消费者在知识经验和信息获取能力方面都处于弱势地位，经营者可能利用自己的优势地位实施隐蔽的欺诈行为，消费者可能不能识破经营者的该种欺诈行为而遭受损失，消费者举证证明经营者存在欺诈行为难度大，诉讼成本高，可能会承担败诉风险。如果《消法》中规定的"欺诈"与《民法典》中的"欺诈"属于同一含义，就必须符合"欺诈"的四个构成要件才能主张惩罚性赔偿，"知假买假"者并非基于欺诈而陷入错误判断并且为错误的意思表示，所以"知假买假"者不能根据《消法》请求惩罚性赔偿。民法中的欺诈制度是针对意思表示瑕疵而言的，法律效果为合同可撤销，但《消法》中的欺诈行为在合同磋商、成立、生效、履行各个环节都可能发生欺诈的问题。因此，应对《消法》规定的欺诈行为和《民法典》规定的"欺诈"行为作不同理解，消费者惩罚性赔偿案件中对于"欺诈行为"的认定标准应当低于《民法典》中对"欺诈行为"的认定标准。在消费者领域应当区分不同类型的欺诈行为来讨论是否支持"知假买假"者的主张：按照对欺诈行为应当强调威慑还是制裁，可将欺诈行为分为三种类型：强威慑强制裁型、强威慑弱制裁型和弱威慑弱制裁型。

第一，强威慑强制裁型。以经营者销售假冒伪劣商品为代表的欺诈行为。由于假冒伪劣商品的外形与真实商品难以区分，欺诈行为的隐秘程度较高，导致对违法经营者的追责率较低。但是，假冒伪劣产品所存在的质量瑕疵很可能导致不确定多数消费者的人身损害后果。当经营者通过生产销售假冒伪劣产品获利后，会对其他同类经营者产生负面示范效应，扰乱正常的市场经济秩序。所以，应当借助"知假买假"者的力量通过惩罚性赔偿制度来遏制经营者生产销售假冒伪劣商品的行为，净化市场环境。

第二，强威慑弱制裁型。以经营者对商品服务作不实陈述为代表的欺诈行为。不实陈述既包括以广告或价格等形式出现的虚假或引人误解的内容，也包括个别磋商中的欺骗或误导性表述；既包括主动虚假陈述或引人误解的内容，也包括隐瞒影响当事人决策的关键信息。与假冒伪劣产品相比，不实陈述并不涉及商品或服务的品质问题，不存在造成不特定消费者人身损害的可能性。但是不实陈述会干扰正常的市场秩序，所以应当考虑支持"知假买假"者在该领域有选择地获得惩罚性赔偿，即对于轻微的不实陈述行为，"知假买假"者的惩罚性赔偿主张不应得到支持；但是对于严重的不实陈述行为，如经营者因不实陈述的欺诈行为已经受到高额行政处罚的，则应当支持"知假买假"者的惩罚性赔偿请求。

第三，弱威慑弱制裁型。以经营者以"不规范的标识说明"为代表的欺诈行为。"不规范的标识说明"是指商品或者服务本身不存在品质问题，仅是标识或说明不规范，且未至不实陈述的程度，如"将作为棉被填充物的聚酯纤维标识为羽丝绵"。对商品或服务"不规范的标识说明"既不会造成不特定多数消费者的人身损害，也不会严重破坏正常的市场竞争秩序，所以不应支持"知假买假"者的惩罚性赔偿请求。

总体而言，对"欺诈行为"的认定应当结合不同的法律部门语境以及案件的具体情况进行。在有关保护消费者权益的法律中应当对"欺诈行为"作出细化规定，明确"欺诈"的法律构成要件，尽量明确列举欺诈行为，再设定兜底条款，以便于法官能够根据案件的具体情况来认定"欺诈行为"。《消法》的立法目的是维护消费者的合法权益，基于经营者和消费者之间力量的不均衡，为了维护消费者的权益，只要经营者基于故意或者重大过失实施了欺诈行为，就应当支持消费者的惩罚性赔偿请求。据此分析，虽然"知假买假"者作出购买的意思表示并非因经营者的欺诈行为而陷入错误认识，而是出于利用《消法》第 55 条谋取惩罚性赔偿金的动机，但是从价值判断角度出发，"知假买假"者购买商品并不能改变经营者"欺诈"的本质，只要经营者存在欺诈行为就应当承担惩罚性赔偿责任，不需要考虑消费者是否存在主观过错。为了更好地维护消费者的合法权益，应当支持"知假买假"者的惩罚性赔偿请求。

（四）"知假买假"者的惩罚性赔偿请求能否得到支持

关于"知假买假"者能否适用惩罚性赔偿制度的理论探讨，有否定说、肯定说和折中说三种观点。

1. 否定说

否定说认为"知假买假"者不应被认定为消费者，对"知假买假"行为不能适用《消法》中的惩罚性赔偿。主要理由有：其一，依据《消法》第 2 条的规定，只有为了生活消费需要购买、使用商品或接受服务才属于消费者的范畴。从动机上看，"知假买假"者不是为了生活消费，而是为了获取经济利益，不属于《消法》的调整对象，故不适用惩罚性赔偿。其二，从立法意旨上看，现代《消法》基于经营者与消费者之间的信息不对称而对消费者给予特殊的保护，并非鼓励消费者充当打假角色。其三，从法律适用角度看，"知假买假"者对商品或服务的真实状况是知情的，经营者的行为没有导致其陷入错误或加深其错误。对"知假买假"者来说，经营者的行为并不构成欺诈。因此，"知假买假"者不能依据《消法》第 55 条的规定主张惩罚性赔偿。

也有学者反对否定说的观点。他们认为"生活消费",语义射程广泛,故有学者认为,"只要他不是一个商人或者为交易购买的人",就应当认为他是消费者,可将其纳入《消法》的适用范围。另外,对于"欺诈行为"而言,本身《消法》的定位就存在一定的模糊性:虽然认为《消法》属于民法特别法之逻辑并无问题,[1]但它亦肩负着维护经济秩序、促进经济发展之功能,故其制度目标与基本价值有别于传统民法,进行具体解释论操作时不可不察。[2]最后,无论在审判实践还是学术讨论中,均有观点认为"知假买假"具有净化市场,维护社会公共利益、践行正义观念的作用,所以"知假买假"行为并不违反诚信原则。[3]

2. 肯定说

肯定说的基本观点是,只要购买者购买商品不是用于再次销售,就属于消费者范畴,"知假买假"者应与普通消费者受到同等保护,故适用惩罚性赔偿。支持肯定说的理由有以下几点:其一,"生活消费"语义射程广泛。消费者在购买商品的过程中,其主观动机是为了日常生活需要还是牟利,对此很难确定一个合理标准,实践中也难以判断。其二,《消法》第55条规定的经营者"欺诈行为"不以购买者不知情为要件,其是否陷入错误认识并不影响其获得惩罚性赔偿。[4]其三,《民法典》

---

〔1〕 葛江虬:"论消费者无理由退货权——以适用《合同法》条文之解释论为中心",载《清华法学》2015年第6期,第95页。

〔2〕 谢晓尧:"欺诈:一种竞争法的理论诠释——兼论《消费者权益保护法》第49条的适用与完善",载《现代法学》2003年第2期,第165页。

〔3〕 典型判决参见青岛市中级人民法院〔2017〕鲁02民终字第10484号民事判决书。学术观点参见李剑:"论知假买假的逻辑基础、价值理念与制度建构",载《当代法学》2016年第6期,第84~86页。

〔4〕 李友根:"消费者权利保护与法律解释——对一起消费纠纷的法理剖析",载《南京大学法律评论》1996年第2期,第166~175页。

中的规定混淆了"欺诈"与"欺诈行为",消费者获得惩罚性赔偿不以其陷入错误认识并作出意思表示为前提。其四,消费者是弱势群体,对产品不够了解,维权成本高和维权难度大,许多人不愿意提起诉讼,"知假买假"者实际上是在替消费者维权,虽然"知假买假"者主观上存在谋取私利的目的,但其行为客观上能够产生有效抑制制假售假行为的社会效果。[1]其五,职业打假者的行为有助于打击销售假冒伪劣产品的经营者和节省监管部门的执法成本。

当然,肯定说也存在一些缺陷,具体体现在以下方面:

(1)混淆公权力与私权利各自的范围和作用空间。公权力具有法定性和不可让渡性。公权力的作用领域不能成为私权利的谋利空间。市场监管的主体是行政机关,故依法加强对市场的监管应是行政机关的职责,行使的是公权力。公民个人或组织采取"知假买假"索赔的方式来"打假"行使的是私权利。打击假冒伪劣商品应属于公权力作用的范围,如果保护和鼓励"知假买假"行为会导致公权与私权的错位。

(2)允许"知假买假"者普遍适用《消法》的惩罚性赔偿规则会破坏营商环境。"知假买假"属于"以恶抑恶"的自力救济方式,违反民法中的诚实信用原则。无例外地允许"知假买假"行为适用惩罚性赔偿可能会激发部分消费者的讹诈心理,从而导致部分经营者采取不正当的竞争手段,破坏和谐的营商环境,不利于整个社会的稳定和发展。

(3)《消法》的立法目的是给处于弱势地位的消费者以特殊保护。但就"知假买假"行为而言,尽管"知假买假"者的经济实力比较弱,但能够充分了解有关商品或服务的信息,不

---

[1] 最高人民法院民事审判第一庭编著:《最高人民法院关于食品药品纠纷司法解释理解与适用》,人民法院出版社 2014 年版,第 54 页。

存在信息不对称的情况，因此"知假买假"者不属于《消法》保护的消费者这一类弱势群体。

（4）允许"知假买假"索赔行为会导致大量的"知假买假"索赔案件进入法院，加剧司法资源的紧张，浪费司法成本。

3. 折中说

折中说认为，"知假买假"行为一部分适用《消法》，另一部分则不适用。判断个体社会成员购买、使用商品或者接受服务的行为是生产消费还是生活消费，应坚持折中主义原则，即结合"一般人标准"和商品或服务是否为生活消费品。"一般人标准"即以一般的、同等的、通情达理的、理智的个人为生活消费而为购买行为时所作之决定为标准。与此同时，考虑购买者使用的商品或接受服务的性质是否属于生活消费品。凡与一般标准基本一致且购买、使用的商品或接受的服务属于生活消费品，则该行为是生活消费行为。依此标准，王海式的个体社会成员知假而大量购买商品或服务，尽管该商品或服务也是生活消费品，但根据折中主义，其购买行为显然不是生活消费行为，此时的个人就不是消费者。

笔者认为，应当采折中主义的观点。法院在审理"知假买假"行为类案件中，原则上应当支持食品、药品消费领域的"知假买假"者获得惩罚性赔偿，对于非食品、药品领域的"知假买假"行为，应排除适用惩罚性赔偿。《食品安全规定》第3条明确了"知假买假"行为不影响主张惩罚性赔偿。司法解释和指导案例均肯定了针对药品食品等"知假买假"者可以获得惩罚性赔偿。故只要经营者销售的是假冒伪劣的食品、药品，无论购买者是否"知假买假"，均可获得惩罚性赔偿。因为食品、药品领域的假冒伪劣产品主要是指产品缺陷或者食品不符合安全标准，威胁到了消费者的身体健康权益，消费者的"知假买假"行为并不会改变生产者或者经营者违反法定义务的事实，所以只要食品、药品存在质量问题，就应当支持消费者的惩罚性赔偿诉求。而对于非食品、药品领域的"知假买假"行为，因为"知假买假"者掌握着全面的商品信息和诉讼技巧，不应作为弱势的消费者受《消法》保护，可以考虑适用《民法典》合同编和侵权责任编的相关规定。

（五）"知假买假"案件中举证责任的分配

在民事诉讼中，遵循着"谁主张，谁举证"的基本原则，所以从民法角度出发，消费者应当对经营者是否存在欺诈行为承担举证责任。但是从《消法》维护消费者权益的角度出发，基于消费者的弱势地位应当适用举证责任倒置分配规则，由经营者对其没有实施欺诈行为承担举证责任。正如王利明教授所言："一旦消费者证明经营者将假货当作真货出售，便可以初步认定经营者具有出售假货、欺骗消费者的故意，然后，应由经营者对其故意的不存在负举证责任，若无相反证据，则认为欺诈要件满足。"[1]

四、对"知假买假"惩罚性赔偿的规制及其路径

（一）对食品安全惩罚性赔偿立法的修正

在司法实践中，《食品药品规定》第3条是法院支持食品药品领域的"知假买假"者的重要依据，也是部分法院肯定非食品药品领域明知是假冒伪劣商品仍然购买的依据之一。这反映了《食品药品规定》第3条并未在明知是假冒伪劣商品仍然购买的行为受保护的范围上作出明确清晰的界定，导致理论界和

---

〔1〕 参见王利明："也谈王海现象与惩罚性赔偿的运用"，载最高人民法院《人民司法》编辑部、中国人民大学民商法律研究中心主办：《判解研究》（第1辑），人民法院出版社2000年版。

实务界存在观点分歧。法院对产品标签标识存在问题而购买的行为是否保护存在不同认识，部分法院认为虽然产品标签标识存在问题，不一定会影响购买者的身体健康和生命安全，但是产品标签标识存在问题表明其产品质量难以让消费者信赖，因此支持购买知道产品标签标识存在问题而仍然购买该产品的购买者的请求。

"知假买假" 者主张惩罚性赔偿的前提是其具备有效的实体权利。当其主张违约责任时，食品消费合同存在无效的瑕疵，主张侵权责任时其主观故意应当是侵权责任减免的事由。惩罚性赔偿作为一种责任追究制度，必须在合同、侵权责任成立要件的规定范围之内，断不能超出其制度射程。否则，为了一时抑制商品的违法经营行为而牺牲市场经济赖以展开的契约精神和诚信原则，不利于法治建设的长远发展。在 "知假买假" 惩罚性赔偿制度的设计上，现行立法忽略了两个重要因素：

第一，我国立法需要进行知假而不用买假即可发起法律行动的制度设计，既有做法是对这一缺失的替代性做法，不能从根本上解决消费者和经营者在假冒伪劣商品上的利益平衡问题。如果能够形成不借用消费合同的食品安全治理规则，使 "知假买假" 者以 "公众" 的身份参与到抑制违法经营的行动中，才能将个案中非当事人外的社会治理力量纳入法治化轨道。

第二，需要重视实体法与程序法的不同特征。即使最高人民法院不作此解释，实践中被告也难以举证原告确系职业打假人，在抽象规则上直接否定被告抗辩权而不是基于个案分配举证责任，容易对社会主体形成诉讼投机的负面暗示。

(二) 对职业打假者适用惩罚性赔偿的规制路径

第一，矫正司法解释中对 "知假买假" 的规定，消解惩罚性赔偿立法与民法原理的逻辑扞格。职业打假人基于无效合同索赔的行为违背法律精神，有滥用私人救济之嫌。有观点认为，无论消费者基于何种目的购买商品，其权益均受本法保护，[1]将赔偿金作为其打假行为的"奖励"亦无不可。这种认识表明对"知假买假"现象的定位存在错误。食品安全问题的解决途径应当是公益诉讼原告资格的扩张、构建有奖举报制度等，而非牺牲市场经济赖以展开的契约精神。据此，笔者建议，修改《食品药品规定》第 3 条关于支持"知假买假"的规定，删除否定被告抗辩权的规定，代之以举证责任分配的方案来加以解决。修改后的内容为："生产者、销售者以购买者明知食品、药品存在质量问题而仍然购买为由进行抗辩的，应当提供购买者具有明知的证据，不能提供的，人民法院不予支持。"虽然修改前后的实践效果可能差异不大，但是对被告举证责任的增加符合民法原理的要求。

第二，限制"知假买假"行为适用惩罚性赔偿的情形和范围。"知假买假"行为较多针对标签标识中的违法问题，《食品安全法》在加重对食品生产者和经营者的违法行为处罚的同时，排除了一些惩罚性赔偿的适用情形。10 倍赔偿条款后的但书规定："食品的标签、说明书存在不影响食品安全且不会对消费者造成误导的瑕疵的除外。"该条款需要证明食品的标签和说明书是否影响食品安全和是否会对消费者造成误导，所以在司法适用上存在一定困难。因此，建议把食品标签和说明书中的瑕疵全部排除于惩罚性赔偿的适用之外，在此基础上设定两个例外：①对于因标签和说明书中的瑕疵而对消费者造成误导的，可适用《消法》第 55 条第 1 款的 3 倍赔偿制度；②如果标签和说明书存在瑕疵对食品安全造成影响的，可适用《食品安全法》中

---

〔1〕 金江军、王军、李文婷："食品安全惩罚性赔偿制度研究"，载《行政与法》2015 年第 3 期，第 84~88 页。

的 10 倍赔偿制度，但需要由权利主张方证明食品标签或说明书中的瑕疵造成了食品安全问题。

第三，对涉及食品领域的"知假买假"行为，应根据不同情形设定不同的惩罚性赔偿标准。因为惩罚性赔偿制度的功能在于惩罚不法行为并威慑未来类似不法行为的再次发生。首先，确定惩罚性赔偿具体数额的关键因素是被告的主观恶性[1]以及是否足以起到威慑作用。现行法律以食品价款为计算基础，威慑不法行为的效果较弱。因为经营者通过对交易大小与可能发生的诉讼成本的比较得出消费者提起诉讼的概率，准确掌握加害行为的法律成本，[2]并将此成本外部化而转嫁给消费者，以规避因承担惩罚性赔偿责任给行为人造成的负担，使得不法行为人所获利益大于所负担的惩罚性赔偿。[3]其次，不宜以消费者所受实际损害的倍数作为界定惩罚性赔偿的标准。以填补性损害赔偿为基础来计算惩罚性赔偿，一方面违背了惩罚性赔偿的基本法理，另一方面可能在某些案件上威慑不足，难以达到惩罚性赔偿的目标。最后，不宜规定惩罚性赔偿的最低数额。这种做法可能使得食品生产经营者将惩罚性赔偿成本内化，因被追究责任的概率而导致无法达到惩罚和威慑不法行为的目的。

第四，对生产者和经营者的法律责任根据违法程度的不同予以区别对待，法律责任能够较为准确地反映违法行为的危害

---

〔1〕 美国联邦最高法院甚至认为这是判断惩罚性赔偿金是否具有合理性的最重要指标，参见 BMW of North American, Inc. v. Core, 517, U. S. 559, 575 (1996).

〔2〕 谢晓尧："惩罚性赔偿：一个激励的观点"，载《学术研究》2004 年第 6 期，第 87 页。

〔3〕 高圣平："食品安全惩罚性赔偿制度的立法宗旨与规则设计"，载《法学家》2013 年第 6 期，第 55~61 页。

性和严重程度。《食品安全法》第 124 条第 1 款设定了 9 种情形，[1]由于违法行为的程度差别很大，如重金属超标，超标 1%和超标 100%的危害性不同，对其的处罚应该准确反映出这种差别。对一些轻微违法行为或初次违法情形，可设定相对较低的处罚幅度。

（三）对"知假买假"索赔过程中的违法行为予以惩处

立法应设定严厉的制度来惩罚"知假买假"索赔过程中的违法行为。如对通过调包等不法行为制造惩罚性赔偿条件试图获利的，可依据《治安管理处罚法》最低予以拘留的处罚，以保障经营者的合法权益；对主动诱惑经营者卖假者，可规定其"知假买假"行为不适用惩罚性赔偿制度；"知假买假"者在与经营者就索赔问题进行谈判过程中，如果使用敲诈性言语或行为的，除根据法律法规予以惩处外，也有必要规定在民事上不再适用《消法》等法律予以保护。

（四）加强案例指导规范

我国当前尚未制定出一部完善的规制"知假买假"者能否获得惩罚性赔偿的法律，同时对既有法律的频繁修改会破坏法律的权威性、稳定性，同时对于"知假买假"行为中出现的一系列问题的解决，需要最高人民法院通过及时发布指导案例的方式保障各法院在案件裁判上能够确保"同案同判"，加强法律在个案适用上的统一性和确定性，维护司法公信力。

---

〔1〕《食品安全法》第 124 条第 1 款设定了 9 种情形，包括生产经营农药残留、兽药残留、重金属等污染物质含量超过食品安全标准限量的食品；生产经营混有异物、掺假掺杂或者感官性状异常的食品；生产经营超过保质期的食品等，对这些违法生产经营的食品货值金额不足 1 万元的，并处 5 万元以上 10 万元以下罚款；货值金额 1 万元以上的，并处货值金额 10 倍以上 20 倍以下罚款。

五、结语

"知假买假"案件自出现以来，就不断成为争议的焦点，导致在法律适用上存在困难。最高人民法院以《消法》修订为契机，以司法解释的方式明确肯定了食品药品领域的"知假买假"行为。这样的制度会鼓励更多的消费者拿起法律武器维护自己的权益，进而为践行社会正义的价值理念贡献自己的力量。结合我国目前的实际情况，应当肯定"知假买假"惩罚性赔偿对规范生产者和销售者的经营行为，净化市场环境的积极作用。保护消费者制度的价值理念在于打击假冒伪劣商品，维护市场竞争秩序，实现消费领域真正的自由选择与自由交易，保证社会大众能够通过生活消费的方式享受社会进步、经济繁荣的利益。因此，保护消费者法律制度的设计应更多有利于消费者，进而鼓励消费者运用法律维护自己的合法权益。

名家解读

一、关于惩罚性赔偿制度的功能

王利明认为，惩罚性赔偿制度有如下功能：①赔偿功能。惩罚性赔偿并不是独立性的请求权，必须依附于补偿性的损害赔偿。加害人的不法行为可能给受害人造成财产损失、精神痛苦或人身伤害。就这些损害的救济而言，惩罚性赔偿可以发挥一定的功能。第一，补偿性赔偿对精神损害并不能提供充分的救济。精神损害的基本特点在于无法以金钱价额予以计算，只能考虑到各种参考系数而很难确定一个明确的标准，因此在许多情况下采用惩罚性赔偿来替代精神损害赔偿是必要的。②制裁功能。惩罚性赔偿主要是针对那些具有不法性和道德上的应受谴责性的行为而适用的，就是要对故意的恶意的不法行为实施惩罚。这种惩罚与补偿性的损害赔偿有所不同。③遏制功能。遏制是对惩罚性赔偿合理性的传统解释。遏制可以分为一般的遏制和特别的遏制。一般遏制是指通过惩罚性赔偿对加害人以及社会一般人产生遏制作用，特别遏制是指对加害人本身的威吓作用。

——王利明："惩罚性赔偿研究"，载《中国社会科学》2000年第4期，第112~122页。

二、关于"知假买假"者能否认定为消费者

1. 郭明瑞认为，"知假买假"者是否属于《消法》保护的消费者需要具体分析。因为"知假买假"只能说明购买者在购买商品时对商品的主观认知程度，不能说明购买者的购买目的。如果"知假买假"者购买商品是为了生产经营，就不属于《消法》规定的消费者，不适用《消法》的规定。如果"知假买假"者属于职业打假者，因为其与经营者之间不存在信息不对称等问题，不属于《消法》所保护的弱者，也不适用《消法》调整。

——郭明瑞："'知假买假'受消费者权益保护法保护吗？——兼论消费者权益保护法的适用范围"，载《当代法学》2015年第6期，第68~73页。

2. 李剑认为，不能单纯以"为生活消费需要"来界定"知假买假"者是否属于消费者。随着社会的不断发展，人们已经不再满足于以往相对单一的消费模式，且随着人们主观思想的变化，各种非传统模式的消费方式开始产生。以是否属于生活消费来界定消费者身份是不可取的。

——李剑："'消费垄断型企业'系列谈（一）"，载《当代法学》2016年第6期，第81~88页。

3. 王其生认为，"知假买假"者身份的界定应当转向以个案研究为基础的规范分析，不能仅停留在目的论和价值论的一般性争论中。

——王其生："消费者请求惩罚性赔偿的条件"，载《人民司法（案例）》2016年第32期，第69页。

三、关于"知假买假"者能否适用惩罚性赔偿？

1. 郭明瑞认为，"知假买假"行为不适用惩罚性赔偿规则。第一，《消法》的立法宗旨是保护消费者的合法权益，《消法》所调整的消费关系具有特定含义，受保护的消费者需具备一定条件。《消法》不适用于"知假买假"。第二，消费者与经营者之间的交易行为也应当遵循私法中的诚实信用原则，"知假买假"行为与诚信原则相悖，鼓励"知假买假"弊大于利，故不应支持"知假买假"者的惩罚性赔偿请求。第三，虽然《消法》规定了"只要食品、药品存在瑕疵就违反了法律的强制性规定，不论消费者在购买时是否知道该瑕疵存在，经营者均须承担瑕疵担保责任"，但是该法律规定不能扩张解释为法院支持"知假买假"行为。

——郭明瑞："'知假买假'受消费者权益保护法保护吗？——兼论消费者权益保护法的适用范围"，载《当代法学》2015年第6期，第68~73页。

2. 董文军认为，"知假买假"者的法律属性应定为消费者，可以要求获得《消法》规定的惩罚性赔偿。判断"知假买假"者是否属于消费者，应当首先考虑对其进行保护产生的社会效果，如果对"知假买假"者的保护能够激励消费者主动运用惩罚性赔偿制度维权，有助于实现对消费者群体利益的保护，那么就应当将"知假买假"者的消费行为纳入《消法》的保护范畴。

——董文军："论我国《消费者权益保护法》中的惩罚性赔偿"，载《当代法学》2006年第2期，第69~74页。

3. 税兵认为，不安全食品的"知假买假"者应受《食品安全法》保护，但是不属于《消法》的调整范围，不能适用"三倍赔偿"规则。因为《消法》适用于消费者的消费行为。"知假买假"者属于消费者，但是其"知假买假"的行为不属于消费行为，所以"知假买假"者的权益不受《消法》保护。但是《食品安全法》并未排除对"知假买假"者的保护，只要消费者购买了不安全食品，就属于《食品安全法》的调整范围，可以请求经营者承担"十倍赔偿"责任。

——税兵："惩罚性赔偿的规范构造——以最高人民法院第23号指导性案例为中心"，载《法学》2015年第4期，第98~108页。

4. 韩世远认为，因为《食品安全法》第148条第2款不以"欺诈行为"为惩罚性赔偿的构成要件，所以"知假买假"应受《食品安全法》保护，但是《消法》第55条第1款对于惩罚性赔偿明确要求经营者具有欺诈行为，所以在《消法》下，"知假买假"行为不应当受到保护。

——韩世远："消费者合同三题：知假买假、惩罚性赔偿与合同终了"，载《法律适用》2015年第10期，第87~92页。

四、关于我国食品安全法律中惩罚性赔偿制度的特点和问题

1. 在我国，惩罚性赔偿仅在有条款明文列举的情况下适用，但在食品安全法律领域订立了三个存在交集的法律条文（消费者保护、食品安全、产品责任），这三个法律条文之间是互不统属的相互平行关系，无法通过上位优于下位或者特别优于一般的冲突规则来解决适用问题。

2. 三部法律中涉及惩罚性赔偿制度的条文篇幅较短，尚未把食品安全诉讼中的惩罚性赔偿在法律中规定清楚。

3. 《民法典》第 1207 条对于惩罚性赔偿数额的计算方法没有作出提示，容易导致法官同案不同判。

4. 食品安全法律领域内的惩罚性赔偿法条都属于实体法的范畴，缺乏诉讼程序方面的精细安排或强化保障。

5. 惩罚性赔偿需要建立在侵权或者违约的基础法律关系之上，但是我国《消法》第 55 条两款规定的惩罚性赔偿分别是建立在违约责任和侵权责任基础之上的。《食品安全法》第 148 条第 2 款规定的惩罚性赔偿既可以建立在侵权责任基础之上，也可建立在违约责任基础之上。《民法典》第 1207 条规定的惩罚性赔偿是建立在侵权基础之上的。这表明，我国立法者并未强调挖掘并证明被告行为的可非难性，一般只要求明知。可见，惩罚性赔偿有意识地忽略了侵权与违约的区别。

——李响："我国食品安全诉讼中的惩罚性赔偿刍议"，载《法治研究》2021 年第 1 期，第 48 页。

宏观调控的可诉性问题研究

宏观调控法是经济法的重要组成部分。宏观调控事关调整国家的整体经济运行和社会经济良好发展，是国家干预经济的重要手段，当今世界几乎所有市场经济国家都或多或少地运用宏观调控手段。而政府又可能存在自身利益偏好、能力有限或理性不足等问题，因此宏观调控的救济方式引起了学术界的广泛关注。关于宏观调控行为是否可诉的问题，我国学术界有着不同的观点。部分学者认为，宏观调控行为不具有可诉性；而更多的学者认为，宏观调控具有可诉性，即宏观调控行为是可诉的。对宏观调控是否可诉，两派学者分别列出了自己的观点，具体的争议点主要有以下几点：

一、宏观调控是否可诉的理论依据

（一）宏观调控行为的范围界定

认为宏观调控不可诉的学者与认为宏观调控可诉的学者首先在宏观调控的范围界定上存在争议。邢会强认为，宏观调控的指涉范围是非常小的，仅指宏观调控机关（全国人民代表大会及其常务委员会、国务院、中国人民银行、财政部、国家税务总局等）对长期经济发展、经济周期、总供给和总需求、国家的产业经济结构等所做的以下战略决策：①国家规划，即国民经济和社会发展规划及其他国家战略规划；②国家预算安排及国家其他财政政策的制定；③货币政策的制定；④价格总水平的调控，等等。不可诉论者采用了法律已有规定的范围，将宏观调控限定在国家层面，包括计划、政策的制定等几个调控手段，范围较小，是与其后的对不可诉性的论证相结合的。

　　而可诉论者认为，宏观调控的范围远远不止于此。学者颜运秋、李大伟认为，由于宏观调控宗旨的要求，国家对社会经济要进行引导和促进，在这一过程中必然要涉及对个体的直接管理，宏观调控不只作用于经济总量，还作用于微观经济，国家对经济生活的调控分为以调整汇率税率、控制货币、信贷规模为代表的直接调控和以市场准入审批、大型投资项目审批等为代表的间接调控。[1]即宏观调控主要是直接作用于经济总量问题，间接作用于微观经济，但有时也直接作用于微观经济和经济个量，因此宏观调控行为是宏观调控主体就一项宏观调控事务对不特定的相对人实施的由不特定多数人受益和受害的具有宏观性、概括性的经济管理行为。这种定义指出了宏观调控的受控主体是不特定的受益或受害人，为接下来的宏观调控可诉性的论证奠定了基础。

　　由上述可诉论和不可诉论对宏观调控的不同界定可以看出，不可诉论者的界定从调控主体和调控方式出发，侧重于强调宏观调控的"宏观"性，对受控主体没有涉及，而可诉论者强调的是宏观调控的运行也会直接作用于个体，突出了宏观调控的受控主体的地位。这两种不同的界定分别与不可诉论和可诉论接下来的论证相衔接。

---

　　[1]　颜运秋、李大伟："宏观调控行为可诉性分析"，载《中国社会科学院研究生院学报》2005年第1期，第48~52页。

（二）宏观调控行为是否包括执行行为

不可诉论认为，宏观调控权仅是一种决策权，不包括执行权。宏观调控行为仅指宏观调控决策行为，而不包括宏观调控机关及其下级机关以及其他有关组织的具体的执行行为。宏观调控的执行可以是行政行为，可以是民事行为，也可以是事实行为。邢会强从宏观调控的三大手段——计划、金融和财政的制定过程分析，得出宏观调控权的具体运用是决策行为而不是实施行为的结论。[1]从《中共中央关于建立社会主义市场经济体制若干问题的决定》（1993 年 11 月）"宏观经济调控权，包括货币的发行、基准利率的确定、汇率的调节和重要简易税种税率的调整等，必须集中在中央。这是保证经济总量平衡、经济结构优化和全国市场统一的需要"的规定可以看出，宏观调控行为是一种决策行为，不包括其执行，宏观调控权的主体是中央级次的国家机关。

胡光志持相反意见，他认为，虽然宏观调控决策权是宏观调控权的核心，但宏观调控权仍然包括决策权和执行权。[2]将宏观调控行为分割为决策行为和执行行为是没有理论依据的，也与我国宏观调控实际运行状况不符。从法理上看，法律行为的本质属性是引起法律关系的产生变更和消灭，如果将执行行为从宏观调控行为中分离出去，则宏观调控行为将无法在社会生活中引起法律关系的产生、变更和消灭。另外，宏观调控行为作为一种法律意义上的行为，应当包括行为、手段和结果，而这些必须通过执行行为来体现。从现实情况看，宏观调控是事关

---

〔1〕 邢会强："宏观调控行为的不可诉性探析"，载《法商研究（中南财经政法大学学报）》2002 年第 5 期，第 64~71 页。
〔2〕 胡光志："论宏观调控行为的可诉性"，载《现代法学》2008 年第 2 期，第 63~67 页。

社会全局的经济手段，常常表现为一系列行为的连续行使，例如，规划政策需要财政、金融的共同配合。因此，不能将执行行为从宏观调控中分割出去，宏观调控行为不只是决策行为。

（三）宏观调控行为是否是国家行为

宏观调控是否是不受司法管辖的国家行为，是不可诉论与可诉论的争论焦点。不可诉论者认为，宏观调控是一种国家行为，不应当受司法管辖，因此不具有可诉性。

另外，不可诉论者认为，国家行为涉及重大国家利益，具有很强的政治性，因而被排除在司法审查之外，而宏观调控行为满足涉及重大国家利益、政治性强这两个条件，因此属于国家行为。不可诉论将宏观调控视为，为国家的公共利益而由中央层级的国家机关向社会提供的一种公共物品，在宏观调控行为中行为的政治性强于法律特许性，并列举了外国由于宏观调控失败导致政府垮台的实例进行说明。另外，不可诉论者借用行政法学中的观点，认为国家行为具有对内和对外的双重含义："国家行为实际上是从两种意义上来理解的：一种是国际法上的概念，是用于处理国家间关系的对外国家行为；另一种是国家机构运用国家权力对内实施的统治行为。对内国家行为具有全局性、应急性和政治性三个明显的特征。"[1]对内的国家行为例如戒严等紧急行政行为，宏观调控行为即属于对内的国家行为。

可诉论认为，根据《最高人民法院关于适用〈中华人民共和国行政诉讼法〉的解释》第2条第1款的规定，国家行为是指国务院、中央军事委员会、国防部、外交部等根据宪法和法律的授权，以国家的名义实施的有关国防和外交事务的行为，以及经宪法和法律授权的国家机关宣布紧急状态等行为。国家

---

[1]　方世荣：《论具体行政行为》，武汉大学出版社1996年版，第106~113页。

行为之所以被排除在司法审查之外，是由于国家行为具有紧急性，体现的是对外的绝对主权和对内的绝对统治权，对国家行为进行司法审查容易使法院卷入政治纷争而无法保持政治独立性。而宏观调控行为是调节控制经济的机制和手段，一般不涉及国家主权，也不会引起政治纷争，具备司法审查的可能性和必要性，因此除了在特定情况下如战争期间的紧急经济政策等宏观调控行为外，在一般情况下宏观调控行为是可诉的，不是国家行为，而是政府行为。

综上可知，不可诉论强调了宏观调控的全局性，涉及国家全局利益，并具有高度的政治性，因此认为宏观调控是国家行为从而不具有可诉性；而可诉论看到了宏观调控的经济性特点，即其并非一种政治保留行为，不能因此否定宏观调控的可诉性。

二、宏观调控是否可诉的现实基础

宏观调控在我国现实情况下是否可诉是争论的另一个重点，宏观调控不可诉论从我国是否具备宏观调控诉讼的诉讼条件、法院是否有能力审查宏观调控行为两个方面论证了在我国目前条件下宏观调控的不可诉性，而可诉论提出了不同观点。

第一，不可诉论认为，一种行为是否可诉，取决于是否具有适格的原告和被告以及当事人是否有诉讼的愿望，而在宏观调控诉讼中不存在适格的原告。原因是宏观调控涉及的是全社会的利益，一旦造成损害，那么此种损害即是普遍的、不特定的，对于不特定的损害，没有人有资格提起诉讼。借用行政法上的观点："由于在起诉的资格中，损害须具有特定性。因为能够起诉的损害必须是特定的损害，只是一个人或一部分人受到的损害。如果损害的范围很广，包括全体公民在内，没有一个人比其他人受到更多的损害，大家在损害面前平等，这是一种不可分化的抽象的损害。抽象的损害不对任何人产生起诉资格，例如美国在越南进行战争，行政当局不采取措施制止通货膨胀，全体美国人民受到损失，任何人不能因此取得起诉资格。"[1]即使是在宏观调控的执行过程中，执行行为是民事行为或行政行为，则这种行为虽然一般是可诉的，但起诉的对象仅仅是对宏观调控决策的执行行为，而不是执行行为背后的依据也就是宏观调控决策。因此，宏观调控不存在适格的原告，不具备可诉的条件。

第二，不可诉论认为，我国法院目前没有能力也不适合解决宏观调控引发的纠纷。宏观调控决策的作出往往经过严格的专业判断考证，法院没有足够的能力进行审查，宏观调控决策不具有可审查性。法院既不能撤销、变更或废止宏观调控行为，也不能判决宏观调控机关对宏观调控决策给受控主体造成的损害承担赔偿责任。另外，对宏观调控的审查容易引发法院和行政机关的冲突。宏观调控事关重大的社会利益，法院把握不住司法审查的后果。宏观调控是政治问题，调控主体应承担政治责任，司法程序是为了保障个人权利的，不应该审查政治问题。如果法院对宏观调控作出了否定性判决，则会导致宏观调控行为的完全无效，对此结果法院没有能力承担。因此认为宏观调控行为具有可诉性，是不符合我国现有制度安排的，是我国现实情况所不允许的。

对于以上观点，宏观调控可诉论认为，首先，宏观调控的能不能诉与应不应诉是不同概念。法律具有可诉性，这是法律的基本特征之一，如果宏观调控行为存在程序违法等问题、损害了个人利益和集体利益，那么就形成了法律争议，就应该可

---

[1]　王名扬：《美国行政法》，中国法制出版社 1995 年版，第 631 页。

以进行诉讼。虽然我国现实的立法和司法情况缺乏对宏观调控诉讼的支撑，但是这并不能否认在法治化建设的大方向下，应当逐步建立对违宪行为和抽象行政行为的司法审查制度。宏观调控主体违法，需要承担政治责任，但这并不代表违法宏观调控行为的责任形式就只有政治责任，政治责任需要法律化，这样才能促进政策的改良和立法的进步。其次，不存在法院没有能力对宏观调控引发的纠纷进行审查的问题。对宏观调控行为的司法审查不是实质性的对宏观调控内容和结果的审查，不是合理性审查而是合法性审查，即制定出台的宏观调控决定是否与宪法或者其上位法有冲突，是否由有权的国家机关作出，是否违反了宏观调控的决定条件、程序等规范以及制定出台的宏观调控决定是否损害了业已存在的合法个人权益和集体权益。法院只需要具有法律判断与诉讼裁判的能力即可，因此我国法院目前是完全具备审查宏观调控纠纷的法律判断能力和诉讼裁判能力的。至于宏观调控的效果如何、能否真正增进社会公共利益，只能通过经济社会的发展形势进行客观验证，法院对宏观调控的监督是合法性监督，因此宏观调控具备可诉的现实条件。

三、宏观调控是否可诉的具体分析

（一）宏观调控的行为性质分析

1. 宏观调控是否包含执行行为

关于宏观调控行为是否仅包含决策行为，或者说宏观调控行为是否包含执行行为，首先我们从决策与执行来分析。决策是管理学术语，《中国百科大辞典》对决策的解释是：作出决定或决定对策的活动。广义指针对某一问题准备若干行动方案并进行优选，以期最优化，包括提出问题、确定目标、调查研究、拟订方案、分析评价、优选方案、实施反馈等各种活动。狭义仅指行动方案的最后抉择。具体到宏观调控中，表现为制定国民经济和社会发展计划、制定货币政策、制定财政政策等。

从宏观调控的目标来看，宏观调控要保持社会总供给与总需求的基本平衡，弥补市场调节的不足，以达到促进经济增长、增加就业、稳定物价、保持国际收支平衡的目的。即在国家统一的决策下，为实现社会经济发展总体平衡，对社会经济发展进行引导、鼓励和协调。从这点来看，对社会经济进行引导、协调，则必然要求一定的执行行为，配合宏观调控政策，才能更好地实现宏观调控的目的。如上述的货币政策、财政政策制定之后，需要具体部门的执行，才能达到调控的目的。

不可诉论将执行行为剔除在宏观调控行为之外的依据是现代社会中决策权与执行权的分离，笔者认为，决策权与执行权的分离并不能说明宏观调控行为仅指决策行为而不包括执行行为。权力的分离只能说明不同主体在宏观调控中的职能的分工不同，不能据此否认执行行为也包含在宏观调控行为之中。宏观调控有其特有的重要性和复杂性，宏观调控权不同于一般的行政权，将宏观调控权定位于决策权势必破坏宏观调控权的完整性，从现实情况来看，宏观调控的决策和执行是密不可分的，只有各宏观调控主体在宏观调控职能分工的基础上进行协调配合，才能实现宏观调控的目标。

2. 宏观调控是否是国家行为

不可诉论将宏观调控行为归为国家行为从而否定其可诉性，可诉论认为宏观调控是政府行为，具体地说是政府的经济管理行为。关于宏观调控究竟是一种国家行为还是政府行为，可以从二者的概念出发进行辨析。

根据《最高人民法院关于适用〈中华人民共和国行政诉讼法〉的解释》第 2 条第 1 款的规定，可以看出，我国《行政诉讼法》明确规定的排除在法院受案范围之外的国家行为是对外的国防、外交事务等行为，以及对内的戒严等行为，不包含宏观调控行为。从学者观点来看，"国家行为是指涉及国家根本制度的维护和国家主权的运用，由国家承担法律后果的政治行为，主要指那些因具有高度政治性、关系到国家生死存亡，而被排除在法院的合法性、合宪性审查之外的行为"，而宏观调控行为是国家以调整经济运行为目的的行为，不涉及国家的根本制度，与国家主权无关。因此从国家行为的含义看，宏观调控行为不属于国家行为。[1]

德国学者布隆赤里最早对政府的两种基本活动进行了区分，他认为政府有两种基本活动——政治活动和行政活动。这两种活动的区别在于："'政治'是'在重大而且带普遍性的事项'方面的国家活动，而另一方面，'行政管理'则是'国家在个别和细微事项'方面的活动。"[2]此观点的政治活动即为国家行为，行政活动即为政府行为。按照马克思主义的观点，国家是实行阶级统治、维护阶级利益的机器，政府的基本功能就在于通过调控社会利益关系来维护统治阶级的统治地位。一般来说，社会利益关系可分为经济利益关系、政治利益关系和文化利益关系。因此，政府功能可以分为经济功能、政治功能和文化功能。而政府的功能决定了政府行为，因此政府的行为可分为经济行为、政治行为和文化行为。它们分别是政府调控经济利益关系、政治利益关系和文化利益关系的三种不同活动。具体而言就是：政府的财政、税收、金融、物价和市场管理等经济行

---

〔1〕 姜明安主编：《行政法与行政诉讼法》（第7版），北京大学出版社1999年版，第263页。

〔2〕 ［美］伍德罗·威尔逊："行政学之研究"，载［美］杰伊·M.谢夫利兹：《政府人事管理》，彭和平等译，中共中央党校出版社1997年版，第15页。

为；政府的政权组织建设、政治领导、政治决策、政治教育、政治管理、公安、民政、国防、外交等政治行为；政府组织发展科学、教育、新闻、出版、广播电影电视事业等文化行为。从这一角度看，宏观调控行为完全符合政府的经济行为的特征，由此可以得出结论，宏观调控并不是一种国家行为，而是政府的经济管理行为，因而不能否认宏观调控的可诉性。

（二）宏观调控的可诉性分析

诉讼是当事人在特定诉讼制度指引下，要求审判机关解决其相互之间实体权利、义务争议或确认有关法律行为与法律事实是否成立与存在，应否承担相应法律责任的一系列程序化活动。可诉性是纠纷发生后，纠纷主体可以将纠纷诉诸司法、通过司法得到最终解决的属性。可诉范围的扩大意味着法治文明的进化与发展，也就是对权利保护范围的扩大。

宏观调控法调整的法律关系是一种以社会公共性为根本特征的经济关系，一旦发生违法行为，经济关系受到破坏，这种危害就是双重性的，既侵害了个体的经济利益，又侵害了社会公共利益，因此有必要对宏观调控权进行更加严格有效的监督。根据我国《宪法》和《全国人民代表大会和地方各级人民代表大会选举法》等法律的规定，违法宏观调控行为的责任追究途径主要有两个：一是由权力机关追究，即全国人大常委会撤销国务院制定的具有普遍约束力的行政法规、决定和命令；二是由行政机关追究，即行政机关的上级或者自己撤销或改变违法的宏观调控行为以及任免、考核或处分有关工作人员等。然而全国人大及其常委会的追究较少，行政机关对自己的宏观调控行为的追究效果欠佳。司法权具有最权威、最具约束的裁处方式，具有其他机关不具有的功能优势。允许因宏观调控行为而权益受侵害的主体可以通过诉讼这一诉求渠道和救济途径方式追究调控主体的责任，意味着他们获得了被公正救济的可能。

在我国，宏观调控诉讼不仅有存在的现实必要性，更有实际操作的可行性。法院也完全有能力对宏观调控案件进行审查和处理。对宏观调控案件的审理，并不是审理宏观调控所采用的手段、措施、工具效果如何，而是宏观调控的合宪性、合法性、合程序性、不侵害个人和集体权益等内容。原因在于：首先，宏观调控决策不是针对特定主体的，由于宏观调控考虑全局利益，从社会利益出发，因此任何一项宏观调控决策都会给相关主体的利益造成影响，并且对某些主体造成的影响总是不可避免的。其次，宏观经济形势具有复杂性、多变性，宏观调控决策和宏观调控结果之间的因果关系往往难以确定，某些损害结果事实上并不是由某项宏观调控决策造成的。宏观调控决策的正确、科学依赖于科学的法律程序，科学的程序能够限制宏观调控决策主体武断主观、滥用权力。因而宏观调控的违法是对程序的违法，法院对宏观调控的监督只能是合法性监督。

从总体上看，我国具备解决宏观调控纠纷的司法条件，也具有对宏观调控诉讼的现实必要性。宏观调控的可诉性符合宏观调控法治化运行的要求，是法治化国家建设的需要。

四、宏观调控可诉性的实现

（一）宏观调控公益诉讼制度的设想

宏观调控公益诉讼制度是指社会组织、公民认为国家宏观调控主体的行为（包括具体实施行为以及相关宏观调控法律规范）侵犯了国家、社会公共利益，而向法院起诉，由法院追究违法者法律责任的诉讼活动。主体方面是一定的机关、社会组织或公民；诉讼对象是国家宏观调控决策主体、实施主体或受控主；诉讼的客体则是违反了国家宪法、宏观调控法（现尚未制定基本法）或其他法律的规定，侵犯了国家、社会公共利益的行为。诉讼请求方面，可以是不仅仅要求被告对所受的损害的简单的金钱赔偿或修复，还包括要求公共团体、企业以及国家修改、变更有关政策和事业规模，或者采取有效的预防措施，避免损害的出现或扩大，甚至禁止被告再从事有关活动。

在宏观调控公益诉讼制度的具体设计上，笔者有如下建议：①规定宏观调控公益诉讼诉权。诉权是诉讼的首要因素，也是开启诉讼之门的钥匙。因此，当前有必要在立法上明确规定对国家、社会公共利益造成或可能造成损害的，公民、社会团体或有关机关具有请求法院行使审判权以解决纠纷或者保护国家或社会利益的权利。②放宽原告资格。宏观调控公益诉讼的原告不能局限在直接利害关系人层面，因为其更多地体现为社会公益诉讼。因此，需要从更为广泛的视角进行解释。比如原告范围可以包括：①直接利害相关人；②公益组织或社会团体；③间接利害相关人；④国家机关等。

（二）宏观调控诉讼法律责任制度的构建

前文未提到，宏观调控诉讼的诉讼客体多是具体的调控行为。关键的问题是，全国人大及其常务委员会以立法形式确立的宏观调控行为是否具有可诉性呢？进一步讲，如果前述主体情形具有可诉性，那原告能否要求立法机关承担赔偿责任呢？笔者以为，对于前者，即全国人大及其常委会作出的宏观调控立法性质的决定，对某项立法进行司法审查是法律可诉性的应有之义，所以，按照广义宏观调控法的可诉性内涵，对全国人大及其常委会的宏观调控立法性决定也可以诉诸司法，由司法机关对该宏观调控立法性决定的合宪性、合法性进行审查。

对于后者，如果立法机关制定的具体法律违反立法程序和宪法规定或者损害在先的个人和集体合法权益，在合宪性司法审查体制下，该项法律可以经司法审查被认定违反宪法或者立法法定程序而予以撤销。这种被撤销的结果就是一种具有补救和强制内容的法律责任。对于是否应当承担赔偿责任，应当结合我国的政治制度和经济发展等实际。综观目前的情况，立法赔偿制度的确立条件还不成熟。因此，我们应该考虑把调控主体的政治责任或道义责任适当法律化，使之成为一种法律责任，增强其可操作性及强制性。

名家解读

一、在有关宏观调控是否具有可诉性研究中，下列观点比较具有代表性：

1. 颜运秋、李大伟教授认为，可诉范围的直接对象是纠纷，纠纷是围绕权利侵害之争，因而可诉范围实质上是对权利保护范围的一种界定。什么才是应该保护或者救济的法上的权利？这属于法理学和法哲学领域的问题，是界定可诉范围的基本前提。在法理上，权利的存在有三种形态，即"应有权利""法定权利""现实权利"。可诉范围作为诉讼权的一种体现与折射，也可以参照权利形态的划分依据分为应有可诉范围、法定可诉范围和现实可诉范围。应有可诉范围反映的是公民对事物价值的要求和愿望，包括公民认为可以诉诸法院、以诉讼方式解决的一切争端，它与应有权利或者自然权利相对应。法定可诉范围是法律规定公民可以起诉的条件范围，它与法定权利相对应，公民基于法定权利遭受侵犯提起诉讼的范围，即法定可诉范围。现实可诉范围是法律规定公民可以起诉的条件范围的实现状况。理论上研究的可诉范围实际上是应有可诉范围，这样可以推动法治文明不断进化与发展。一个国家的法治水准可以在一定程度上通过裁判请求权的范围得到反映，法治化程度比较高的国家，能够进入法院通过司法解决的纠纷范围比较广。英美法系国家的理论较少研究可诉范围问题，法律上也不作详细规定。实践中，允许通过判例形成新的权利，允许"潜在的权利人"作为当事人提起诉讼，只要原告提出请求，声明被告侵犯他的权利，就足以引发一场官司这种以案件事实为其出发点的"事实出发型"诉讼，给可诉范围留下了广阔的空间。

——颜运秋、李大伟："宏观调控行为可诉性分析"，载《中国社会科学院研究生院学报》2005年第1期，第47~52页。

2. 胡锦光、刘飞宇认为，从判例看，法院回避对政治问题进行司法审查的因素有：第一，法院的能力、缺乏权限或者自身对权力界限的认识方面的原因。对该问题的处理权限宪法已明确授权政府部门，不存在作为处理该问题判断基准的法律原则，该问题不是法律问题或者不仅仅是政策选择问题，对该问题作出判断所必须的证据、情报在收集上属于不可能，法院的任务是对个人的权利作出裁定，但该问题已经超出了个人权利问题，法院欠缺对该问题作出判断所必须的专门判断能力，法院以现行宪法体制的正统性作为自己存在的前提，而对现行宪法的正统性不能作出判断。第二，法院对自己单独作出判断可能带来的后果有所担心方面的原因。法院如果单独对某个问题作出判断，可能会带来社会混乱或者无政府状态危险，因而有回避的必要，法院对某个问题单独作出判断可能构成对同等地位的政府部门不够尊重，因而有回避的必要。第三，第一方面和第二方面原因的结合：政府部门解决该问题更有效果或者更合适，法院如果单独作出判断却不具备承担因该判断而引起的后果的能力或者法院缺乏解决这一问题的权限。

——胡锦光、刘飞宇："论国家行为的判断标准及范围"，载《中国人民大学学报》2000年第1期，第83~87页。

3. 邢会强认为，宏观调控的决策行为属性在宏观调控的计划、金融和财政三大手段的具体运作中有充分的体现。①计划。作为宏观调控手段的计划，即国民经济和社会发展计划。它的制定分为确定计划的初步方案、协调制定计划草案和审议通过三个阶段。计划的初步方案由国家发展计划委员会提出，报国务院批准。各级政府及其计划管理部门，根据国家确定的计划方针、目标和政策，起草本地区的计划并报国家发展计划委员会，由后者综合平衡后报国务院，形成国家的正式计划草案。国务院将其提交全国人大审议通过。可见，计划的制定，是宏观调控权的具体运用，是一种决策行为。国家计划的实施，有事实行为，如相关经济信息的发布、国家的未来走向的告知等；有民事行为，如政府采购；也有行政行为，如征税。当然，各种经济杠杆的调节还涉及其他立法、决策行为，它们是另一类型的宏观调控行为，但对于以计划为手段实施的宏观调控而言，是实施、执行。在此阶段，已不再是计划宏观调控权的具体运用，也就是说，计划宏观调控行为仅包括计划的决策，即计划的制定，不包括计划的执行。②金融。作为宏观调控手段的金融主要是制定货币政策。根据《中国人民银行法》和《中国人民银行货币政策委员会条例》的规定，货币政策制定的具体程序是：货币政策委员会委员在综合分析宏观经济形势的基础上，依据国家的宏观经济调控目标，就货币政策的制定、调整，一定时期内的货币政策控制目标，货币政策工具的运用，有关货币政策的重要措施，货币政策与其他宏观经济政策的协调等事项，提出货币政策议案，经出席会议的2/3以上委员表决通过，形成货币政策委员会建议书。在此基础上，中国人民银行形成货币政策。但是，中国人民银行就年度货币供应量、利率、汇率和国务院规定的其他重要事项作出的决定，须报国务院批准，但应将货币政策委员会建议书或者会议纪要作为附件，一并报送。中国人民银行就其他有关货币政策事项作出决定后，即予执行，并报国务院备案，但应当将货币政策委员会建议书或者会议纪要一并备案。上述货币政策的制定过程，是金融宏观调控权的具体运用，显然是一种决策行为。③财政。作为宏观调控手段的财政主要是制定财政政策，具体包括税收政策、国债政策、转移支付政策和政府采购政策。

——邢会强："宏观调控行为的不可诉性探析"，载《法商研究（中南财经政法大学学报）》2002年第5期，第64~70页。

4. 邢会强教授认为，司法审查也有失灵的领域，宏观调控行为即是一例。以诉讼追究"机构责任"的责任追究模式是不适合宏观调控行为的。对此，侯怀霞教授认为："宏观调控法的特性，就在于其责任评价机制，乃在法律之外。"然而，当对这个特性缺乏明确的把握时，就会按传统的法律思路，提出诸如宏观调控行为的可诉性之类的错误问题，且导致术语含混不清，规范化亦无从谈起。宏观调控法只能解决授权问题，无法解决责任归属问题，而要依赖于其他领域（如政治）的支援。这也即笔者所主张的宏观调控的政治责任问题。

——邢会强："宏观调控行为的不可诉性再探"，载《法商研究》2012年第5期，第64~70页。

5. 肖顺武否认宏观调控的可诉性，但是并不否认对不当的一些宏观调控行为进行责任的追究。那些支持宏观调控具有可诉性的论者，则无一例外地有这种误解——没有可诉性就没有救济性。在法律上，有"无救济即无权利的法谚"，这是正确的，但是，救济和可诉性不是一码事，无救济无权利并不等于无可诉性就无权利。事实上，正如有论者所言，宏观调控行为的不可诉性也不意味着宏观调控行为可以不负责任，我国《宪法》中规定的质询与询问，对行政机关规范性文件的审查、罢免和撤职以及行政机关内部的行政处分，加上《宪法》和《立法法》中规定的全国人民代表大会有权改变或者撤销它的常务委员会制定的不适当的法律、全国人民代表大会常务委员会有权撤销国务院制定的同宪法、法律相抵触的行政法规、决定和命令，国务院有权改变或者撤销各部、各委员会发布的不适当的命令、指示和规章，乃至于外国责任政府下的政治责任如辞职、弹劾等，都应该在广义的责任含义之内，都可以作为对宏观调控行为的制约和对违法、不当行为的补救和制裁。对于这一点，我国经济法学者王全兴教授也特别指出，法的可诉性不同于权利的可救济性，有权利必有救济，没有救济的权利不是真正的权利。但救济的途径除了诉讼、仲裁外，还有其他方式。

从技术与操作的角度来看，若承认宏观调控行为具有可诉性，则既忽视了我国现有的制度安排，也将给司法与行政的分野带来不利挑战，一方面将混淆行政与司法的性质，另一方面将使法院不堪重负。而且，如何追究此种情形下的法院的司法责任，也将成为一个困扰社会的问题。

——肖顺武："质疑宏观调控行为的可诉性"，载李昌麒主编：《经济法论坛》（第5卷），群众出版社2008年版，第283~298页。

6. 徐澜波认为，宏观调控中的抽象行为就是享有宏观调控权的宏观调控主体，依据宏观调控法作出的运用具体的宏观调控手段及其措施、工具进行宏观调控的决定，其规范的载体形式有法律、行政法规、行政规章和行政规范性文件等。如果有社会组织和公民认为这些实现国家职能的抽象行为及其规范载体在行为主体的职权合法性、行为程序的合法性、行为条件的合法性等方面有问题，以及其行为损害在先业已存在的个人利益和集体利益，就形成了规范意义上的法律争议，应当可以进行诉讼、进行司法审查。因为，法律的可诉性既是法律的基本特征之一，也是法治社会的基本要求。制定法是否保障自由、平等、权利等基本人权，是否具有明确性、公开性、普遍性（不针对具体个人、个体立法）、不矛盾性、可行性、安定性、不溯及既往性等法治化内涵中的应有内容和特质，即制定法是否符合法治化生成的"良法基础"，不能仅仅依靠公民行使的选举权而间接地实现审查和决断，还必须依靠公民（包括一切社会主体）借助于权力制衡机制进行直接的审查和判断。所以，"法律本身的可争诉性，是指立法和抽象行政行为可以诉诸司法审查，这应当是'可诉性'概念的题中之义。它要求法律法规的合宪性，以及对宪法、法律的解释都可以诉至法院要求裁判"。由此可见，抽象的、决策性的宏观调控行为可以进行诉讼、进行司法审查既是法的可诉性的应有之义，也是宏观调控可诉性的题中之义。所以，即使将宏观调控限定为制定、发布宏观调控决定的决策行为，将某项宏观调控决策（决定）公布以后，再由相应的行政机关或者受行政权委托的组织执行这些宏观调控决定的行为定性为具体行政行为或者具体的经济管理行为，那也不会从根本上影响宏观调控行为应该具有可诉性的应有之义。

　　就我国现行立法环境和司法环境而言，虽然这种包括抽象行政行为和抽象性行政规范在内的抽象行为和规范不可诉、不能进行司法审查是现实的，但这不是应然的。在我国现行的法律体系中，虽无对违反宪法行为的司法审查制度和对抽象行政行为的司法审查制度，但是这并不能否认在"依法治国"的宪法原则下，我国应当为实现法治国所应有基础之一的良法基础而逐步建立违宪司法审查制度和行使公权力抽象行为的司法审查制度。对此，学界的基本共识还是有的。

——徐澜波："宏观调控的可诉性之辨"，载《法学》2012年第 5 期，第 63~74 页。

7. 李刚认为，应当具体问题具体分析，不能一概而论宏观调控行为有可诉性或无可诉性。作为一种思路，笔者认为或可从以下几个方面入手：首先是宏观调控法里的具体部门法，如计划法、产业政策法、财政法、税法、金融法和价格法，可以分别探讨其各自的可诉性问题；其次，在各个具体部门法中，可以区分典型、纯粹的宏观调控行为与非典型、非纯粹宏观调控行为，前者指完全经济法意义上的宏观调控行为，如计划的决策、中央银行某些金融政策的制定等，后者则指与行政法产生交叉的宏观调控行为，如计划的执行、中央银行政策工具的实际运用等；最后，还可区分不同主体、如中央机关与地方机关所实施的宏观调控行为，考虑其可诉性范围是否一致，日本的纳税人诉讼就仅限于纳税人与地方公共团体、地方机关之间，那么中央机关的宏观调控行为是否可诉，是否需要对其可诉性作出一定程度或范围的限制。

另外，在中央调控行为与地方调控行为产生冲突而地方又不得不服从中央并因此而对地方经济产生不良后果时，地方政府能否提起诉讼，或者属于该地方的市场经济主体能否代为地方政府起诉，在探讨宏观调控行为可诉性问题时也必须加以考虑。

——李刚："宏观调控行为可诉性问题初探——由'纳税人诉讼'引发的思考"，载漆多俊主编：《经济法论丛》（第 5 卷），中国方正出版社 2003 年版，第 402~403 页。

二、在有关宏观调控可诉性实现层面研究中，下列观点比较具有代表性：

　　1. 徐澜波认为，根据宏观调控"服务于宏观经济协调发展的目标与宗旨""符合调节宏观经济的有效性"和"运用经济工具直接作用于国民经济和社会再生产各要素、各环节并间接作用于各社会主体的经济活动"的三项自然本质特征，财政手段和货币手段、引导宏观经济指标协调发展的规划（计划）、为影响汇率的由中央银行参与外汇买卖活动等属于宏观调控手段。与此相适应，将运用财政手段、税收手段、规划（计划）手段进行宏观调控的权力赋予具有代议性的立法机关；将运用货币手段和外汇买卖手段进行宏观调控的权力配置给中央政府所属的或者独立的中央银行或类似于中央银行的机构所享有。根据宏观调控权的配置，我国全国人大及其常委会享有运用财政、税收、规划（计划）手段进行宏观调控的权力，其作出的具体宏观调控决定往往具有立法的性质；地方省级人大及其常委会享有运用相应财政手段参与宏观调控的权力。如前所述，全国人大及其常委会作出的宏观调控立法性质的决定，对某项立法进行司法审查是法律可诉性的应有之义，所以，按照广义宏观调控法可诉性内涵，对全国人大及其常委会的宏观调控立法性决定也可以诉诸司法，由司法机关对该宏观调控立法性决定的合宪性、合法性进行审查。

　　但问题是，全国人大及其常委会以立法形式作出的宏观调控行为是否应当承担法律责任呢？对此，我国宪法并无明确的规定，大多数国家的宪法将立法机关的责任设定为政治责任，其实，这种政治责任是针对立法机关制定的法律在合理性、合目的性、实施效果方面与民意不合或者有违民意而承担的谴责和自律或他律的程度不同的制裁。其并不是立法程序违法、制定的某项法律违反宪法或者损害在先的个人和集体合法权益的政治责任。如果立法机关制定的具体法律违反立法程序和宪法规定从而损害在先的个人和集体合法权益，在合宪性司法审查体制下，该项法律可以经司法审查被认定违反宪法或者立法法定程序而予以撤销。这种被撤销的结果就是一种具有补救和强制内容的法律责任。

另外，如果立法机关制定的具体法律违反立法程序和宪法规定，在合宪性司法审查体制下，该项法律在经司法审查被认定违反宪法或者立法法定程序而予以撤销的同时，对特定的或者不特定的社会主体造成了财产损害的话，立法机关是否应当承担民事赔偿法律责任，对受害的社会主体进行国家赔偿呢？有人提出借鉴法国、德国等国家的立法赔偿制度，建立由全国人大及其常委会对其行使宏观调控立法性决定所造成的损害承担民事赔偿责任的法律责任制度。

——徐澜波："宏观调控的可诉性之辨"，载《法学》2012年第5期，第71~74页。

2. 胡光志认为，宏观调控行为司法审查制度的法律构造需要从以下几方面来构建：第一，法治理念的树立。有关法治理念的问题，我国学者已进行了孜孜不倦的研究，其成果也是蔚为壮观的。法治理念的确立对于一国法治的实现所具有的重要意义不言自明。需要特别强调的是，前文有关传统文化对于宏观调控行为司法审查的障碍的分析，绝不意味着笔者认为传统文化应予以彻底否定和完全被替代；事实上，传统文化中的道德约束对于宏观调控的正当化有着重要的价值，对于降低宏观调控成本也具有重要意义。因此，正确的做法是"取其精华、去其糟粕"。当下，中国各种途径的法制宣传和普法教育如火如荼，这对于弘扬法治理念，进而整合法治精神和传统道德，当然大有裨益。

第二，法院人格的健全。司法与行政、立法的分离是现代政治制度中不可缺少的关键性要件。在笔者看来，只有将司法改革与政治体制改革联系起来，司法改革的诉求才有可能有实质性的突破。

第三，宏观调控行为司法审查的具体制度设计。宏观调控可诉性的实现除了要仰赖深厚的法治观念和独立的司法体制外，还必须从技术层面找到宏观调控"走入法庭"的具体路径。一方面，建立宏观调控公益诉讼制度。宏观调控公益诉讼制度，是指一定的机关、社会组织或公民，认为国家宏观调控决策主体、实施主体或受控主体违反了国家宪法、宏观调控法（现尚未制定基本法）或其他法律的规定，侵犯了国家、社会公共利益，而向法院起诉，由法院追究违法者法律责任的诉讼活动。宏观调控公益诉讼应从以下几个方面构建：一是规定宏观调控公益诉讼诉权。立法应当明确规定，宏观调控的决策和实施违反了相关法律的规定，对国家、社会公共利益造成或可能造成损害，公民、社会团体或有关机关具有请求法院行使审判权以解决纠纷或者保护国家或社会利益的权利。二是宽原告资格，摒弃原有诉讼法理论中关于当事人必须是直接利害关系人的规定，从更广泛的角度理解利害关系人和利益主体。笔者认为，具有宏观调控公益诉讼的原告资格的主体应包含以下几类：①直接利害相关人；②公益组织或社会团体；③间接利害相关人；④国家机关，比如英国的法务长官（检察长）可以代表公众提起公益诉讼。三是确定审查范围。如前文所述，宏观调控公益诉讼的审查范围，不仅仅是具体行政行为，抽象行政行为也应纳入其中。四是确立激励制度。如，对原告实施奖励，尤其是对胜诉的与案件无利害关系的个人实施重奖，以资鼓励其检举揭发控告经济违法行为。

　　另一方面，建立"法院之友"制度。所谓"法院之友"，根据《布莱克法律词典》的解释，是指对法院有疑问的事实或法律上的观点善意地提醒法院注意或向法院报告的人。在宏观调控公益诉讼制度中，引入"法院之友"具有重要的意义：一是宏观调控具有极强的政策性，单纯的法律判断并不一定能得出合理的结果，需要参考相关领域专业人员的意见才可能作出合乎情理的判决；二是宏观调控具有极强的专业技术性，承担审判职责的法院当然不可能全知全能，相关专业的人员介入并提供意见，可以保证查明案件的性质及真相；三是作为"法院之友"的权威专家的意见，极易获得社会公众的认可，而这作为一种无形力量，可以有效抵御来自行政部门的干预，并防止司法腐败、司法不公等现象的产生。

　　——胡光志："论宏观调控行为的可诉性"，载《现代法学》2008 年第 2 期，第 63~67 页。

衡平税法与相关部门法的关系

　　中国的社会主义市场经济体制在 20 世纪 90 年代开始确立，至今已经历了近 30 年的发展。在这 30 年的发展里程中，随着我们对市场经济的认识逐步深化，市场经济体制的运行越来越顺畅。但毋庸讳言，我国的市场经济制度的实践显然还存在着一些不足。其中较为关键的问题是我国的市场经济制度仍然是一种非均衡的经济制度。正如厉以宁教授所指出的，在社会主义商品经济中，某些资源的稀缺性以及由于这种稀缺性而引起的独占，将会长期存在。在宏观层面，这种长期存在既是基本政治、经济和法律制度的国情所致，也同时为税收法制建设调节收入差距给定了时空注脚，也就是说，由上述元素构成和引起的中国经济的非均衡状态，包括资源占有权和原初分配就不合理、公共产品因利益既得不公而产生倾斜、收入分配两极分化，只不过是权利（权力）和经济利益初始倾斜的延续罢了，也是非均衡经济在没有实质性税赋公平介入第一次财富分配的情况下，贫富差距就是其税收经济逻辑的归宿。[1]因而在这种非均衡经济制度之下的税法就必然表现出与常规意义上的税法不同的特质和精神，这种特质和精神之最核心的要素就是衡平。

---

　　〔1〕　张怡："论非均衡经济制度下税法的公平与效率"，载《现代法学》2007年第 4 期。

"衡平"一词很容易使人联想到英国的衡平法，一种与普通法并驾齐驱的判例法，但实际上衡平法首先不是法。英国人只是把它称作 equity，而绝不叫作 equitable law。梅特兰认为，衡平法不是一种自足自立的制度。首先，衡平法（equity）是"平均""公平""正义"，特别是实质正义的代称，这时 equity 就作为名词使用，称为衡平。其次，它是一种法律方法、途径或手段，这时 equity 称作衡平或衡平方法。再次，它是一种法律矫正或补救的行动，这时 equity 作为动词使用，称作衡平司法。最后，它才是一种矫正或补救法律的原则和制度，这时 equity 叫作衡平原则或衡平格言或衡平法，即它是一种法律原则，一种法律的法律或者是一种辅助的法律。[1]

衡平税法中的"衡平"取的是上述衡平词义的第一和第二种含义。衡平税法着重强调税法的实质正义理念，即税法规范之主旨不在于对全体国民在征收税款上的不加区分而体现出来的貌似公平。在现阶段，税法规范的制定应充分考虑现行的非均衡经济制度情境，在税法介入日常生活之始就注意平衡个体间的初始的不平等和差异。当然，衡平税法强调实质正义并不是忽略形式正义，在任何部门法中对实质正义的过分追求都是不合适的。

为更好地理解衡平税法在整个法律体系中的位置，对衡平税法与相关部门法的关系做一些大致的梳理是非常必要的。

一、宪法：衡平税法之纲领

美国著名文学家和政治家富兰克林有一句名言："人的一生有两件事是不可避免的：一是死亡；另一是纳税。"由此可见，

〔1〕 胡桥："衡平法在中国的研究：现状、问题及展望"，载《华东政法大学学报》2009 年第 5 期。

现代意义上的税收几乎涉及每一个个体。因此，对税收关系的规制是任何一个法治国家不得不加以高度重视的问题。对税收关系加以规制的主要部门法是税法。由于宪法是国家的根本大法，是其他所有法律的基础和依据，因此，宪法也必然会对税收关系加以调整和规范，当然这种调整和规范可能更多地是从理念和原则层面进行的，而较少从技术层面进行。通俗的表述是，宪法对税收关系的调整是宏观的，而税法对税收关系的调整是微观的。仅仅这样表述显然是不够全面的，为此，笔者将对宪法与税法之关系的一般理论进行简单归纳和梳理。在梳理之后，笔者将着重对宪法与衡平税法的关系做初步的提炼。

（一）宪法与税法关系之一般

第一，宪法是税法的法源。法律的渊源是指法律效力的来源或者称作是法律的表现形式，分为正式渊源以及非正式渊源。在我国，宪法、法律、行政法规、部门规章、地方性法规、自治条例、单行条例、地方政府规章等这些都可以算是正式的法律渊源，而判例、法理、习惯则是非正式的法律渊源。税法的法源是指有关税法的法规范的存在形式，法规范乃是对于其所涉及的国民，具有法律上拘束力的抽象及一般的（对于不特定多数案件所适用的）规定，该规定在特定的时空范围内对于国民具有拘束力，并由国家的权威加以确保。宪法为国家的根本大法，包含法律上的基本秩序以及基本的价值判断，由此建立价值秩序。它规定着一个国家最根本的社会制度，调整国家和社会生活中最根本的问题，是一国其他法律部门的制定依据，是一国法律之母。在任何制定宪法的国家中，宪法都是其他部门法的根本法源。因此，宪法当然也是税法的根本法源。

第二，税法力图将宪法基本原则、人民的基本权利进行具体展现。一般而言，宪法的可适用性较其他法律而言较差，即其他法律如民法、刑法等可直接适用于具体的经济生活和社会生活。而宪法具有一定抽象性，一般不能直接用于裁判相关的案件，尤其是在我国，宪法的基本原则和人民的基本权利往往要在民法、刑法等部门法中加以具体化。同样，税法也将宪法的基本原则和人民的基本权利进行了具体化。

"宪法上的价值决定以及基本原则，首先是由立法者以法律的形式，加以具体化、显现，并因此转化为可适用的权利。"[1]此外，宪法上基本人权的实现也有赖于税收立法和税收法律的实施。税法的制度设计必须对人民基本权利的保障有促进作用始为正义。如日本学者北野弘久指出，对有关为生存所必需的生存权性质财产，如一定的住宅地、住宅、供农业用地、农业用资产、一定中小业者的企业所用地、事业所等应不征税；为了确保在现代市民生活中人们的生存权，对投机性财产（作为商品的土地、企业购买占有的土地）、资产性财产（大企业生产所用地），自然不能不予以限制。[2]

（二）衡平税法在宪法中的表现

衡平税法的中心是"衡平"。这种衡平不仅仅体现在税法本身的制度设计上，还体现在与宪法（这一根本大法）的关系上。而且，在一定意义上，宪法中对于税的衡平设计更为重要，对于衡平税法设计的指导作用意义重大。宪法为社会财富的分配和社会冲突的解决提供规则和程序，为公民的自由和权利提供保障。宪法不是君主和强权管理民众的手段，而是人民自己的公约。因此，宪法中制定的涉税条款可能较为原则，但必须是实在的，而不应是理想化的、空洞的。因为只要宪法中有一句

---

〔1〕 陈清秀：《税法总论》，元照出版公司 2006 年版，第 108 页。
〔2〕 ［日］北野弘久：《纳税者基本权论》，陈刚等译，重庆大学出版社 1996年版，第 178~179 页。

话是空话或套话，宪法的威望和效用就难以建立和发挥出来，这种宪法文本也被认为是失败的。因此，所谓的"税收立宪"或"财政立宪"绝不应只是一种口号，绝不能只是想当然地在宪法中堆砌几个条款，而必须在充分考虑税法本身特点的基础上，权衡各种利益关系，设计出能够使各种利益基本达致衡平的宪法条款。唯有这种宪法条款才符合"税收立宪"或"财政立宪"的理想，唯有这种宪法条款才是广义的衡平税法的一部分，才能对衡平税法的立法、司法和执法提供最高的指引。宪法在进行立法设计时，必须结合衡平税法的特质——对涉税条款进行充分考量，务必使涉税条款的设计充分体现衡平的基本理念。为此，宪法的涉税条款设计必须考虑如下利益关系的衡平：

1. 征税过程中纳税人权利与政府权力的衡平

从财政角度进行定位，现代国家又被称为财政国家。财政国家是政治国家的另一面。财政国家可从支出面和收入面进行分类，自由国家和福利国家是从支出面来界定的国家类型。从收入面来考察国家的类型，财政国家可以分为：领地国家（domain-state）、贡赋国家（tribute-state）、关税国家（tariff-state）、税收国家（tax-state）、贸易国家（trade-state）、自产国家（owner-state）。

一般认为，税收国家是指国家收入主要来自税收。如日本学者北野弘久认为，一般称租税收入占国家财政收入大半的国家为租税国家。[1]学者葛克昌认为，"所谓租税国，乃相对于所有权者国家、企业者国家而言，是指以租税为国家主要收入的国家。在租税国中，课税不但是国家收入之合法形态，也是唯

---

〔1〕　〔日〕北野弘久：《日本税法学原论》（第5版），郭美松、陈刚译，中国检察出版社2008年版，第2页。

一之合法形态。除非公用事业及其他独占性企业，国家原则上不得从事营利活动；非有特殊法律的依据，非租税之其他公课，不得成立"。[1]

从宪法学角度观察，税收国家主要是指：首先，以税收为国家主要收入来源。国家独占课税权这种财政工具，乃有别于其他社会上之团体。其次，在税收国家中，税收目的往往即为国家目的，租税国即此目的实现之主体。最后，在税收国家中，课税权为国家统治权之固有的、主要的表现形态。"所谓现代法治国为社会国（民生福利国），主要系指以租税国之形态表现其功能。"[2]税收国家的宪法政治可以归结为如何征收租税，以及如何对征收的税金加以使用。在税收国家里，税收问题的处理方法决定着和平、福利以及人权等状况，因此可以将宪法视为规定税收国家的税收方式和使用方法的法律规则。[3]

目前，世界上几乎所有的国家都是税收国家。税收成为国家存续发展必不可少的重要因素。一方面，国家公共职能的扩张使得人民纳税成为国家运转的一个必要前提，国家征税成为一个日常事务。另一方面，国家课税构成对人民自由和财产的一种干预，要保障人民的经济自由和基本人权就必须限制国家的征税权。因此，衡平税法的基本问题，即国家课税权与人民在税收方面的权利如何衡平的问题成了一个宪法层次的问题，从而有必要在宪法中作出规定。

第一，国家或政府的征税必须以对纳税人权利的尊重为前

〔1〕 葛克昌：《国家学说与国家法——社会国、租税国与法治国理念》，元照出版公司1997年版，第142~143页。

〔2〕 葛克昌：《国家学说与国家法——社会国、租税国与法治国理念》，元照出版公司1997年版，第142页。

〔3〕 ［日］北野弘久：《日本税法学原论》（第5版），郭美松、陈刚译，中国检察出版社2008年版，第462页。

提。国家虽然拥有强权，是合法拥有"暴力"的机构，但其并
非能够为所欲为。现代国家观念——国家社会二元论、社会契
约论、人民主权等观念对国家合法存在的基础做了不同的解释。
但这些解释的关键都指向一点，即国家的权力并非来自"天"
或"神"，而是来自人民，国家存在的目的也是为了"人"。如
美国的《独立宣言》宣称："不言而喻的，所有人生而平等，他
们都从造物主那里被赋予了某些不可让渡的权利，其中包括生
命权、自由权和追求幸福的权利。为了保障这些权利，所以在
人们中间成立政府。"1789 年，法国的《人权与公民权宣言》
庄严宣布："在权利方面，人们生来并且始终是自由平等的"，
"任何政治结合的目的都在于保存人的自然和不可动摇的权利。
这些权利就是自由、财产、安全和反抗压迫"。"自由传达思想
和意见是人类最宝贵的权利之一"，"财产是神圣不可侵犯的权
利"。1793 年《法国宪法》强调："政府是为了保障人们享有其
自然的和不可剥夺的权利而设立的；当政府侵犯人们的权利时，
对群体人民或对人民中的每个部分，起义就成为最神圣的权利
和不可缺少的义务；篡夺主权者应由自由人立即处死。"由此可
见，国家拥有的任何权力必须以对人民的基本权利的尊重为前
提，征税权同样如此。

在宪法中，对纳税人权利的原则性规定为衡平税法对纳税
人权利的具体规定定下了基调。政府的存在以有充足的财源为
基础，因此国家越来越依赖于私人部门的财富，纳税人权利意
识逐渐形成。戈尔得谢德指出：当财产收入不够使用或者政府
逐渐失去了财产，政府就要受纳税人的制约，人民因此获得了
控制公共财富的权力，社会也从集权专制国家向法治国家迈进
了一大步。纳税人及其代表不仅希望将国家的征税行为纳入某
种制度化的约束，而且越来越要求国家能够负责而且有效率地

使用这些纳税人提供给国家的资金。换言之，征税必须经纳税人的"同意"，或经其代表人同意——"无代议士不纳税"；同时纳税人也对税金的使用提出了监督的要求。对此，洛克指出："……任何人主张有权向人民征课赋税而无须取得人民的那种同意，他就侵犯了有关财产权的基本规定，破坏了政府的目的。"征税须经纳税人同意的理念逐渐拓展为统治者需要取得被统治者的同意这一理念，而后者已经逐渐发展成为一种有关一切法律问题上的主张。[1]在这个意义上，可以做出这样的论断："税收是现代民主制度兴起的先决条件。"[2]

第二，必须明确的一点是，对纳税人权利的尊重并不意味着政府权力的能动作用不能发挥。在现代国家，政府征税权的运用是国家治理必不可少的手段。因为，国家的正常运行离不开税，"不征收与开支金钱任何政府都无法存在"。[3]"国家存在的经济体现就是捐税，共和国以收税人的姿态表明了自己的存在。"[4]这些表述都旨在说明——国家离不开税收。但是，由于从本源上来看，政府征税权的取得来自人民所享有的权利的让渡，因此政府征税权无限制地扩张从而导致人民基本权利较大程度的受损就是非正义的和必须予以适当调适的，而这种适当调适的理念最本质的就是"衡平"。

前已述及，对纳税人权利的尊重，意味着对政府权力的制

〔1〕 〔美〕达尔：《民主理论的前言》，顾昕、朱丹译，生活·读书·新知三联书店、牛津大学出版社 1999 年版，第 25 页。

〔2〕 Musgrave, R. A., "Theories of Fiscal Crises: An Essay in Fiscal Sociology", In Aaron, H. J. &Boskin, M. J. eds., *The Economics of Taxation*, Washington: The Brookings Institution, 1980, p. 363.

〔3〕 E. C. S. Wade and G. Godfrey Phillips, *Constitutional and administrative law*, Longman Group Ltd (9 ed), 1977, p. 186.

〔4〕 《马克思恩格斯全集》（第 9 卷），人民出版社 1982 年版。

约和限制。宪法对纳税人权利的尊重及对政府权力的制约体现了一种基本的衡平理念。这种衡平理念因应了衡平税法的本质要求。具体来说，纳税人权利与政府的课税权力之间的衡平应如此理解：政府的课税权以纳税人私权利的保障为基础。不承认纳税人的私权，政府的课税权则为无根之木、无源之水，因此纳税人的权利理应成为制约政府的课税权甚或其他所有公权的有力工具。同时，纳税人权利保障的根本是国家权力的有效运用，没有公权力的强有力保障，纳税人的权利维护则是镜中花、水中月。

宪法中的涉税条款是广义的衡平税法的一部分，因此，为使宪法与衡平税法更好地衔接，宪法的涉税条款的设计理应体现衡平税法的本质。如前所述，宪法的涉税条款主要涉及纳税人权利的保障和国家课税权之间的衡平问题。因此如欲设计较为先进的宪法涉税条款，其关键是如何衡平纳税人权利和国家课税权。那么，纳税人权利和国家课税权之间达致衡平的标准到底是什么？笔者认为，纳税人权利和国家课税权之间的衡平标准或原则就是税收法定主义。

税收法定主义可以精炼地表述为："人民同意纳税，同时要求国家承担一定义务。"具体来说，税收法定主义原则要求征税事项应以法律明确规定，若无法律规定，国家不得向人民征税，人民亦无纳税义务，其基本内容为课税要素法定、课税要素明确和程序法定。课税要素法定是指税种、征税主体、纳税主体、征税对象、计税依据、税率、税收优惠等全部课税要素都必须有最高立法机关制定的法律规定。课税要素法定的内容规制了税收立法权的行使，明确国家征税权力来源于纳税人的授权，强调国家立法机关对税收立法的独占性。课税要素明确是指有关创设税收权利义务的规范在内容、宗旨、范围方面必须确定，从而使纳税义务人可以预测其税收负担。[1]程序法定是指有关税收行为必须遵循一定的法定程序，特别是征税权的行使必须按法定程序进行，税务机关未经法定程序不得自行决定开征、停征，也不得随意减税、免税或补退等。

税收法定原则被视为现代税法的最高原则、税法领域的"帝王条款"，有学者甚至将税收法定主义与罪刑法定主义并举为现代法治的两大枢纽，税收法定主义保障人民财产，罪刑法定主义保障人民人身。[2]作为税收立法的首要原则，税收法定主义界定国家权力（公权力）与公民权利（私权利）之间的分配关系，是税收立法合法性和合宪性的基础，决定税收立法的根本方向。总之，税收法定主义原则在税法领域中具有至高地位。

税收法定主义的实质是对纳税人权利的尊重和对政府征税权的制约，这是税收法定主义最初始、最根本的机能。[3]在现代国家中，税收的立法权应由民意的代表机关——议会专属行使，议会作为最高的立法机关，通过一定的程序制定相关的财政立法。政府依据财政立法进行活动，从而使社会成员的意志得以真实决定、约束规范和监督政府。

总之，在征税过程中，国家课税权的行使必须有法律上的依据。国家必须有财政收入才能够正常运行，而由于现代国家几乎均为税收国家从而要求国家取得财政收入的主要方式只能定位于税。由此，国家课税权的产生是国家存续的必然要求。换言之，国家必须征税，即使纳税人内心并不情愿缴税。当然，

---

〔1〕 陈清秀："税捐法定主义"，载翁岳生教授祝寿论文集编辑委员会编：《当代公法理论》，月旦出版公司1993年版，第168页。

〔2〕 郑玉波：《民商法问题研究》（一），三民书局1984年版，第547页。

〔3〕 王建平："论税收法定主义"，载《税务研究》2005年第2期，第45页。

国家征税时应有所限制，主要是应取得纳税人的"同意"，即由纳税人的代表机构——代议机构批准。经过这种程序的征税即为合法的征税，从而较好地对纳税人的权利和国家课税权进行衡平。

2. 纳税过程中纳税人之间的衡平

前已述及，国家要征税首先要衡平国家征税权和纳税人的私权。在确定国家可以征税的前提下，纳税人应该如何纳税就上升为另一个值得慎重考虑的问题。国家是公权力之代表，纳税人是私权利主体，二者在税收征纳关系中显然不是平等之主体。但纳税人之间则是平等的主体，因此纳税人之间在纳税时希冀一个基本的原则——平等原则，而这一原则在几乎所有国家的宪法中都加以了明确规定。如我国《宪法》第 33 条第 2 款规定，中华人民共和国公民在法律面前一律平等。这种平等首先否定凌驾在法律之上的特权，要求相同的情况作相同的处理。尽管不同的人会因民族、种族、性别、职业、家庭出身、宗教信仰、教育程度、财产状况、居住期限等事实上存在差别，但如果这种差别不足以或不能够在法律上区别对待，则只能忽视这种差别而从形式上作相同的处理。只有在差异的存在足以影响到法律上的权利时，才能考虑对不同的情况作不同的处理。在这种情况下，平等已经不是一种绝对状态，而是一种比例的平等，即尽管在法律上区别对待，但这种区别是与公民自身的特质相适应的，因而是一种实质的平等。[1]平等原则在衡平税法上的表现则为税捐平等原则或税收公平原则。

在衡平税法上，税捐平等原则要求相同的经济给付能力者，应负担相同的税捐负担（水平的平等，Horizontal Equity）；不同

---

〔1〕　刘剑文、熊伟：《税法基础理论》，北京大学出版社 2004 年版，第 139 页。

的支付能力者，则负担不同的税负，即富有的人应多负担税款，贫穷的人则少负担税款（垂直的平等，Vertical Equity），按照比例的平等税捐，换言之，应按照国民彼此间不同的给付能力为相异之税捐，即所谓"量能税捐"原则。[1]

量能税捐原则体现了纳税人之间在纳税过程中的平等。纳税人之间的衡平在于：税收负担须在各国民间公平分配，国民在各种税收法律关系中须受平等待遇，纳税义务应普遍适用所有国民。税收客体的选择及税额的裁量均受该原则之拘束。如果需要纳税义务人为社会牺牲个人利益时，纳税人之间应平等牺牲。[2]纳税人在纳税时，应针对不同的情况进行相应的衡平，以达到公平的结果。公平的结果具体包括横向公平和纵向公平两个不同的方面。在实践中，纳税人纳税衡平的基本原则是：①高收入阶层多纳税，低收入阶层少纳税，无收入阶层不纳税。②最低生活费不课税原则。如《日本宪法》第25条规定要保障国民"健康且富有文化性的最低限度的生活"，为此，国家针对威胁人们健康和最低文化生活的情况，在税法中规定了最低课税限度。如果税法的最低课税限度会使《日本宪法》第25条规定的生活费下降的话，那么则构成对人们"生存的自由"的侵害，这种有关现行法最低限度的各项规定则因违宪无效。[3]③生存权财产不课税或轻课税原则。在现代，应将一定的生存权性质的财产作为人权加以确保。对一定的生存权性质的财产不课税或轻课税。如在日本，"就固定资产来说，对生存权性质的财产不课税，或即使课税也不以买卖时的价格而是以可供生存用

〔1〕 陈清秀：《税法总论》，元照出版公司2006年版，第46页。

〔2〕 葛克昌：《国家学说与国家法——社会国、租税国与法治国理念》，元照出版公司1997年版，第149页。

〔3〕 ［日］北野弘久：《日本税法学原论》（第5版），郭美松、陈刚译，中国检察出版社2008年版，第109页。

的利用价格（收益还原价格）课税，税率也应当采取低税率"。
"供继承人为了生存继续使用的一定生存权性质的财产，不课征
继承税。若课税也以不卖出为前提，根据继续使用时的利用价
格（收益还原价格）进行课税。税率应为低税率。"[1]

在我国非均衡经济模式下，纳税人之间税负衡平的关键是
要充分考虑东部发达地区和西部欠发达地区，使居住在不同地
区的纳税人的税负达到实质公平的要求，以缓解收入差距过大、
社会分配不公问题。

一般认为，要达至纳税人之间税负的公平，应以纳税人的
纳税能力为依据，纳税能力强的多纳税，纳税能力弱的少纳税。
纳税能力如何判断，存在客观和主观两种标准。客观标准即以
纳税人拥有财富的多少为衡量其纳税能力的标准，主观标准则
是以纳税人因纳税而感受的牺牲程度的大小作为进一步测定其
纳税能力的标准。而牺牲程度的衡量又以纳税人纳税前后从其
财富得到的满足（或效用）的差额为基准。若所有纳税人感受
的牺牲程度相等，则税负公平；相反，则不公平。在衡平税法
理论下，考虑到区域间的差异，采用主观标准可能更有助于实
现税负的实质公平。

二、民法：衡平税法之基础

传统上将法律区分为公法与私法。公法与私法的划分是政
治国家与市民社会分离的产物。罗马法学家乌尔比安认为，公
法是有关罗马国家稳定的法，私法是涉及个人利益的法。事实
上，它们有的造福于公共利益，有的则造福于私人。一般认为，
将法二分为私法和公法的观念是大陆法系关于法的一种分类方

---

〔1〕　［日］北野弘久：《日本税法学原论》（第 5 版），郭美松、陈刚译，中国
检察出版社 2008 年版，第 116 页。

式，在这种分类方式下，民法和商法被认为是私法，而包括宪法、行政法、刑法和诉讼法在内的诸多法律则属于公法。如以一个法律所规范之法律事实的发生是否基于公权力之行使为标准区分公法与私法，衡平税法本质上属于公法。"税法系公法之一支。向来税法与警察法同被视为干预行政法之典型，虽然二者有时也被认为对国民生活所需事前防患的工具。"[1]就此分类标准而言，衡平税法（公法）与民法（私法）间的关系似乎是"南辕北辙"，差异较大。但实际上，如果对二者的分合历史进行考察，可以发现衡平税法与民法的关系不可谓不密切。民法所确立的民事活动基本规则保证了市场经济的有序运行，保障了民事主体的财产权，这为衡平税法的有效运转提供了基础和前提。如果民法不对财产的得、丧、变更等进行规范，衡平税法所调整的税收征纳关系就会混乱不堪，民众对缴纳税收就可能持较强烈的抵制态度。相反，如果民法理顺了财产的流转及归属，则民众纳税的遵从度将会大大提高。同时，民法为衡平税法提供了较为丰富的背景知识，比较典型的是税收债法。税收债务的发生、变更、溯及、消灭、扩张等都从民法中的"债法"部分汲取了足够的营养，从而使得二者在此部分的关联度大大提高。正如后文所述，衡平税法还借用了民法的很多概念、民法的规则、民法的原则甚至民法的一些具体制度。由上述两个层面可知，民法为衡平税法之基础的结论恰如其分。本部分将首先就民法与衡平税法的差异做大致地梳理，其次对二者之间的关联做进一步阐述。

（一）衡平税法与民法之差异

毋庸置疑，衡平税法与民法之间存在差异。一般来说，民

---

〔1〕 葛克昌：《税法基本问题（财政宪法篇）》，北京大学出版社 2004 年版，第 7 页。

法是调整平等主体之间人身关系与财产关系的法律规范的总称。税法则是国家权力机关及其授权的行政机关调整税收关系的法律规范的总称。前已述及，从公私法划分的角度来说，民法是典型的私法；而衡平税法被认为是经济法的子部门法，是较为典型的公法。因此，在税法学上必须研究租税的规避防杜问题。因为税收乃是国家存在的物质基础，是国家在经济上的实质表现。所以除了依据税法规范合理有效的避税是法律能容忍的外，依据其他法律逃脱纳税义务的行为是税法规范不能容忍的行为，应该被税法规范宣布为非法，接受税法规范的制裁。[1]当然，从公法向衡平税法具体化的过程中，还需经过财政法这个上位类型。财政法除包括衡平税法外，还包括规费法、预算法、公共债务法等。准确地说，衡平税法属于公法、财政法。

民法与衡平税法之间除了一为私法、一为公法的重大区别之外，二者之间的差异还体现在以下几个方面：

第一，立法本位不同。近代民法将契约自由、私有财产神圣不可侵犯和自己责任奉为至高准则。当今民法力主平等、自愿、等价有偿等原则，对国家公权之介入持抵制的态度。因此，在民商法的利益保护结构中，个人利益居于首要地位。法律本位是指法律的立法指导思想、基点、基本原则、宗旨和精神的集中与综合体现。民法本位即指民法的中心任务和价值标准，从一定意义上讲，民法本位就是民法最核心的价值。随着历史发展，民法的立法本位历经义务本位、权利本位与社会本位三个阶段，最终落脚于尊重个人的人格，保障个人的自由，维护个人的权利，实现个人的利益，充分体现以民为本、以权利为

---

[1] 张怡主编：《税法学》，法律出版社2010年版，第98页。

本的指导思想。衡平税法的立法本位，经历了从过分强调国家本位到强调保障纳税人权利，实现权利义务对等的过程。在保障国家实现其公共职能的同时，充分体现纳税人的个人本位，即纳税人权利的实现。

第二，调整对象不同。民法的调整对象是平等主体之间的财产关系和人身关系。这两种关系的主体之间是平等的，因而决定了其调整方法具有"自治"的特征。由于民法的调整关系中存在"人身关系"，从而与衡平税法的调整对象有很大不同。衡平税法的调整对象是税收关系，包括税收征纳关系和其他税收关系。衡平税法的调整对象即税收关系主要存在于国家与纳税人之间，因此这种关系具有一定的"强制"特色。更重要的是，衡平税法调整的社会关系主要是财产关系而不调整人身关系，这与民法有所区别。

第三，调整方法不同。民事关系自身所体现出的商品经济的本质特征，使其在调整方法上强调主体地位的平等性，主体行为的"任意性"以及解决争议方式的协调性。民法更注重"意思自治"，对国家干预多有警惕。民法之主体对民事关系的成立、生效、终止等具有较大的自主性，国家对此予以确认。总之，民法更强调民事主体的"自治"。衡平税法调整的税收法律关系包括实体法律关系与程序法律关系。衡平税法的调整方法与民法不同，在确保纳税人合法权利的同时，强调国家对税收征管的强制性。衡平税法虽然强调国家公权与纳税人私权之间利益的衡平，或者说更尊重纳税人的基本权利。但由于其基本任务仍在于获取财政收入，因此国家对纳税人的所得或财产仍然必须干预或曰"侵犯"，这体现了衡平税法在调整方法上的"干预性"或"强制性"。

第四，责任承担方式不同。民事责任是对违反民事义务的自然人或法人提出的必须履行其民事义务的行为要求，具有国家强制性。在我国，公民和法人承担民事责任的主要方式有：停止侵害，排除妨碍，消除危险，返还财产，恢复原状，修理、重作、更换，赔偿损失，支付违约金，消除影响、恢复名誉，赔礼道歉。根据民事责任的内容有无财产性，民事责任可分为财产责任与非财产责任。财产责任，是指直接以一定的财产为内容的责任，如返还财产、赔偿损失。非财产责任，是指不直接具有财产内容的民事责任，如消除影响、恢复名誉。民事法律责任是一种以财产性责任为主，非财产性责任为辅的责任，具有补偿性。衡平税法所规定的税收法律责任，是指税收法律关系的主体因违反税收法律规范所应承担的法律后果。税收法律责任依其性质和形式的不同，可分为经济责任、行政责任和刑事责任；依承担法律责任主体的不同，可分为纳税人的责任、扣缴义务人的责任、税务机关及其工作人员的责任。明确规定税收法律责任，不仅有利于维护正常的税收征纳秩序，确保国家的税收收入及时足额入库，而且有利于增强税法的威慑力，为预防和打击税收违法犯罪行为提供有力的法律武器，也有利于维护纳税人的合法权益。衡平税法中应对税收法律责任的形式进行规定。税收法律责任是指纳税人因不履行或不完全履行税法规定的义务所应承担的法律后果的类型。根据衡平税法规定，税收法律责任的形式主要有三种，即经济责任、行政责任和刑事责任。由此看来，衡平税法所规定的法律责任既有财产性质的责任，同时也对行政违法行为与税收犯罪行为，采取行政责任形式与刑事责任形式。[1]

第五，价值目标不同。衡平税法作为一种具有特质的税法，

---

〔1〕 席晓娟："略论民法基本原则的税法适用"，载《河北法学》2008 年第 5 期，第 117 页。

与民法还存在一个较为重要的差异：二者注重的价值目标不同。衡平税法注重的价值目标是实质公平，而民法注重的价值目标是形式公平。现代意义的衡平税法对社会个体有了重新的认识：社会个体间的差异是显然的，社会个体并非无差别的、均质的，社会个体是具体的、千差万别的。基于这种认识，衡平税法在规范税收关系时，充分考虑个体间的差异，力求实现纳税人之间实质的公平。税法的发展历史表明：税法发展初期，特别是在自由资本主义时期，更加注重形式公平。税收的形式公平从抽象的法律人格的意义上来要求国家平等地对待一切纳税人。进入垄断资本主义时期后，形式的平等开始压倒性地有利于有产者而不利于无产者，二者间的不平等和差距越来越大，而且形式的平等越受保障，矛盾就越深刻。为解决这一严重的社会问题，人们开始对形式平等原则加以修正，以推进实质上的平等。[1]税法上的实质课税原则可谓实质公平正义对形式公平正义的修正。税收的实质公平要求在税收的制定与实施中，国家要充分考虑纳税人的具体情况，追求个案的公平。一般认为，民法调整的主体是无差别的均质的个体，是一种抽象的存在，因此民法对其调整的民事关系的主体同等对待，并不因其禀赋、资源的不同而有所区别。既然主体之间没有区别，那么给予他们同等的权利义务就体现了所谓的公平。当然，随着私法公法化的趋势日渐加强，民法的形式公平观也在悄然改变。但在本质上，民法所注重的价值目标仍然是形式公平。

（二）衡平税法与民法之间的关联

衡平税法与民法虽然分别属于截然不同之公法和私法，但其间关系之密切，没有任何两个法律可相比拟。其主要原因为

---

〔1〕 〔日〕大须贺明：《生存权论》，林浩译，法律出版社 2001 年版，第 33 页。

衡平税法主体及税法客体所涉的人及标的等法律事实同时是民法和税法规定的事项。"且在发生时序上，民事关系原则上先于税捐关系。从而有相关用语或概念、类型，法律关系之定义、归属的统一与独立，以及法律关系之有无及归属的认定是否应该一贯的疑问。"[1]

考察民法与税法之分合史，我们可以发现，二者的关系"藕断丝连"。葛克昌先生认为："税法之解放运动，其挣脱之对象并非行政法，因自始税法即被视为特别行政法，而税法所欲摆脱之附庸地位之对象为私法。"[2]在第一次世界大战后的德国，由于百业待兴，一些借机发国难财之不肖商人，虽得暴利，但其行为多因违反强制禁止规定，民法上效力系无效，依当时法律见解，认为税法系"民法附随法"，亦无须课税，致引起广大纳税人义愤。此时正值战后经济不景气，无效行为之税收又无法掌握，从而引发财政危机。于是，税法学者贝克尔（Becker）、巴尔（Ball）等人，高唱税法应从民法束缚中解脱出来，全面分离。此谓"税法从民法桎梏中解放"。税法实务工作者每借由实质课税原则，强调税法与民法系不同类型、不同结构、不同的思考模式。由于先前坚持税法应独立自主，不依附他法，以至于自此税法成为与其他法律隔绝孤立的独立王国，不免侵扰其他法律关系所形成之秩序。税法常与私法自治原则相抵触，最终将危及租税国家赖以存在的基础。尤其是第二次世界大战后，对纳粹德国滥用经济观察法，各国普遍反感，税法又趋向另一极端，自20世纪50年代起，统一的法律秩序观念兴起，税法又向民法靠拢，以至于税法所独有的实质课税原则，遭到根

---

〔1〕　黄茂荣：《法学方法与现代税法》，北京大学出版社2011年版，第578页。
〔2〕　葛克昌：《税法基本问题（财政宪法篇）》，北京大学出版社2004年版，第7页。

本质疑。学者甚至要求，税法上所使用的概念，除非税法别有明文，不得与私法作不同的解释，以维持法律秩序的统一性。[1]总之，税法与民法之间的关系既不是相互独立的，也不是相互依存的，二者同是国家统一法秩序的部分法域，应统一在宪法的指导理念之下。由此，民法与衡平税法间的关联度较强，下文将对二者间的关联做大致的归纳。

第一，衡平税法借用了许多民法的概念。税是以私人各种经济活动的结果为对象进行课征的，而私人的各种经济活动又首先被以民法为中心的私法所规制，因此，税法的规定往往是以私法为基础的。这种联系首先反映在衡平税法借用了民法的许多概念。例如，税法中对于纳税人的确定，必须以民法中关于民事法律关系主体的条件为依据；税法对自然人和法人的解释与确定必须与民法相一致；税法中经常使用的居民、企业、财产、固定资产、无形资产、商标权、专利权、代理、抵押、担保、赔偿、不可抗力等概念都是来自民法。

第二，衡平税法借用了民法的规则。例如，民法规定法人以其所有的财产或者以国家授予其经营的财产承担民事责任，自然人以个人或家庭财产承担民事责任，对于纳税责任，这一条也是适用的；再如，税法中某些税种，如遗产税等，应与民法中关于财产所有权的规定相一致，对产权使用和转让收益征税时纳税人的确定，也必须与民法中有关知识产权的规定相一致。此外，税法中纳税人与纳税担保人、纳税人与税务代理人之间的法律关系具有民事法律关系的性质，民法中规定的"代理"也成为履行税法的一个具体方法等。

第三，衡平税法借用了民法的原则。从总体上看。税法与

[1] 葛克昌：《税法基本问题（财政宪法篇）》，北京大学出版社2004年版，第8页。

民法的原则是不同的，但是也有例外。如税法的合作信赖原则就有民法诚实信用原则的影子，其原理是相近的。

第四，衡平税法借用了民法的一些具体制度。在税债务关系说被普遍认同的情况下，税法的具体制度，尤其是税收实体法律制度借鉴了民法债法的具体制度。[1]

应注意的是，在适用衡平税法的过程中，如果涉及与民法有关的概念的解释，究竟是应当依照民法抑或是遵照税法的原则来判断，在学界一直是争论不休的话题。德国学者贝尔认为，只要税法未指明参照民法的规定，原则上就和民法无任何关系，并且"税法必须从民法涉及的具有某种优越性及一般正确性的传统观念中解放出来，税法应当摆脱过分依赖私法观念的状态，走向独立"。税收法律秩序与民法秩序是两个截然不同的体系，两者的概念、制度、规则相互独立。依其理论，税法的相关法律概念应当是税法本身所固有的，其概念的内涵与外延的确定并没有必要过多地考虑其在民法制度中的地位，进而形成其独立的概念体系。[2]但在亨泽尔看来，税法应当是与私法相衔接的一门公法，课税构成要件和民法概念形式相联系。为此，原则上应从租税概念和私法概念相一致的立场解释税法。他强调说，在税法中如何使用私法概念应由立法者规定，在立法未作特别规定时，不应由法院或行政机关自由裁量。税法上所使用的概念，除非税法另有明文规定，不得为私法不同的解释，以维持法律秩序的统一性。[3]但亦有学者认为，在税法解释中，应就具体个案，探究该税法目的，是否应就私法概念作相同或

---

〔1〕 张怡主编：《税法》，清华大学出版社 2007 年版，第 14 页。

〔2〕 [日] 北野弘久：《税法学原论》，陈刚等译，中国检察出版社 2001 年版，第 1~10 页。

〔3〕 [日] 北野弘久：《税法学原论》，陈刚等译，中国检察出版社 2001 年版，第 8 页。

相异的解释，并无要求税法与私法概念内容完全一致。[1]税法与民法之关系的争论，后来归结到：依法课税原则与私人之法律关系形成自由的冲突问题，并以该自由权之滥用的禁止为其依归。

综上，在市场经济体制下，民法的规范功能是提供活动组织的设立框架及从事市场交易所需的法律工具；而衡平税法是联结于其活动成果，并对其成果课税。基于上述认识，衡平税法的立法与解释应遵守下列守则：①衡平税法应尽可能不干预私法自治所赖以运转的市场，除非另有社会或经济政策上的考量。②衡平税法应尽可能尊重私法自治原则及契约自由原则，不要对企业组织、融资方式及各种法律行为施以影响。衡平税法的任务不在于替私人决定契约的内容、类型、方式。换言之，应尊重民法所确立的调整方式和方法。③衡平税法在追求自己的目的及正义时，不要妨碍民法之建制的基础原则（契约自由原则、财产权的保护、过失责任与危险责任、诚信原则与信赖保护），以维护其规范机能；就私法自治事项，让私人自己决定、自己负责。

三、社会保障法：衡平税法之辅助

社会主义市场经济体制的确立是我国经济高速发展的重要基础。但由于我国处于市场经济建设的初期，因而出现了一些发展中的经济和社会问题，其中最主要的是社会分配不公问题。衡平税法，就是通过将衡平理念植入现行税法制度内部的方式，对现行税法进行改革与完善，试图达到价值衡平、税权衡平配置、税负衡平的效果，以实质公平的要求弥补初始资源配置和机会不均等的现实经济制度缺陷，进而应对贫富悬殊、两极分化的客观现实。但是，必须指出的是，虽然衡平税法具有弥补

---

〔1〕 葛克昌：《税法基本问题》，月旦出版公司1996年版，第50页。

初始资源配置不合理，调节贫富悬殊、两极分化的初衷，但仅仅依靠衡平税法显然不能达致"均贫富"的美好愿景。况且，在任何国家，富人和穷人作为两个阶层必然存在。除了通过衡平税法对弱者（穷人）进行适当的关照之外，通过完善的行之有效的社会保障制度对之进行有力的救助，无疑是世界各国都普遍采用的措施。从这个角度上说，社会保障法为衡平税法更好更快地达到目标提供了援助。因此对社会保障法与衡平税法之间的关系进行考察有助于二者之间更好地衔接，从而使衡平税法所追求的目标尽快实现。

（一）衡平税法与社会保障法的区别

当今时代，各国均建立有社会保障法律制度。社会保障法律制度是在农业社会向工业社会转变过程之中和完成转变之后，为应对诸如劳工疾病、伤残、养老、失业等问题而产生的。社会保障是工业社会的产物，是市场经济发展的产物。德国分别于 1883 年、1884 年制定《劳工疾病保险法》和《劳工伤害保险法》，这是世界上最早的社会保障法律。

19 世纪 80 年代到 20 世纪初始年代，是社会保障法产生和初期发展阶段。20 世纪初至 30 年代，社会保障立法有了蓬勃发展。第二次世界大战之后，西欧、北欧国家跟随英国开始实施福利政策。20 世纪 50、60 年代，一批新兴国家相继颁布社会保障法，社会保障立法进入兴盛阶段。进入 20 世纪 70 年代，有些工业发达国家逐渐发现社会保障制度中存在着诸如公民福利标准过高、国家和社会不堪重负，而公民某些权利却又保障不足等问题，决心进行改革，因而进入改革时代。[1]

与社会保障法相比，税法的历史则悠久得多。古今中外的

---

〔1〕　史探径："世界社会保障立法的起源和发展"，载《外国法译评》1999 年第 2 期，第 2 页。

税法历史都可以追溯到国家的产生之时。如中国的税法从夏朝就已经存在了，《孟子·滕文公》记载："夏后氏五十而贡，殷人七十而助，周人百亩而彻，其实皆什一也。"这说明我国奴隶社会就孕育了中国税收的原始形式：贡、助、彻，而与此相关的法律规范则为税法。当然，中国古代税法主要为农业税法。同中国一样，西方国家最初的税法也主要是农业税，基本上采用所谓的"什一税"。在西方国家进入资本主义社会之后，各国税法进入了一个成熟发展时期。20 世纪末，随着西方各国社会经济的发展，西方各国税法呈现出新的发展趋势，新一轮的税制改革正在进行。衡平税法作为我国因应非均衡经济制度情境下的具有特质的税法其产生的时间较晚。

除了产生时间上的不同，社会保障法与衡平税法的区别还存在于以下几个方面：

首先，社会保障法与衡平税法在法律体系中的地位不同。社会保障法从产生起就面临着一是经济法和劳动法两个法律部门的挑战。近几年来，社会保障法与劳动法之间的关系不再"纠缠不清"，而社会保障法和经济法之间的关系却还是"一团乱麻"。社会保障法和经济法的关系的争论点在于社会保障法是不是经济法的组成部分。一种观点认为，经济法包括社会保障法。此种观点有两种学说作为支撑：其一是"经济协调关系说"。[1]此学说认为，经济法是调整在国家协调经济运行过程中发生的经济关系的法律规范的总称。经济协调关系包括四个方面内容：企业组织管理关系；市场管理关系；宏观经济调控关系；社会经济保障关系。其二是"需要干预经济关系说"。[2]此说认为，经济法是调整需要由国家干预的经济关系的法律规范的总称，

〔1〕 参见杨紫烜、徐杰主编：《经济法学》，北京大学出版社 1994 年版。
〔2〕 参见李昌麒主编：《经济法学》，中国政法大学出版社 1994 年版。

其调整对象有：微观经济调控关系，其中又包括国家对经济组织的调控关系及经济组织内部的调控关系；市场调控关系；宏观经济调控关系；社会分配关系。而社会分配关系又包括了社会保障制度。另一种观点主张社会保障法不属于经济法的组成部分，此观点的代表学者为史探径、王全兴、樊启荣。史探径认为社会保障法与经济法一样，都是一个独立的法律部门。[1]王全兴、樊启荣从社会干预的程度来区别社会保障法与经济法。他们认为："社会保障在一定意义上虽然是一种国家干预，但这种国家干预是起始于近代市场经济（即自由竞争阶段），仅限于干预分配领域，偏重追求社会目标，干预手段较为单一和固定；而与经济法相对应的国家干预则起始于现代市场经济（即垄断阶段），干预范围及于经济社会的各个领域，偏重于追求宏观经济目标，干预手段复杂多样且灵活多变。"[2]但税法是经济法的子部门则基本可以肯定是法学界的共识。

如果将社会保障法作为一个独立的法律部门，则从法的地位这个意义上讲，其与税法是有很大的不同的。一般认为，税法是经济法的重要组成部分，即税法是经济法部门下的子法。而社会保障法则是一个与经济法相并列的法部门，这时对社会保障法与税法的关系的探讨就意义不大了。但笔者认为，社会保障法不是与经济法相并列的一个部门法，至少在目前是这样。社会保障法和税法一样都是经济法下属的子部门法，只是二者调整的社会关系不同。经济法学界一般认为税法调整一部分宏观的经济关系，社会保障法调整社会分配关系，二者调整的社会关系有着较大的差别。衡平税法虽然具有衡平的特质，但其

---

〔1〕　参见史探径主编：《社会保障法研究》，法律出版社 2000 年版。

〔2〕　王全兴、樊启荣："社会保障法的若干基本问题探讨"，载杨紫烜主编：《经济法研究》（第 1 卷），北京大学出版社 2000 年版，第 392 页。

仍然具有税法的本质，因此税法与社会保障法在法律体系中的地位之间的差别同样适用于衡平税法与社会保障法。

其次，社会保障法与衡平税法的调整对象不同。社会保障法的调整对象是社会保障关系，是指参与社会保障过程的各种主体相互之间以供给和管理社会保障为内容的各种社会关系。从内容和性质的角度来界定，社会保障关系包括下述几类：①社会保障基金形成关系，即政府和社会保障经办机构通过各种法定渠道向社会保障基金供给主体筹集社会保障基金的关系，具体表现为特定的税收关系、财政补贴关系、缴费关系、捐赠关系等形式。②社会保障待遇给付关系，即政府有关部门或社会保障经办机构直接或间接向符合条件的公民给付社会保障待遇的关系。③社会保障基金投资关系，即社会保障经办机构将社会保障基金的积累部分向特定领域投资，以实现保值增值的关系，如购买国债、委托特定机构投资等。④社会保障财务管理关系，即在社会保障基金筹集、分配、使用过程中发生的预算、决算、核算、结算等管理关系，既有财政、审计等部门对社会保障财务活动的管理关系，也有社会保障系统内部的财务管理关系。⑤社会保障管理、监督关系，即政府及其有关部门和有关非政府监管机构对社会保障业务活动实施管理、监督的关系，其中，特别重要的是社会保障行政部门的管理、监督。⑥社会保障争议处理关系，即社会保险争议处理机构与社会保障争议当事人（或其他人）之间因处理社会保障争议而发生的社会关系。[1]税法是调整税收关系的法律规范的总称。税法的调整对象是国家组织税收收入活动过程中所发生的各种社会关系。国家取得税收收入的过程实际上是国家政治权力介入私人经济领

---

〔1〕 王全兴、樊启荣："社会保障法的若干基本问题探讨"，载杨紫烜主编：《经济法研究》（第1卷），北京大学出版社2000年版，第392页。

域，实现一定数量资财的所有权无偿转移的过程。税收关系既
非纯粹的经济关系也非纯粹的公权力关系，而是由税收经济关
系、税收征纳程序关系和税收监督保障关系共同构成的复合体。
在税收关系中，税收经济关系，即资财无偿从私人所有转移为
国家所有的关系是本体关系。税收征纳程序关系、税收监督保
障关系都是因税收经济关系而衍生，并为税收经济关系服务的
社会关系。换言之，离开了税收经济关系，税收征纳程序关系、
税收监督保障关系就既无必要也无可能存在和产生。衡平税法
同样调整得是税收关系，只是其调整税收关系时更加注重实质
的公平和正义：如在调整税收经济关系时，衡平税法正视私人
之间资源、禀赋、纳税能力之间的差别，对于资源欠缺、禀赋
不高、纳税能力弱的主体采取倾斜性的保护政策。这种倾斜性
的政策既可以在税法制定之时就充分考虑并在制定的法律中有
所体现，也可以由有权机关授权在税法的实施过程中体现这种
对弱者的保护。但无论如何，衡平税法的调整对象本质上仍然
是税收关系，这与社会保障法有着较大的不同。

　　最后，社会保障法与衡平税法所规范的主要标的——资财
的流向不同，这是二者之间较为突出的差异。社会保障法的主
体部分是社会保障给付法，国家通过给付法的实施，最终实现
社会保障的目标，使公民享受到社会保障的权利。在社会保障
法中，社会保障待遇给付关系是社会保障法律关系中最基本的
关系，是社会保障关系的中心、出发点和归宿。如社会保险给
付，使遭遇风险的公民得到补偿；社会救济给付，使陷入贫困
中的公民得以维持社会最低生活；社会优抚给付，使社会有功
人员、承担社会特殊责任的人员得到应有的待遇和保障；社会
福利给付，使公民的基本福利服务需求得以满足，生活质量得
以提高。社会保障待遇给付关系涉及的主要标的是包括货币、

实物和服务等在内的资财，资财的流向是从社会流向私人，即一些特殊群体，如年老、疾病、伤残、失业、生育或者灾害、贫穷等原因处于困境的劳动者以及残废军人、烈士家属、军人家属。而衡平税法所规范的标的——资财的流向则恰恰相反。当然，这种资财的范围在现代社会一般仅限于货币，这与社会保障法中的资财的范围有所不同。衡平税法所调整的税收关系的核心是税收经济关系，这种税收经济关系中的主体包括两大类：一类是征税主体；另一类是纳税主体。在税收的征纳活动过程中，资财从纳税主体流向征税主体，当然征税主体是代表国家征收税金，因此资财流向的终点是国家。虽然衡平税法规范在设定权利义务时会尊重纳税主体的基本权利，也会充分顾及特殊主体的自身情况，但从总体上来说，衡平税法规范仍然没有脱离一般税法规范的主旨功能，依旧是凭借公权力"攫取"私个体的部分财产归于国家，而国家也正是由于这种有度的"攫取"才使得其存在有了稳固的基础。因此，从资财流向的角度来说，社会保障法是"散财"之法，衡平税法是"敛财"之法。

（二）衡平税法与社会保障法的关联

1. 衡平税法与社会保障法均为追求社会公平之法

衡平税法是在中国当前的非均衡经济制度下产生的用于调解强弱势群体间不平等现状的有力武器。税法平等原则在其本来的意义上指的是严格依照法律标准征收税收，既不多收税也不少收税；既不拒绝应有的税收优惠，也不给予法律没有规定的税收优惠。因此，平等课税原则实际上是一种形式的平等。如果税收法律本身就不公正，那么透过这种不折不扣的法律适用平等原则，就会进一步加重恶法所造成的弊害。[1]中国经济

––––––––––––

〔1〕 侯作前："从税收法定到税收公平：税法原则的演变"，载《社会科学》2008 年第 9 期。

的发展得益于非均衡的资源占有和权力结构安排的背景，社会财富的原初分配自然倾向这些行业和人群，在这些分配中，既有直接的经济分配、资源分配，也有权力寻租的间接分配，由此形成的两极分化趋势，非但不能通过简单的方式救济贫困人群，而且税收制度调节功能惠及低收入人群的有效性亦是有限的，这些弱势群体受着基本制度理想化的理论设计而实际初始的资源占有和权利分配不平等的双重的交替挤压而越发容易丧失生存的空间。因此在税收介入财富第一次分配之前就应确保起点和机会的公平。[1]如果不能够确保起点的公平，那随后税法的一视同仁的适用则只能是所谓的形式公平而不可能实现实质公平。从历史和现实的具体语境看，当今世界在税法原则建构上正发生着从税收法定到税收公平的演变，体现了从形式正义到实质正义、从依法征税到以宪制税以及从人民主权到人权的法哲学变迁。[2]由此可见，我国的税法转向以实质公平为核心要素的衡平税法正当其时。

社会保障法的产生发展历史已经昭示：社会保障法出现的目的是对社会中处于不利境地的人们的一种补助和救济。由此可以看到，社会保障法的立法者在立法时的逻辑起点是肯认弱者的存在是一个事实。正如哈耶克所指出的："人生来就极为不同，或者说，人人生而不同，即使所有的人都在极为相似的环境中长大，个人之间差异的重要性也不会因此而有所减少。"[3]社会分化中的强弱富贫现象，已经成为常态性和结构性的社会现

---

〔1〕　张怡："论非均衡经济制度下税法的公平与效率"，载《现代法学》2007年第4期。

〔2〕　侯作前："从税收法定到税收公平：税法原则的演变"，载《社会科学》2008年第9期。

〔3〕　［英］弗里德利希·冯·哈耶克：《自由秩序原理》（上），邓正来译，生活·读书·新知三联书店1997年版，第104页。

象，而这需要有稳定的新的法律治理机制。社会保障法以社会公平为其主要目标。其一，社会保障法确保机会公平，它面向全体社会成员，任何社会成员只要符合法律规定的条件，不论其地位、职业、民族、性别、年龄等均被强制性地纳入社会保障范围，对于每一个社会成员而言是机会公平的保障。其二，社会保障法可以有效地促进起点与过程公平，它为每个社会成员提供基本生活保障，那么社会成员就不至于因先天不足或某些社会风险的侵害而陷入生存困境，导致起点和过程的不公平。而且，社会保障法通过补偿功能，可以恢复社会成员的基本生存能力，重新投入社会生活之中。其三，社会保障法可以有效地促进结果的公平。[1]

2. 衡平税法与社会保障法都对弱者进行倾斜性的保护

任何社会都有弱者存在，市场经济体制因其更加注重竞争机制，在优胜劣汰的市场法则下，弱者的境遇似乎更值得关注。如何对待弱者是一个社会必须回答的问题。税法是公权力对私人经济的一种干预，其对社会个体的经济生活多有打扰，对社会个体之一部分的弱者同样会有较大的影响。衡平税法本质上仍然是税法，因此其主要的功能仍然是为国家组织财政收入。对待弱者，衡平税法所能做的就是尽量减少甚至免除他们的税收负担。因此，世界上大多数国家对所得征税时都在自觉或不自觉地将实现边际均等当作一项基本的原则性要求。因此，政府依其需要从最高收入者依次征收税款，对最低收入者实行免税，以使税后所得趋于均等。就纳税者个人而言，这就可以使每个人所感受的边际牺牲程度实现均等；就社会全体而言，这就

---

〔1〕 李磊："社会保障法的法理分析及其完善"，载《宁夏大学学报（人文社会科学版）》2009 年第 6 期。

可以使全社会的牺牲总量达到最小的限度。[1]北野弘久甚至认为税收应该尽可能朝人税化方向发展，尽量考虑纳税者各种人的因素。其主张的最低生活费不课税、生存权财产不课税或轻课税的原则也可以认为是对经济上的弱者的一种倾斜性的保护。[2]

　　社会保障法同样对在社会发展进程中因各方面原因导致自身成为弱者的群体进行倾斜性保护。社会保障法保护的弱者是在社会生活中存在基本生活困难的人或是特殊的社会群体。社会保障法首先对社会弱者进行认定，然后以一种特殊的标准决定当事人的利益分配，并使这种分配结果有利于具有"弱势身份"的一方。表面看来，社会保障法似乎实行了一种"不平等"的"差别待遇"，实际上这种"不平等"是针对社会关系本身存在的"不平等"，通过倾斜对失衡的社会关系作出的必要矫正，以此来缓和这种实质上的不平等。从社会保障法的发展历史可以看到，社会保障法从产生之日起就是为弱者提供尽可能的救济，也可以这样说，没有社会弱者也就不会产生社会保障法。但社会保障法发展至今，出现了一些新的变化：被保障主体的范围不断扩大，几乎所有的社会个体均成了被社会保障的主体；被保障主体的权利范围不断扩大；保障待遇不断提高；保障主体不断扩大；从侧重国家或非官方的社会组织一方，向双方的合作发展迈进。特别是保障主体与被保障主体之间不再是一方享有权利一方承担义务的对立，而是根据法律的安排，同时从社会保障制度中获益，从消极地挽救社会危机走向对社

---

　　[1]　张怡："论非均衡经济制度下税法的公平与效率"，载《现代法学》2007年第4期。

　　[2]　[日]北野弘久：《日本税法学原理》（第5版），郭美松、陈刚译，中国检察出版社2008年版，第109页。

会风险的防范。[1]这些变化发生的原因很多，但最主要的一点是世界上的大多数国家对人权特别是生存权的重视，这可以从各国的宪法中看出。社会保障法不管怎样变化，至少从现在看来它仍然是以对弱者进行倾斜性保护作为其存在的主旨的。

名家解读

一、关于衡平税法与宪法的关系，有如下代表性观点：

1. 葛克昌认为，衡平税法同民法一样，统一在宪法秩序之下。现行通说观点认为：经济观察法或实质课税原则，原为一般法律解释方法，非税法所独有。例如解释意思表示，应探求当事人真意，不得拘泥于所用文字。在税法解释时，应就具体个案，探究该税法目的，是否应就税法概念作相同或相异的解释，此为论理解释的当然结果，殊无要求税法与私法概念内容完全一致。即使在同一民法之内，基于"法律概念相对说"，不同法条所使用之概念，亦无强求应作同一解释之理。而私法自治在今日亦应受公法法规之限制。是以税法与民法关系，既非独立，亦非依存，而同为国家统一法秩序的部分法域，应统一在宪法的指导理念之下。两者关系的交错，又以租税规避现象最值得注意。盖税法与私法均以保障私有财产权之归属及其移转为中心，在税法实务运作上，透过解释函令或个案处理，固有时直接、间接引用实质课税原则（如无照行医所得、违章建筑之房屋税、制销赌具漏税），有时则否认不予课税（如娼妓所得）；但在学者之间，对无效、虚伪的法律行为并不影响课税，租税负担客观上应归属于实质享有之人的基本立场，要无异议。

---

〔1〕 周宝妹："社会保障法主体的解析——我国社会保障法律制度的改革与完善"，载《河南师范大学学报（哲学社会科学版）》2005 年第 4 期。

惟对于租税规避行为，虽均认为应予防杜，但其法律性质与法律效果均有争议，在未有租税规避否认之立法以前，是否能径以否认，众说纷纭，亟待厘清，其立法之障碍亦待克服。

——葛克昌：《税法基本问题（财政宪法篇）》，北京大学出版社 2004 年版，第 8~9 页。

2. 张怡认为，税法与宪法的关系主要体现在以下两个方面：第一，宪法是国家的根本大法，是制定其他任何规范性文件的依据，宪法中关于公民纳税义务的规定以及国家享有征税权的规定，国家机关之间税收权限的划分等规定和精神，是制定税法的基本依据。因此，税法的制定和内容不得与宪法相抵触，税法的执行也不得违宪。纵观世界各国无论是联邦制国家，还是单一制国家，其宪法中都有有关税收的基本规定。我国《宪法》第 56 条明确规定，中华人民共和国公民有依照法律纳税的义务。这是我国税法制定的基本依据。第二，税法内容实际上就是宪法相关规定和原则在税收领域的具体化和规范化，宪法有关税收的基本规定需要借助税法来实现。除此之外，税收法定主义这一税法的基本原则只有在宪法中予以体现，才能真正确立其地位，并进而推进税政法治。与此同时，现代税法价值、税法意识也和宪法价值、宪法意识密切相关。现代税法还必须体现宪法中的保障公平和正义、提高经济效益、增进社会福利的基本精神。

——张怡主编：《税法》，清华大学出版社 2007 年版，第 12~13 页。

3. 葛克昌认为，宪法保障私有财产权，财产权原则上归私人所有，国家不加以干预染指。宪法对财产权之保障，乃先于租税请求权，在税源阶段即予保障，故财产权不因纳税才受保障，亦不因欠税而不受保障。国家只对私有财产之收益与交换价值参与分配，此种国家分享之前题，在于财产权长期保持私有，作为税源免于国家干预，以为国人生存保障之基础。

由于私有财产权受宪法保障，是以所得税课征之立法裁量权应有其上限，其额度不得超过私用之范围，所谓财产权附有社会义务，财产权应以私用为主，所得税负担为副。换言之，在对所得课税时，财产权之社会义务不应高于财产权人之个人利益。宪法保障私人所得归个人使用；国家有权课税，以维持市场法律经济秩序，归私用之所得，虽得借所得税减少之，但依现时社会经济条件，用以确保个人与家庭之生存，及确保营业之可能部分之所得，则禁止借税课减少之。为保障基本权，所得税法对危及生存之特殊需求，诸如疾病、突发特别财产损失（灾难），及为维持职业之继续存在，所需负担、成本、费用、职业再教育之支出均须扣除。而此二者又与税率及课税标准相关。

——葛克昌：《所得税与宪法》，北京大学出版社 2004 年版，第 15~17 页。

二、关于衡平税法与民法的关系，有如下代表性观点：

1. 葛克昌认为，当前衡平税法逐渐向民法靠拢，由于先前坚持税法应独立自主，不依附他法，以至于自此税法成为与其他法律隔绝孤立的独立王国，不免侵扰其他法律关系所形成之秩序，每与私法自治原则相抵触，终将危及租税国家赖以存在之基础；进一步，则伤及法治国家所要求之法安定性原则，逐渐使"租税法律主义"徒具躯壳。前述理论发展固有其时代背景，但其流弊亦随时代而显现。

尤其是第二次世界大战结束后，对纳粹德国滥用经济观察法，普遍反感，税法乃又趋向另一极端，自 50 年代起，统一的法律秩序观念兴起，税法又向民法靠拢，以至于税法所独有的实质课税原则，遭到根本质疑。学者甚至要求，税法上所使用的概念，除非税法别有明文，不得与私法作不同的解释，以维持法律秩序之统一性。

——葛克昌：《税法基本问题（财政宪法篇）》，北京大学出版社2004年版，第8~9页。

2. 张怡认为，税法与民法的关系十分密切。第一，税是以私人各种经济活动的结果为对象而进行课征的，而私人的各种经济活动又首先被以民法为中心的私法所规制，因此，税法的规定往往是以私法为基础的。这种联系首先反映在税法借用了民法的概念。例如，税法中对于纳税人的确定，必须以民法中关于民事法律关系主体的条件为依据，税法对自然人和法人的解释与确定也必须与民法相一致；税法中经常使用的诸如居民、企业、财产、动产、不动产、薪金、固定资产、无形资产、商标权、专利权、代理、抵押、担保、财产保全、赔偿等概念都是来自民法。第二，这种联系体现在税法借用了民法的规则。例如，民法规定法人以其所有的财产或者以国家授予其经营的财产承担民事责任，自然人以个人或家庭财产承担民事责任，这些规定对于纳税责任的确定也同样适用；再比如，税法中的财产税，应与民法中关于财产所有权和经营权的规定相一致，对无形资产使用和转让收益进行征税时必须与民法中有关知识产权的规定相一致。第三，税法借用了民法的一些原则。纳税人应如实进行税务申报，诚实纳税。这就是税法借用了民法诚实信用原则的基本规定，在税法中进行了具体适用。第四，税法借用了民法的一些具体制度。在税收债务关系说被普遍认同的情况下，税法的具体制度，尤其是税收实体法律制度借鉴了民法债法的具体制度。

——张怡主编：《税法》，清华大学出版社2007年版，第14页。

三、衡平税法与社会保障法的关系，有如下代表性观点：

张怡认为，税法与社会法是平行并列的两个部门法，因而两者有着明显的区别。但由于税法直接关系到社会产品分配的公平问题，具有一定的社会性，因而与社会法也存在较为密切的关系。因为税法，尤其是个人所得税法、社会保障税法、遗产税法、赠与税法通过所得税、社会保障税、遗产赠与税等的开征能够有效地促进社会公平正义目标的实现。因此，从这一意义上讲，税法与社会法一样，都是实现社会政策目标的重要法律工具。

——张怡主编：《税法》，清华大学出版社 2007 年版，第15 页。

环境侵权惩罚性赔偿制度研究

一、环境侵权惩罚性赔偿概述

《民法典》在形式上整合了我国之前散见于《侵权责任法》
（已失效）《反不正当竞争法》《商标法》《消费者权益保护法》
《食品安全法》《旅游法》以及司法解释等当中的惩罚性赔偿规
则，在现行法秩序下形成了由惩罚性赔偿一般规定加特别规定
构成的惩罚性赔偿规则体系。对于环境侵权惩罚性赔偿规则的
理解，应围绕立法者明确表达出来的承认但合理限制惩罚性赔
偿责任的基本立场，进一步合理化惩罚性赔偿责任得以适用的
限制条件，落实立法者通过惩罚性赔偿实现环境治理的目的。

（一）环境侵权概述

侵权行为与环境侵权是一般与特殊的关系，研究环境侵权
问题不能回避侵权行为的概念。"侵权行为是指侵权行为人由于
过错，或者在法律规定的场合不问过错，违反法律规定的义务，
以作为或不作为的方式，侵害他人人身权利和财产权利及其他
利益，依法应当承担损害赔偿等法律后果的行为。"[1]环境侵权
是一种特殊的侵权行为，以环境为侵害对象，即对《环境保护

---

〔1〕 尹志强："侵权行为概念分析"，载《比较法研究》2005 年第 4 期，第 48~
56 页。

法》第 2 条指出的"本法所称环境,是指影响人类生存和发展的各种天然的和经过人工改造的自然因素的总体,包括大气、水、海洋、土地、矿藏、森林、草原、湿地、野生生物、自然遗迹、人文遗迹、自然保护区、风景名胜区、城市和乡村等"自然因素的侵害。

1. 环境侵权概念

"环境侵权"最早可追溯至英美法系国家的判例中,但是目前各国(地区)还没有统一的定义。英美判例中一般将其称为"环境污染",将环境破坏和环境污染行为描述为"妨害行为";在大陆法系国家,如德国将环境侵权称为"干扰侵害",法国将因环境污染和环境破坏造成侵害描述为"近邻妨害"。[1]我国学者对"环境侵权"的理解也有所不同。依据客体范围的不同将环境侵权分为狭义和广义的概念。狭义的环境侵权概念认为环境侵权的客体仅包括财产权和人身权。广义的环境侵权以环境为媒介,将客体的范围扩大到环境权益以及由于环境质量下降而导致的财产权益和人身权益的损害,这种观点认为环境侵害的客体不仅包括人身权和财产权,也包括不特定多数人的环境权益,或称为环境权。如今,广义的环境侵权的定义得到更多认可。较为主流的观点认为,环境侵权是指行为人实施环境污染或环境破坏行为,对他人人身权、财产权和环境权益造成损害,而依法应当承担侵权责任的行为,既包括狭义的因环境污染和环境破坏造成的财产权和人身权的损害,也包括对环境权益的损害。

2. 环境侵权的特点

环境侵权是一种侵权行为,但是环境侵权与一般的民事侵

---

〔1〕 穆远松:"论环境侵权归责原则及对弱势群体的保护——以侵权责任法为中心的分析",载《南阳理工学院学报》2010 年第 3 期,第 73~76 页。

权行为又有所区别。一般的侵权行为受私法的调整，侵犯他人人身权、财产权等私权利。[1]而环境侵权不仅涉及私人之间的私权利问题，同时侵犯的是以不特定的多数人为单位的"他人"的权利，即社会利益。因此，环境侵权兼具公法和私法性质，既受私法调整，又受公法调整。

（1）环境侵权的主体具有不平等性。伴随着社会工业化的发展，环境侵权问题逐渐走进人们的视野。一般而言，实施加害行为的一方通常是企业，而被侵权人则是普通大众。从民法的平等角度看，侵权人与被侵权人在法律地位上应当是平等的，在权利的实现、义务的履行上享有同等的救济和权利能力。[2]但在环境侵权的侵权人一方是企业而被侵权人一方是普通群众的情况下，双方的地位显然是不对等的。侵权人掌握着巨大的人力、财力和物力，可以获得更多的社会资源和专业知识支持，以及更为专业的法律服务；普通民众一方面可能在具有潜伏性的环境污染中尚未意识到风险，另一方面欠缺规避能力和抵抗能力，处于比较弱势的地位，侵权关系的双方存在着明显的实质上的不平等。

（2）环境侵权具有复杂的社会危害性。环境侵权的损害有着复杂且特殊的机制，除环境权益损害之外，一般是通过环境损害造成生态环境元素的变质进一步侵害人的生命权和财产权。环境损害具有潜伏性和长期性，一旦形成将在相当长的一段时期内危害公众的生命、健康和财产安全。自然界生态系统中各个元素之间是紧密联系、相互交换和影响的，一个不起眼的环境侵权可能都会通过一系列的连锁反应影响整个环境，从而进

---

[1]　徐祥民、邓一峰："环境侵权与环境侵害——兼论环境法的使命"，载《法学论坛》2006年第2期，第9~16页。

[2]　王明远：《环境侵权救济法律制度》，中国法制出版社2001年版，第15页。

一步影响环境中的其他生物。环境侵权行为可能短时间内突出表现为某个个体私益的损害，但被破坏或污染的环境元素经过复杂的生态系统反馈机制又可能悄然地损害着不确定的多数人的利益。[1]如企业排放废气导致附近种植的水果氟含量超标，最直观的损害是企业排放的废气导致附近水果的氟化物超标，给果园的所有人造成了财产损害。另外，在元素交换和复杂的生态系统反馈机制下，进一步影响食用了该氟含量超标的水果的他人的健康甚至生命，该企业排放的废气被周围居民吸入，进一步对企业附近居民的身体健康造成损害。这些间接的损害具有潜伏性，短时间内可能不会显现，但是将来也许会集中爆发，产生恶劣的影响。由此可见，环境侵权的侵害状态具有隐蔽性强、持续时间长，影响范围广的特点，社会危害程度尤为严重。

（3）环境侵权具有多重侵害性。有别于传统民事侵权的私权侵害性，环境资源具有的公共性和不可替代性使其具有公权侵害的色彩。通常而言，侵权行为是特定的加害人对特定的受害人实施的个别权益的侵害，主要包括人身权和财产权。有别于一般的侵权行为，环境侵权不仅侵害特定人的人身权和财产权，还对不特定多数人的人身权、财产权以及环境权益，即公民享有的在未被污染和破坏的环境中生存及利用环境资源的各项权益造成损害。如最典型的企业排污行为，企业将未达标的污水排入河流，首先造成附近鱼塘内鱼类的大量死亡，造成养殖户的财产损失。污水经过长时间的渗透进入地下，进一步污染地下水，会危及区域内饮用该地下水的不特定多数人的人身权。而地下水是流动的，在长时间内将侵害当代及后代人享有

---

〔1〕 任延恒："环境侵权惩罚性赔偿研究"，广西师范大学 2017 年硕士学位论文，第 36 页。

不被污染的水资源的环境权益。因此，在环境侵权领域中，环境侵权具有不同于一般侵权行为的多重侵害性。

（二）惩罚性赔偿概述

惩罚性赔偿根源于民事赔偿领域，属于民事赔偿的一种。惩罚性赔偿历史悠久，在人类社会早期就广泛存在，并在法治思想的不断进步中历久弥新。惩罚性赔偿在英美法系国家得到发展和完善，在大陆法系国家也经历了从无到有、由全盘否定到部分接纳的发展历程。

1. 惩罚性赔偿的概念

惩罚性赔偿也称报复性赔偿，是得到的赔偿数额多于能够证明的实际损失额的赔偿制度。[1]我国学界对惩罚性赔偿有两种定义，分别从加害人和受害人的角度出发。对于加害人而言，惩罚性赔偿是对加害人的严重侵权行为的惩罚，即惩罚性赔偿是为了达到惩罚目的而课加于加害人，使其支付一定赔偿金以起到威慑作用的制度。[2]从加害人的角度看，惩罚性赔偿具有遏制和预防环境侵权行为发生的制度功能。对于被害人而言，由于法庭作出的支付数额超出了实际损害的赔偿，超出弥补受害人损失的那部分赔偿金额便具有补偿受害人损失的功能。从这个角度出发，惩罚性赔偿以补偿性赔偿的存在为前提，当补偿性赔偿不足以起到威慑和预防作用时，惩罚性赔偿便成为对补偿性赔偿的补充。总而言之，惩罚性赔偿制度的惩罚功能对于侵权行为具有相当的威慑作用和预防作用，通过对违法者实施数额较大的财产处罚，对潜在的环境侵权者起到教育和指引

---

〔1〕　陈灿平、肖秋平："惩罚性赔偿的法际协调研究"，载《天津大学学报（社会科学版）》2015年第1期，第54~61页。

〔2〕　吴立英："环境侵权责任中惩罚性赔偿制度研究"，山东大学2013年硕士学位论文，第47页

作用，从而填补了补偿性赔偿在环境侵权领域的制度功能缺失。

2. 惩罚性赔偿的发展

惩罚性赔偿最早可追溯至公元前 20 世纪至公元前 18 世纪，《汉谟拉比法典》和《十二铜表法》都有关于惩罚性赔偿的规定，在报复思想和执法力度不足的古代，惩罚性赔偿得到了普遍接受。发展到现代，惩罚性赔偿制度最早起源于英美法系国家，英国法上的惩罚性赔偿系 1763 年威尔克斯诉伍德（Wilkes v. Wood）案所创设。[1]遭到英国政府逮捕的约翰·威尔克斯（John Wilkes）在被无罪释放后，向法院提起诉讼要求确认逮捕行为违法并提出人身损害赔偿的请求。陪审团支持了该请求，并要求被告英国政府向其支付远远超过其真实损失的赔偿数额。审理该案的法官认为陪审团有作出要求被告承担比原告所受损害更高的赔偿金额的裁决的权力，损害赔偿制度不仅要填补被害人的损失，同样也要惩罚侵权行为人的恶意行为，威慑未来可能发生的类似恶意行为，并且要在判决中表明陪审团对这种违法行为本身的憎恶。[2]该案转变了人们对民事侵权案件只有补偿性的补偿功能的认识，使得侵权法实现了对恶意侵权行为的惩罚与遏制。[3]此案之后，惩罚性赔偿制度在英国法中得到迅速发展，英国法院在侵权案件中广泛引入了惩罚性赔偿。广泛适用的后果就是在之后的适用过程中，该制度在侵权法中颇受争议，引发了不少法官和学者的反对。因此除已有的惩罚性赔偿立法外，英国政府此后没有以立法形式扩大惩罚性赔偿的适

---

〔1〕 余艺："惩罚性赔偿研究"，西南政法大学 2008 年博士学位论文，第 38~50 页。

〔2〕 李晓玲："专利侵权惩罚性赔偿制度研究"，河北大学 2017 年硕士学位论文，第 41 页。

〔3〕 米记者："环境侵权惩罚性赔偿制度问题研究"，上海交通大学 2011 年硕士学位论文，第 48 页。

用范围。[1] 1964 年的罗克斯诉巴尔马（Rokes v. Bamard）案的上议院法官德福林勋爵对惩罚性赔偿的适用范围进行了明确，认为惩罚性赔偿只能在三类案件中适用：第一类案件是政府机关压制性的行为、专断行为和违宪行为；第二类案件是被告预先通过计算能够通过对原告的侵害获利的行为；第三类案件是成文法律制度中明确规定适用惩罚性赔偿的案例。[2] 这为惩罚性赔偿的进一步发展奠定了基础。发展到现在，学术和实务中都出现了对这种限制的突破。

　　美国采用惩罚性赔偿的第一个判决发生在 1784 年。19 世纪后期，惩罚性赔偿的适用对象由惩罚较为强势的加害人到惩罚大型企业，成为控制企业不良行为的重要手段。到 20 世纪，由于惩罚性赔偿金额越来越高，该制度亦成为美国法上的争议课题。美国法上的惩罚性赔偿制度经历了在部门法中的扩张到改革浪潮的政治性活动，再到最后的确立，不仅在理论层面得到完善，其所带来的社会及经济效果也颇佳。惩罚性赔偿的适用范围从侵权法领域扩张到合同法领域。第二次世界大战以后，由于消费者权益纠纷案件陡增，美国法院在产品侵权领域引入了惩罚性赔偿，成为保护消费者权益的有力武器。20 世纪 80 年代以来，判处惩罚性赔偿的案件比率并未增加。[3] 在存废之争的拉锯战中，双方达成了共识：不应废除该制度，但须从制定规范性法律、提高适用条件、合理控制赔偿金额、明确赔偿金流向、调整审理程序等方面对其进行改革。美国之所以坚持采

---

〔1〕　王泽鉴：《损害赔偿》，北京大学出版社 2017 年版，第 362~364 页。

〔2〕　董春华："各国有关惩罚性赔偿制度的比较研究"，载《东方论坛》2008 年第 1 期，第 119~124 页。

〔3〕　Neil Vidmar, M. R. Rose, "Punitive Damages by Juries in Florida: In Terrorem and in Reality", *Harv. J. on Legis.*，487，492（2001）.

用惩罚性赔偿制度有以下原因：其一，相较于大陆法系国家健全的社会安全体系，美国的社会安全体系并不完善；其二，大陆法系国家的刑事责任和行政责任更为完善，可以不再借助惩罚性赔偿制度，对于侵权人的加害行为也能起到比较充分的威慑作用。而美国刑法和行政法尚且不足以达到威慑效果，并且美国也需要采用惩罚性赔偿来填补因侵权行为造成的非财产损害。其三，美国律师在民事诉讼中采用 contingent fee 收费制度，惩罚性赔偿能对律师费用进行补偿。[1]

随着大陆法系和英美法系两大法系国家的不断相互交流，大陆法系国家也开始逐渐承认惩罚赔偿制度。[2]比较保守的德国，自 19 世纪起草法律时一直将惩罚性赔偿完全排斥在外，现在德国法对惩罚性赔偿正在逐步接受，德国民法理论逐渐承认惩罚性赔偿制度。但囿于德国法理论体系的限制，惩罚性赔偿制度很少适用。大陆法系国家对该制度的一致态度是：①背离民刑分立的原则；②缺乏实质及程序保障；③属于对侵权人的双重处罚；④使被侵权人获得不当得利。由欧洲学术团体提出的欧洲侵权行为法更是明确表示不会采用惩罚性赔偿制度。[3]

（三）惩罚性赔偿制度的功能

惩罚性赔偿强调"惩罚"，制度目的之一就是惩罚侵权人的加害行为。那么究竟有什么正当理由，使得受害人获得了补偿性赔偿之后，仍可以继续获得侵权人支付的惩罚性的赔偿金？民事责任一般采取补偿原则，受害人请求赔偿的数额以其所遭受之实际损害为准。然而，在不法行为人恶意侵权或者具有重

---

〔1〕 陈学敏："环境侵权损害惩罚性赔偿制度的规制——基于《民法典》第1232 条的省思"，载《中国政法大学学报》2020 年第 6 期，第 57~69 页。

〔2〕 冯晓霞："侵权责任法中惩罚性赔偿制度研究"，河北师范大学 2011 年硕士学位论文，第 35 页。

〔3〕 陈年冰：《中国惩罚性赔偿制度研究》，北京大学出版社 2016 年版，第 23 页。

大过失的情况下，其通过加害行为获得的利益建立在牺牲他人之权益的基础上，破坏了法律保护的稳定的社会关系。对这种恶意不法行为若不加大惩处力度，将纵容侵权人牺牲他人之权益而获利的行为。因此，责令恶意侵害他人权利的不法行为人承担惩罚性赔偿责任，便是力图恢复被害人因侵害事件而无法实现其价值之损失。

1. 赔偿功能

侵害人的加害行为可能会给受害人带来财产上的、人身上的或是精神上的各种的伤害和损失。对这些损害进行救济时，只凭借弥补其受到的损失尚不能达到公平原则的要求，还需要额外的赔偿。请求适用惩罚性赔偿不能单独提出，而是具有依附性。其一，由于对精神的侵害不能够用金钱来确定，对于精神方面的侵害仅凭补偿性赔偿不能完全维护被侵害人的合法权利，因而采用惩罚性赔偿更能避免这一缺陷。其二，某些侵权行为带来的损害也是难以确定的，如身体的损伤或残缺，采用惩罚性赔偿能更好地救助被害人。其三，为了鼓励受到不法侵害的人积极行使自己的合法权利，维权时因为诉讼产生的诉讼费用，可以通过惩罚性赔偿来填补。[1]

2. 制裁功能

惩罚性赔偿通常适用于违反公德、违反法律的可归责的行为，对存心的、主观恶性大的侵害行为进行严惩。补偿性赔偿主要适用于填补被侵权人的财产损失，避免被侵权人从侵权行为中获利，这样的赔偿方式很难起到制裁作用，尤其是在双方当事人地位悬殊的情况下。而惩罚性赔偿则要求不法行为人支付超出侵害损失的金钱，赔偿金额便成为一种经济负担，进而

---

〔1〕 刘玲宇："中外惩罚性赔偿制度立法比较研究"，甘肃政法学院 2018 年硕士学位论文，第 25 页。

达到制裁的作用。虽然都具有制裁功能，但惩罚性赔偿制裁的功能区别于行政制裁。惩罚性赔偿只是一种救济受侵害人的方式，是一种民事赔偿责任，并没有赋予被侵权人处置他人的权利。受害人最终能否获得以及获得多少赔偿金，都由法院来作出裁判。

3. 预防功能

适用惩罚性赔偿制度首先可以让不法行为人为恶意的侵权行为付出代价，同时通过这种惩罚在社会上产生威慑作用，使得潜在的侵权人不再实施侵权行为，预防再次出现类似的侵权行为，以此维护社会稳定。因此，遏制某种不法行为的出现是适用惩罚性赔偿的根本制度初衷。预防功能根据侵权行为人的不同可以划分为直接预防功能与间接预防功能。第一种主要针对侵权行为人，侵害人会在衡量侵权行为获得的收益和数额较大的赔偿金后选择停止侵权行为；第二种是加大某种侵权行为的处罚力度将会在社会上起到宣传作用，威慑潜在的不法侵害人，从而遏制将来类似侵权行为的发生，防患于未然。[1]

二、我国环境侵权损害惩罚性赔偿的必要性

惩罚性赔偿起源于英美法系国家，属于英美法系特有的赔偿方式。传统环境侵权的损害赔偿强调对实际损失的补偿，围绕损失的确定和补偿为核心而展开。而惩罚性赔偿的"惩罚"是相对于补偿性赔偿而言的，按照《美国侵权行为法》(第 2版)第 908 节的表述，惩罚性赔偿是指在补偿性赔偿或名义上的赔偿之外，为惩罚该赔偿交付方的恶劣行为并阻遏他与相似者在将来实施类似行为而给予的赔偿。惩罚性赔偿在大陆法系

---

〔1〕 梁慧星："消费者权益保护法第 49 条的解释与适用"，载《人民法院报》2001 年 3 月 29 日。

国家的应用并不广泛，而我国将原属于英美法系的惩罚性赔偿制度引入，采取的是问题导向式立法思维，并非学理讨论和论证的结果，即从我国司法实践出发解决现实问题的需要，旨在通过发挥惩罚性赔偿的制度功能以更好地回应和解决社会热点问题，维护社会秩序稳定。[1] 我国立法首次引入惩罚性赔偿制度肇始于 1993 年颁布的《消费者权益保护法》，在初探市场经济的背景下主要是为了激励被侵权人起诉、遏制违法行为，进而解决当时市场上欺诈行为和伪劣产品盛行的问题，激活民事诉讼的改革规制功能。[2] 我国 2009 年《食品安全法》引入的惩罚性赔偿制度同样也主要是回应日益严峻的食品安全问题。[3] 此次《民法典》将惩罚性赔偿制度引入环境侵权责任中，是惩罚性赔偿制度向环境侵权领域的进一步拓展。

（一）引入惩罚性赔偿制度以更好解决我国严峻的环境问题

随着工业化进程推进，现代意义上的环境问题日趋严峻，并逐渐走进人们的视野。在"风险社会"理论中，环境风险就是风险社会之中诸多潜在的、人类无法感知的风险之一。环境风险主要具有以下特点：其一，企业生产经营活动是环境风险的主要来源，环境风险是由企业的单方行为所引起的。企业采取何种生产经营方式以及是否采取适当的风险防控措施决定了环境风险的有无、大小。其二，由于环境本身具有"公共物品"的属性，因此企业所造成的环境风险具有普遍性、分散性的特点。由于生态环境具有公共性，实践中环境侵权案件大多以

---

〔1〕　江帆、朱战威："惩罚性赔偿：规范演进、社会机理与未来趋势"，载《学术论坛》2019 年第 3 期，第 61~67 页。

〔2〕　赵鹏："惩罚性赔偿的行政法反思"，载《法学研究》2019 年第 1 期，第 41~55 页。

〔3〕　陈灿平、肖秋平："惩罚性赔偿的法际协调研究"，载《天津大学学报（社会科学版）》2015 年第 1 期，第 54~61 页。

"一对多""多对多"的侵权模式出现，即一个企业或多个企业的环境污染或破坏行为导致不特定的多数人权益受损，环境学者将这种特点称为"普遍性侵权"和"分散性损害"，[1]环境风险因而从个人风险扩展为社会性、公共性风险。由于被侵权人人数众多且分散，加之环境侵权赔偿诉讼经常存在着成本高、潜伏期长、诉讼时间长、证明难度大等问题，使得实践中被侵权人总有"搭便车"的心理，希望他人提起诉讼、自身却怠于主张权利。怠于主张权利使得许多环境侵权行为没有得到及时有效的处理，但企业污染、破坏环境的行为直接威胁社会公众环境利益，不可听之任之，不能私自处分。其三，环境风险因具有潜伏性通常不易被感知。相对于政府而言，企业作为引发环境风险的主体，在环境风险的识别、评估以及风险管理方面更具优势。因而，环境风险防控首先应重视提高企业的自主意识，强化企业环境风险防控的主体责任，而不能仅仅依靠政府。为了规范企业经营行为，在行政法、刑法的有关规定之外，私法领域也应作出积极回应，在侵权法律中引入针对环境侵权的惩罚性赔偿正是为了顺应这一趋势。

（二）进一步发挥惩罚性赔偿对环境侵权行为的惩罚功能

如前所述，惩罚性赔偿有其特定的功能与作用，在一定程度上弥补了补偿性赔偿不足以解决现实问题的缺陷。学界对于惩罚性赔偿的制度功能有多种表述，但通说认为现代惩罚性赔偿制度的核心功能是严惩恶意侵权人，以体现民法法律功能中的指引功能和制裁功能，其实质是用私法手段来实现公法目的。[2]

---

〔1〕 江帆、朱战威："惩罚性赔偿：规范演进、社会机理与未来趋势"，载《学术论坛》2019 年第 3 期，第 61~67 页。

〔2〕 孙效敏、张炳："惩罚性赔偿制度质疑——兼评《侵权责任法》第 47 条"，载《法学论坛》2015 年第 2 期，第 70~83 页。

对环境侵权行为采取惩罚性赔偿，主要有以下原因：其一，惩罚性赔偿主要是通过加大环境侵权方的违法经济成本来达到威慑、阻遏侵权人或其他人实施类似环境侵权行为的。[1]企业生产经营者是以盈利为目的的市场主体，"经济人"的逐利本性促使其在市场条件下将追求经济利益和利润最大化作为基本目标，不惜以牺牲环境为代价。而在市场条件下，企业对环境的影响具有负外部性，生产经营所造成的环境污染、生态破坏并没有被计入成本之中，特别是在生态环境本身的损害方面，侵权人通常没有承担相应的责任，继而出现常说的"企业污染、公众受害、政府买单"现象。针对此种现象，强化企业环境侵权的经济惩罚力度，有利于彰显社会正义，促使企业能够更好地履行环境义务，防止和减少环境侵权现象的发生。其二，惩罚性赔偿不同于行政处罚、刑事罚金等公法惩罚措施的地方，主要在于惩罚性赔偿以"赔偿"环境侵权行为受害人的损失及社会成本为基础。在传统补偿性赔偿基础上，额外增加惩罚性赔偿的正当性在于：前者不足以补偿被侵权人及社会因侵权行为所受到的全部损害。[2]例如，化工城中的人们长期生活在被污染的空气中，其健康势必会受到影响，而空气污染对人们健康的影响是一个潜移默化的过程。此外，如前所述，许多人身权益的损害难以通过金钱的数额加以量化与评估，特别是精神损害赔偿。尽管近年来我国关于精神损害赔偿的规定不断完善，在环境侵权方面也规定了精神损害赔偿，但对其适用范围和赔偿数额都有着严格的限定。从侵权人的角度看，损害赔偿数额不

〔1〕　陈灿平："惩罚性赔偿制度的理论定位与适用范围"，载《湖南大学学报（社会科学版）》2011 年第 4 期，第 131~137 页。

〔2〕　杜称华："惩罚性赔偿在法体系上定位问题之探讨"，载《甘肃政法学院学报》2012 年第 5 期，第 128~132 页。

足使得违法成本偏低，这就助长了侵权人无视其行为的环境侵权后果，甚至故意而为之。在这种背景下引入惩罚性赔偿的目的是加大侵权人的违法经济成本，以防止和减少环境侵权行为发生，回应群众对环境污染愈发严重的社会关切。

（三）健全我国环境侵权责任体系，凸显加大惩处恶意环境侵权行为的立法意图

为了更好地维护被侵权人的权益，平衡双方当事人地位，各国普遍降低了成立环境侵权责任的要求，将传统侵权领域基础的过错归责原则调整为无过错归责原则。实践中通常只要企业客观上实施了环境污染行为，并因此给他人造成损害，就应当承担环境侵权责任，我国的环境侵权责任甚至同时采取因果关系倒置的举证模式。这种归责原则的改变固然有利于减轻被侵权人的证明责任，更好地维护被侵权人的权益，扩大侵权责任的适用范围，但同时也存在不容忽视的问题，即由于侵权人无论是否存在主观过错都需要担责，实践中可能会对主观上没有过错，依法合规经营、达标排放的企业产生负激励效果。[1]为防止和弱化这种可能出现的负激励，有必要平衡无过错的侵权人和恶意侵权人的责任配置，加大对恶意侵权行为人的惩戒，并对潜在的恶意侵权行为形成威慑。惩罚性赔偿以补偿性赔偿为基础，以恶意侵权行为为惩罚对象，在我国环境侵权责任制度中引入惩罚性赔偿，可以更好地发挥环境侵权法律责任制度的社会功效。

三、我国环境侵权惩罚性赔偿的适用要件

《民法典》第 1232 条规定："侵权人违反法律规定故意污染

〔1〕 申进忠："惩罚性赔偿在我国环境侵权中的适用"，载《天津法学》2020年第 3 期，第 42~47 页。

环境、破坏生态造成严重后果的，被侵权人有权请求相应的惩罚性赔偿。"从该条文出发，惩罚性赔偿的适用条件主要包括以下三个方面：其一，侵权行为违反了法律规定，具有违法性；其二，侵权行为以故意为其主观要件，侵权人对于侵权行为具有主观过错；其三，侵权人实施的侵权行为造成了污染环境、破坏生态的客观结果，并具有相当的严重性。具体而言：

（一）违法性

补偿性赔偿并不以行为违法性为其适用条件。根据《民法典》第 1229 条的规定，侵权人的行为只要污染环境、破坏生态，给他人造成了损害，就需要承担补偿性赔偿的责任。因此区别于现存其他领域的惩罚性赔偿，环境侵权损害惩罚性赔偿明确了"违反法律规定"的要件。从环境法律的性质来看，其是典型的行政管理法。基于保护生态环境的绿色理念，国家对开发利用环境的行为设置了诸多标准和限制。开发利用者一旦突破相关规定，将承担相应的行政法律责任；情节严重的，由行政机关移送检察机关，追究其相应的刑事责任。[1]因此，这里的"违反法律规定"指的是环境行政法律或环境刑事法律。环境污染和生态破坏行为是工业化进程中的必然，是经济活动的附随性产物，具有一定正当性。如果排污者严格按照排污许可证排放污染物，符合国家相关标准，开发利用者严格根据许可证开发利用自然资源，就不会引起公权力的主动干涉。将"违法性"作为适用惩罚性赔偿的要件提高了适用惩罚性赔偿的"门槛"，反映了立法者在环境侵权领域引入惩罚性赔偿制度的谨慎态度。这意味着，如果行为人排放的污染物符合国家或地方制定的相关标准，欠缺违法性的要件，即便造成了严重后果，

---

〔1〕　季林云、韩梅："环境损害惩罚性赔偿制度探析"，载《环境保护》2017年第 20 期，第 52~56 页。

也不适用惩罚性赔偿。违反现行的法律规定，侵权人当然有过错，但鉴于环境问题因颇具技术性和复杂性，出现违法和突破环境标准的情况十分常见，仅依此就施以惩罚性赔偿将导致其适用过于普遍，我国惩罚性赔偿规定的"故意"要件加强了这种过错的程度，即必须"明知"，再次加大了适用该制度的难度。

（二）故意性

《民法典》第1229条将环境侵权扩大为"污染环境"和"破坏生态"两种行为，成立侵权责任仅要求"造成他人损害"。因此，在适用填补性赔偿时，侵权人承担侵权责任的行为程度仅为"造成损害"，以客观结果为导向，而不管侵权人主观上是否有过错及过错程度。而在惩罚性赔偿适用要件中，"故意"的设定明确了要追究侵权人惩罚性赔偿责任必须具有较高标准的主观过错。故意属于对侵权人行为时的主观心态，被侵权人必须证明侵权人在主观上是"故意"的，如将废弃物低价交由明知没有资质的第三人处置。在环境侵权领域中，填补性赔偿的"无过错责任"与惩罚性赔偿的"过错责任"形成鲜明对比，也表明了适用惩罚性赔偿的"高标准"。[1]

惩罚性赔偿以侵权行为人的故意为主观要件，理论上的故意包括直接故意和间接故意两种。其中，一些行为的直接故意行为相对容易判断，如通过篡改、伪造相关监测数据、运用灌注、暗管、渗井、渗坑，或者怠于运行防治污染设施等逃避监管的方式违法排放污染物，实践中间接故意行为的判定较为困难。以排污行为为例，如果超标行为为偶然发生，如确因设备故障、管理等原因产生，则不宜判定为间接故意；另外，如果

〔1〕 张晓梅：《中国惩罚性赔偿制度的反思与重构》，上海交通大学出版社2015年版，第115页。

明知环保设施存在故障却因为经济成本不予更新维修，从而使得企业长时间处于无法达标排放状态，这种情形便属于间接故意。对于间接故意的判断需要结合个案的具体情况综合分析。

在环境侵权案件中，一般以下两种情形可以视为"故意"：其一，直接故意行为，即"明知+实施"。侵权人明知侵权行为会污染环境、破坏生态并具有造成生态环境损害的可能，但仍然实施的。例如，危险废物的生产者对危险废物的种类、成分和危害是知晓的，对危险废物能够造成人身、财产和生态环境损害也是明知的，而仍然排放危险废物。如山东省烟台市人民检察院诉王某某等环境污染民事公益诉讼案。[1]王某某等人在明知随意倾倒废酸液会对周边水体、土壤造成严重污染的情况下，在盐酸清洗长石颗粒项目过程中仍用沙土将产生的 20 吨废酸液填埋在酸洗池内。其二，间接故意行为，即"明知+放任"。侵权人明知侵权行为存在污染环境、破坏生态的可能，仍然放任损害结果发生的。如危险废物的生产者明知国家对危险废物的处理者有相关的资质要求，仍然将危险废物出售给不具有处理资质的处理者并任由损害后果发生。此时，应当同样认定危险废物的生产者和处理者的主观心态为"故意"。例如，山东省东营市中级人民法院审理的中华环保联合会、支持起诉人东营市环境保护局与浙江新安化工集团股份有限公司建德化工二厂等环境污染责任纠纷案。[2]建德化工二厂为了解决磷酸盐混合液胀库的问题，以支付极低的价格将磷酸盐混合液交由不具有危险废物处置的企业及个人进行处置，支付不合理的低价表明其放任运输及处置单位人员以焚烧、直排等方式予以非法处置。

《民法典》对惩罚性赔偿责任的主观心态规定为"故意"，

---

〔1〕 参见山东省烟台市中级人民法院［2017］鲁 06 民初 8 号民事判决书。
〔2〕 参见山东省东营市人民法院［2015］东环保民初字第 1 号民事判决书。

这导致一些受害者面对因重大过失造成的污染仍然无法请求侵权人惩罚性赔偿责任，法律对于重大过失型污染也欠缺预防和控制能力。在我国相关法律中，故意与重大过失经常同时出现，虽然仍然属于过失，但是其表明了对他人的生命和财产毫不在意，漠视他人权利的主观心理，这种对其负有的法定义务处于漠视的心理状态与故意极为相似。因此，具有较高的可责难性。在"埃克森·瓦尔迪兹"号油轮漏油事故中，美国埃克森公司的一艘巨型油轮因触礁导致原油泄露达 1000 多万加仑，造成了海洋严重污染。而该案发生的原因即因船长饮酒后昏睡，掌舵的三副操控船只不当所造成。埃克森公司在承担了巨大的清污成本后，被美国联邦最高法院判决承担了惩罚性赔偿责任。因此，为进一步提高谨慎注意义务标准，避免极端漠视生态环境损害的行为发生，应将因"重大过失"作为环境侵权惩罚性赔偿的主观要件。对于重大过失情形下的惩罚性赔偿责任，与故意情形下的惩罚性赔偿责任，在惩罚性赔偿金的数额上，应当有所区别，具体数额允许法官进行自由裁量。

（三）严重性

适用惩罚性赔偿要求环境污染或生态破坏行为所造成的后果具有严重性，这说明环境侵权中的惩罚性赔偿是以结果为导向的。"严重"的标准不同行业有所区别，侵权达到何种程度能够称得上是"严重后果"？通说将惩罚性赔偿视为准刑罚或刑事侵权。在目前尚未有专门法规定何谓"严重后果"时，可参照《最高人民法院、最高人民检察院关于办理环境污染刑事案件适用法律若干问题的解释》第 1 条、第 2 条以及第 3 条的规定。

理论上，环境损害可区分为渐进式的累积性损害以及突发性的生态环境事件造成的损害。实践中的环境侵权案件主要围绕突发性环境事件引发的损害展开。原环境保护部发布的《突发性环境事件分级标准》按照事件造成的后果严重程度，将其分为特别重大（Ⅰ级）、重大（Ⅱ级）、较大（Ⅲ级）和一般（Ⅳ级）四个不同级别。《最高人民法院、最高人民检察院关于办理环境污染刑事案件适用法律若干问题的解释》从刑法规制的角度列举了十八种属于"严重污染环境"的情形，第十至第十八种则属于造成严重后果的情形，这些标准都可为我们在判断侵权行为是否造成严重后果方面提供参考。此外，在传统上被认为属于造成累积性损害的行为，如企业超标排放大气污染物等，在某些情形下也可能会被提起环境侵权诉讼。例如，2015 年中华环保联合会诉山东德州晶华集团振华有限公司大气污染民事公益诉讼案，振华公司因长期超标排放大气污染物的行为承担了惩罚性赔偿责任。环境侵权损害填补性赔偿要求"造成他人损害的"，也以客观结果为导向，但并未对造成损害的程度作出要求。这种区别对待充分体现了对被侵权人权益的保障，也反映了在绿色发展理念影响下，人们对于环境污染或生态破坏行为的低容忍度；而惩罚性赔偿在此基础上更进一步强调了结果的严重性，增加了在环境侵权领域主张惩罚性赔偿的难度。

此外，从一般侵权责任的构成要件出发，适用惩罚性赔偿还隐含着另一个关键问题，即侵权行为与严重后果之间存在因果关系。考虑到环境侵权因果关系认定的复杂性，我国在环境侵权因果关系证明方面采取了因果关系推定和举证责任倒置原则，能够更好地保证被侵权人的利益。《民法典》第 1230 条规定："因污染环境、破坏生态发生纠纷，行为人应当就法律规定的不承担责任或者减轻责任的情形及其行为与损害之间不存在因果关系承担举证责任。"从该条文指出的证明责任来看，举证责任倒置只适用于行为与损害之间因果关系的认定。其他方面的证明责任则仍需按照"谁主张，谁举证"的一般原则进行分配，即构成惩罚性赔偿的三个要件的证明责任仍然应该由原告来承担。

（四）请求权人

被侵权人对于环境侵权造成的人身、财产和生态环境损害，能否要求侵权人承担惩罚性赔偿责任，在《民法典》的制定过程中颇具争议。2018 年 9 月公布的《民法典（征求意见稿）》将环境侵权惩罚性赔偿的适用范围限定为生态环境损害本身。《民法典（征求意见稿）》第 1008 条规定："侵权人故意违反国家规定损害生态环境的，被侵权人有权请求相应的惩罚性赔偿。"将我国消费者保护、食品安全等其他领域惩罚性赔偿规定的结果要件从"严重损害他人人身权利"变为"损害生态环境造成严重后果"，排除了惩罚性赔偿制度在环境侵权私益诉讼中的适用。这一改变遭到了法学界的强烈反对。随后，在 2019 年 12 月公布的《民法典（草案）》中，对结果要件重新修改，规定"侵权人故意违反国家规定污染环境、破坏生态造成严重后果的，被侵权人有权请求相应的惩罚性赔偿"，损害后果由"损害生态环境造成严重后果"修改为"造成严重后果"，不再局限于生态环境利益，将人身、财产损害纳入惩罚性赔偿的适用范围。我国《民法典》并未将惩罚性赔偿制度明确局限于环境私益侵权之中，且纵观环境侵权惩罚性赔偿的立法进程及《民法典》的立法宗旨，环境侵权领域的惩罚性赔偿制度首先针对的更应该是生态环境损害。[1]因此，惩罚性赔偿制度可以适用于环境侵权私益诉讼和公益诉讼中，覆盖人身、财产和生态环境损害。

---

〔1〕 梁勇、朱烨："环境侵权惩罚性赔偿构成要件法律适用研究"，载《法律适用》2020 年第 23 期，第 113~123 页。

根据《民法典》的规定，被侵权人可以提出惩罚性赔偿。但是在一些环境侵权案件中并无具体的被侵权人，侵害的是社会公共利益。现阶段，涉及生态环境损害的诉讼类型在实践中主要是环境民事公益诉讼和生态环境损害赔偿诉讼。基于"公共信托"理论，基于全体公民将生态环境公共资源交由国家进行管理的委托，国家即有义务进行保护和管理。国家可以作为公共利益的代表行使诉权，因为生态环境损害侵害的是享受生态福利的不特定人的社会公共利益。另外，从事自然资源和环境资源保护工作的社会组织，因其具有公益性、中立性、专业性、参与性，也可以作为社会公共利益的代表行使诉权。因此，在环境民事公益诉讼和生态环境损害赔偿案件中，代表国家意志的机关或者相关组织可以作为损害赔偿的请求权主体。由于惩罚性赔偿依附于补偿性赔偿，国家规定的机关或者相关组织作为生态环境被侵权人的代表请求侵权人承担惩罚性赔偿责任，具有充分的正当性。因而，环境侵权惩罚性赔偿的请求权人也可以是环境民事公益诉讼中的检察机关和社会组织以及生态环境损害赔偿诉讼中的政府及其授权的部门。

根据法律规定，环境侵权案件采用无过错归责原则。无论污染者是否具有主观过错，都要承担损害赔偿责任。因第三人过错造成环境污染损害的，污染者可以向第三者进行追偿。《侵权责任法》（已失效）和《最高人民法院关于审理环境侵权责任纠纷案件适用法律若干问题的解释》对此进行了详细规定。在第三人过错的情形中，污染者和第三人构成不真正的连带责任，被侵权人既可以要求污染者承担责任，也可以要求第三人承担责任。当污染者承担了赔偿责任后具有向第三人进行追偿的请求权。第三人的行为不能免除污染者的损害赔偿责任，即使其行为是损害发生的全部原因力。

四、我国环境侵权惩罚性赔偿的适用规则

当前《民法典》对环境侵权惩罚性赔偿仅作出了原则性规定，适用不当可能造成过度赔偿、重复赔偿等问题。如何操作和运行还需要单行法的进一步转化和细化，避免惩罚性赔偿在环境侵权中的滥用。进一步明确惩罚性赔偿的适用规则，限制和约束该制度在环境侵权中的适用，可以从举证责任分配、惩罚性赔偿金的计算、环境法律责任的竞合、惩罚性赔偿金的归属及管理、使用等方面进行细化。

（一）举证责任分配

在环境侵权案件中，填补性赔偿采用举证责任倒置。若原告在提起填补性赔偿的同时提起惩罚性赔偿请求，此时的惩罚性赔偿是仍然沿用举证责任倒置，还是适用"谁主张，谁举证"原则。在举证责任的分配上，我国立法者主要考虑到实践中侵权人与被侵权人实力相差悬殊，于是在填补性赔偿中规定"举证责任倒置"，二者的不平等不仅体现在经济上侵权人有足够的物力、财力聘请专业人士代理诉讼，也体现在信息不对称基础上污染者完全掌握污染物的种类、数量、污染后果等信息。再加上环境问题的技术性、潜伏性，如果仍遵循传统民事侵权"谁主张，谁举证"的原则，被侵权人获得赔偿的可能性将大大降低。出于平衡当事人之间相差悬殊的实力的考虑，实现实质正义，在环境侵权损害法律规定填补性赔偿中采用举证责任倒置，将更多举证责任分配给经济实力和信息实力更强的侵权人，适度减轻了被侵权人的举证责任。而在惩罚性赔偿中，侵权人与被侵权人地位悬殊的情况未发生改变，且根据《民法典》第1232条的规定，请求侵权人的惩罚性赔偿责任，须提供以下证据：①行为人实施了污染环境或破坏生态的行为；②行为人污

染环境或破坏生态的行为违反法律规定；③行为人污染环境或破坏生态的行为造成了严重后果；④行为人对污染环境或破坏生态在主观上具有故意；⑤行为人违反法律规定污染环境或破坏生态的行为与严重后果之间具有因果关系。显然，存在于环境损害填补性赔偿中的"举证难"同样存在于环境损害惩罚性赔偿中。如果仅仅为了约束惩罚性赔偿的适用范围而采用"谁主张，谁举证"的原则，不管是证明主观上的故意，还是证明行为与后果之间的因果关系，对于始终处于弱势地位的被侵权人来说都相当困难。因此，在惩罚性赔偿中适用"举证责任倒置"确有必要，只是在因果关系证明上明确原告不能仅提供初步的证明，而应"达到'明确且令人信服的证据'这种中间标准"，以避免证明标准过低导致的滥诉现象。[1]

（二）惩罚性赔偿金的计算

补偿性赔偿以侵权行为所造成的损害后果为基础给予"补偿"，损害后果同样是确定惩罚性赔偿金数额的重要参考，因而补偿性赔偿和惩罚性赔偿的数额必然具有相关性，由此产生的问题是二者的金额是否应当维持一定的比例关系。美国联邦最高法院的司法判例对此持肯定态度，提出二者之间比例不可以超过1∶1的限度。我国学者也对区分不同诉讼形式给出了相应的建议。例如，对于人身损害的惩罚性赔偿应该按照填补性赔偿数额的1倍至5倍计算，不设上限；对于财产损害的惩罚性赔偿数额按照填补性赔偿数额的1倍至3倍计算，可以设置一定上限。[2]总体而言，将惩罚性赔偿金设定在补偿性赔偿金的

---

〔1〕周珂、王玉楠："环境损害的惩罚性赔偿研究"，载《人民法治》2018年第4期，第54~59页。

〔2〕张新宝、李倩："惩罚性赔偿的立法选择"，载《清华法学》2009年第4期，第5~20页。

一定比例之内更有利于实践操作，但在具体比例的设定方面则需要做进一步分析和论证，总的原则应是将惩罚性赔偿水平控制在总体上低于或等于加害行为导致的社会成本的范围之内，因为惩罚性赔偿的目的无非是通过让恶意侵权人承担所有的社会成本，使违法者无法因其侵权行为得到任何好处，从而引导行为人不采取污染环境、破坏生态的行为。

惩罚性赔偿金的计算主要有以下三种模式：第一种是固定金额模式。即以某一基础金的固定倍数或系数为计算公式。第二种是弹性金额模式。即以某一基础金额的倍数或系数区间为计算公式。根据上、下限的不同表述，此种模式又以三种形式呈现：一是明确上限；二是明确下限（这种计算方法通常比较少见）；三是明确上下限。第三种是无数额限制模式。即没有明确、具体的倍数或系数，只是笼统规定"相应的"，这也是《民法典》所规定的环境侵权中惩罚性赔偿金的计算模式。

根据《食品安全法》第 148 条的规定，基础金分别为（受害人）所支付的价款和所受损失，倍数分别为固定的 10 倍和 3 倍，即采取固定金额模式，这样的模式清晰明确，计算简单劣势：如果基础金额过大，将导致惩罚性赔偿金额巨大，既有使受害人获得不当得利之嫌，也可能使生产者或经营者无力支付。根据《消费者权益保护法》第 55 条的规定，基础金为受害人所受损失，倍数为 2 倍，"以下"为赔偿金设置了上限，未明确规定下限。根据《商标法》第 63 条的规定，基础金为权利人的损失，或侵权人获得的利益，或商标许可使用费，"1 倍以上"设置了下限，"5 倍以下"设置了上限，二者皆为弹性金额模式。这样既赋予法官自由裁量权，又对该自由裁量权进行限制，既避免赔偿金过少，也避免赔偿金过高：如果基础金额过大，仍避免不了惩罚性赔偿金额巨大，既有使权利人获得不当得利之嫌，也可能使侵权人无力支付。《侵权责任法》（已失效）第47条采取的是无数额限制模式，"相应的"既没有指明基础金，也没有给予具体倍数限制。该模式赋予法官自由裁量权，完全交由法官根据具体案情判处赔偿金；鉴于法官的慎重，赔偿金额很少畸高，无法有效发挥该制度惩罚和阻吓的作用。

通过上述梳理与比较，在环境侵权中，为实现惩罚性赔偿制度惩罚和阻吓的主要功能，既要避免出现赔偿金过低，无法惩处侵权人，也无法阻吓包括侵权人在内的社会主体再次从事该违法行为的情形；也要避免造成赔偿金畸高的做法，其有使被侵权人获得不当得利之嫌，将变相刺激被侵权人"热衷"诉讼，也可能使侵权人陷入经济危机，加大环境保护与经济发展之间的对立与冲突。"相应的"这种计算方式虽比设置上下限的模式更为灵活，赋予了法官更多的自由裁量权，使"是否支持被侵权人的惩罚性赔偿请求，支持多高比例的惩罚性赔偿"的审查权和最终决定权都掌握在法院手中，法院可以结合案件的具体情况，根据侵权人的主观过错、行为后果等区别对待，作出行责一致的裁决，但仍具有很大不确定性。

因此，计算环境侵权损害惩罚赔偿金，可考虑采用设置赔偿金上下限的模式，并根据环境要素的特色，确立不同的倍数，同时明确最高不能超过的金额。如在《大气污染防治法》中，规定惩罚性赔偿金为被侵权人所受损失的1倍以上3倍以下或侵权人所获利益的1倍以上5倍以下，但最高不能超过10万元；在《土壤污染防治法》中，规定赔偿金为被侵权人所受损失的1倍以上5倍以下，但最高不能超过50万元等。倍数的设定与最高金额的确定需要对相关环境侵权案件进行梳理总结，从而形成科学的倍数和合理的最高金额。

（三）环境法律责任的竞合

实践中，环境侵权案件的侵权人在承担环境侵权责任的同时，还可能被追究环境行政责任和环境刑事责任。法律明确规定了三种责任可以并存，并规定了并存时的适用规则。此时，既有填补性赔偿，也有对侵权人违法行为的其他处罚。责任并存的情况下能否采用惩罚性赔偿，目前没有明确的法律规定。环境民事公益诉讼和生态环境损害赔偿诉讼的保护对象均是环境公共利益，若同时要求侵权人承担惩罚性赔偿责任，存在重复赔偿的问题。从整体上看，环境法律责任是一个有机体系，任何一种法律责任的承担都不是孤立存在的，惩罚性赔偿也不例外。理应将其放在环境刑事责任、环境行政责任、环境侵权责任、生态环境损害赔偿责任等整个环境法律责任体系中进行考量。[1]在环境刑事附带民事公益诉讼案件中，如果被告人积极履行生态修复责任，配合支付生态环境损害赔偿款项，法院在量刑时会酌定减轻刑罚。同理，若侵权人已被追究环境行政责任，处以罚款或罚金，以及其他刑事责任，此时如果受害人所受损害已经获得足额的赔偿，就不应对侵权人施以惩罚性赔偿，否则就会与惩罚性赔偿的目的和功能发生偏离。澳大利亚就采取这种模式，明确若被告已在一个刑事程序中受到实质性惩罚，将不会再对其适用惩罚性赔偿。

因此，对因同一环境侵权行为造成生态环境损害适用惩罚性赔偿应进行一定的限制，仅支持在生态环境损害赔偿诉讼中主张的，生态环境损害赔偿诉讼中未主张的，环境民事公益诉讼中可提出惩罚性赔偿的要求。这也符合《最高人民法院关于审理生态环境损害赔偿案件的若干规定（试行）》的相关规定。

---

〔1〕 徐以祥、刘继琛："论生态环境损害民事侵权责任的二元归责原则——基于功能主义的研究方法"，载《中南大学学报（社会科学版）》2021 年第 1 期，第 43~52 页。

（四）惩罚性赔偿金的归属、管理及使用

在环境侵权诉讼中，基于侵权人的环境污染或生态破坏行为损害了被侵权人的人身权或财产权，且被侵权人花费物力、财力提起诉讼，有权提起惩罚性赔偿诉讼的主体是被侵权人。但作为理性经济人，法院判决的惩罚性赔偿金交于被侵权人后，其并不一定将该笔费用用于修复生态环境。此时，如果针对损害生态环境的同一行为由法律规定的机关或有关组织提起相应诉讼，会产生重复赔偿的问题。而对于被侵权人来说，其在遭受的损害被填补之外，又获得了额外的惩罚性损害赔偿金，这就会变相激励其"滥诉"。上述问题都是围绕着惩罚性赔偿金的使用与管理所产生的。针对这个问题，我国在环境侵权案件中适用惩罚性赔偿时，可考虑采取美国的模式，即将惩罚性赔偿金额一部分归受害人所有，一部分划入专门用于生态环境保护和修复的环境公益基金。若后续法律规定的机关或有关组织针对该环境侵权行为提起了环境民事公益诉讼或生态环境损害赔偿诉讼，在法院判处赔偿金时，可以率先扣减交至环境公益基金的款项，从而实现无论是仅提起环境侵权诉讼，还是先提起环境侵权诉讼，后提起环境民事公益诉讼或生态环境损害赔偿诉讼，受到损害的生态环境都能得到及时、有效的修复。

（五）惩罚性赔偿因果关系回归传统侵权责任

相较于理论界争议之大，司法实践中环境侵权对因果关系的处理并不那么复杂，相反，在多数情形下不是案件审理的重点问题。这依旧涉及"侵权行为和损害结果是否具有因果关系"这一举证责任的分配问题。《侵权责任法》（已失效）采取因果关系举证责任倒置，将该举证责任分配给了侵权者，侵权者需要就侵权行为和损害结果之间不存在因果关系进行举证。"因果关系的实际证明存在着普遍性困难，导致证明责任无论分配给哪方当事人，都是一种根本性的败诉风险。"[1]侵权者如果不能证明因果关系不存在，就会面临败诉的风险。另外，对于因果关系的确定，法官更多地还是凭借专业鉴定机构的鉴定结论。实践证明，法院对于是否成立侵权因果关系的认定基本上与鉴定结论保持高度一致。[2]

惩罚性赔偿制度具有预防、惩罚和威慑功能。"惩罚性赔偿的目的或功能不是为了补偿受害人所受损失，而是为了惩罚不法行为人并威慑其他可能实施类似不法行为的人。"[3]惩罚性赔偿通过附加不法行为人更重的经济负担以达到遏制的效果，实现预防其他人侵权的目的。由于环境侵权案件中惩罚性赔偿的数额较大，对侵权人的权益影响较大，在其适用上须慎重考虑。有别于补偿性损害赔偿责任实行举证责任倒置，请求惩罚性赔偿的案件中，在是否具有因果关系的举证责任方面不能完全实行举证责任倒置。原告即被侵权人应当就侵权行为与损害结果之间存在因果关系进行初步的举证，被告即侵权人可以就因果关系不存在进行举证。如果侵权人不能证明因果关系不存在，法官不能强行推定因果关系存在，而是在案件审理中注重发挥司法能动性，强化因果关系的认证和推理，全面分析原告提供的证据是否必然导致损害结果的发生。同时，惩罚性赔偿责任是比补偿性赔偿责任更加严厉的责任形式，证明标准应当比传统"优势证据"更高，被侵权人的举证应达到"真实的高度盖然性"，必须使法官内心确认其陈述为真实事实且具有高度可

---

〔1〕胡学军："环境侵权中的因果关系及其证明问题评析"，载《中国法学》2013 年第 5 期，第 163~177 页。

〔2〕张挺："环境污染侵权因果关系证明责任之再构成——基于 619 份相关民事判决书的实证分析"，载《法学》2016 年第 7 期，第 102~111 页。

〔3〕朱广新："惩罚性赔偿制度的演进与适用"，载《中国社会科学》2014 年第 3 期，第 104~124 页。

能性。

五、结语

从当前的环境法律责任体系看，我国既有专门救济人身权、财产权等私益的环境侵权制度，亦有专门保障环境公共利益的环境民事公益诉讼制度和生态环境损害赔偿制度，既有按日计罚等行政强制措施，亦有罚金等刑事制裁手段，既考虑到了污染环境、破坏生态行为造成的经济损失，亦意识到了此过程中生态服务功能的丧失。《民法典》第1232条的规定在一定程度上反映了我国在生态文明建设中对环境保护的重视和严厉打击环境违法行为的决心。惩罚性赔偿的确立是完善我国环境侵权责任法制的重要举措，但其毕竟属于传统民事法律责任体系中的"异类"，将其引入我国环境侵权责任领域势必会引发一些问题，建议国家适时出台配套解释来指导该制度的具体实施，当然，其中涉及诸多学理问题仍有待学界做进一步分析与讨论。除了可从举证责任分配、惩罚性赔偿金的计算、环境法律责任的竞合、惩罚性赔偿金的归属及管理等方面对环境侵权损害惩罚性赔偿进行规制外，亦应要求法院在面对被侵权人提出的惩罚性赔偿请求时，一定要严格审查，谨慎适用。法院需要考虑的因素包括被告的主观恶性程度，侵权行为的可非难性、后果的严重性及其他因素，如被告的经济状况、被告已经承担的相关法律责任、补偿性与惩罚性赔偿金的比例，以及如果不对被告判处惩罚性赔偿，能否实现对不法行为的遏制、谴责及预防等。总之，在当前法律责任体系下，应慎用惩罚性赔偿。

名家解读

一、关于环境侵权惩罚性赔偿概述，有如下代表性观点：

1. 吕忠梅认为，环境侵权是指由于人类活动所造成的环境污染和破坏，以至于危害居民的环境权益或危及人类生存和发展的行为。

——吕忠梅：《环境法新视野》，中国政法大学出版社 2007年版。

2. 陈圆圆认为，关于惩罚性赔偿，中外学者对其有不同的解释。美国学界将其定义为：当不法行为具有恶意、欺诈、邪恶动机、压制、放肆或轻率地漠视他人权利等情形，使加害情节加重时，为惩罚和威慑不法行为法院判决给受害人超过实际损失的赔偿。这一定义凸显出惩罚性赔偿的惩罚和预防的作用。

——陈圆圆："环境侵权领域引入惩罚性赔偿原则浅议"，载《管理观察》2011 年第 6 期。

二、关于我国环境侵权惩罚性赔偿的适用要件问题，有如下代表性观点：

1. 杨立新、李怡雯认为，鉴于环境污染和生态破坏案件的严峻性，应将重大过失行为纳入环境侵权惩罚性赔偿的适用范围，允许受害者提出惩罚性赔偿。但另有学者认为，因被告对于不法行为及其结果并未认知，不具有道德上的可非难性，且过失行为系属社会常见之行为，无惩罚遏制之必要，因此不宜适用惩罚性赔偿。同时，《民法典》侵权责任编第 1008 条对生态环境侵权责任的惩罚性赔偿责任制度提出的初步意见，参考了《侵权责任法》第 47 条规定的产品责任惩罚性赔偿的原则，将其构成要件分为主观与客观两部分，主观要件为"故意"，客观要件为"违反国家规定损害生态环境造成严重后果"。这一设计最大的进步在于为生态环境侵权的被侵权人请求惩罚性赔偿提供了请求权基础；但是，就其具体内容而言，尚存在较多的不足，须予以改进。

——杨立新、李怡雯："生态环境侵权惩罚性赔偿责任之构建——《民法典侵权责任编（草案二审稿）》第一千零八条的立法意义及完善"，载《河南财经政法大学学报》2019 年第3 期。

2. 对于环境侵权惩罚性赔偿能否适用《侵权责任法》和《环境侵权解释》关于第三人侵权责任承担的规定？有学者认为，惩罚性赔偿责任不应适用上述规定，而应当回归到传统侵权责任轨道。这是因为，环境侵权惩罚性赔偿责任实行的是过错责任原则。在损害完全是由第三人的过错行为造成的情况下，要求污染者承担惩罚性赔偿责任，则不符合惩罚性赔偿的制度初衷，因为此时污染者并不具有主观上的过错，使用惩罚性赔偿无法起到惩罚和预防功能。在第三人侵权案件中，无过错的直接污染行为与全部过错的间接行为相结合，造成了生态环境严重损害后果，与传统侵权赔偿责任并无二致。此时，可以以第三人为侵权人直接要求其承担惩罚性赔偿责任。

——杨立新主编：《多数人侵权行为与责任》，法律出版社2017 年版。

三、关于我国环境侵权惩罚性赔偿的适用规则问题，有如下代表性观点：

1. 徐向华、郭清梅认为，对于生态环境损害本身惩罚性赔偿的数额，考虑生态环境本身损害的赔偿金额巨大以及企业的承受能力等因素，应以填补性赔偿金的 0.1~1 倍计算，并规定一定的上限。具体而言：

第一，明确特定基数的一般选择标准。无论是学界对"违法所得"这一特定基数在我国立法实践中被广泛使用的科学性和操作性的质疑，还是上海地方立法实务中对确定损害基准的其他特定基数"品种"所存有的歧义，都表明应当加强倍率式罚款特定基数一般选择标准的研究。为了既不"遗漏"或者"滥用"违法所得这一"传统"基数，也更自觉地尊重违法成本种类个性化的规律，明确其他特定基数的"现代"种类，我们认为，在通常情况下，对既遂并且已获经济利益的违法行为，以违法所得作为计算具体罚款数额的基数最为贴切，也最易操作；在应受处罚的违法行为未遂或违法既遂但违法获利难以计算的情况下，以违法所得之外的其他可计量对象作为基数不失为稳妥的方案。

第二，完善或淘汰某些现有的其他特定基数。在上海，以其他特定基数计算罚款数额的比例渐趋增高的现象，显示了立法者对违法成本个性化认知水平的提高，体现了立法者在过罚相当原则指导下对科学选择恰当基数的追求。然而，违法所得以外的其他基数的确定应当便于执法中实际罚款数额的具体计算，反则同样可能导致操作性低下乃至缺失。实证调查结果显示，被上海法规选用的多数其他特定基数明确且具有较强操作性，如"进货总价值""建设项目总投资""欠缴金额""污染物处理设施投资额""污染事故所造成直接损失""评价所得""挪用金额""违法提取金额""销售收入""项目合同金额""所骗款额""同地区当年义务兵及其家属优待金平均标准""建设绿地或林地预算费用""养护费""设计施工费""绿地建设费""工程造价""产品价值""补缴供水水费""转供水水费"和"施工管理费"等，但也有一些其他特定基数不够明确，不易掌握，容易导致执法人员确定实际罚款数额的困难，并进而可能引发对罚款处罚的争议。如《上海市反不正当竞争条例》第27条第1款第14项规定："对违法行为人处以被销售、转移、隐匿、销毁财物的价款一倍以上三倍以下的罚款。"此规定中作为特定基数的"价款"不尽明确。一则，"价款"是指"进货价""销售价"还是"成本价"；二则，即使"价款"含义明确，执法实践中要确认"被销售、转移、隐匿、销毁财物的价款"仍有相当难度。诸如此类难以操作的其他特定基数还有"产品价值""猎获物价值""实物价值"和"非法买卖的外汇、金银及其制品等值"等。对此类特定基数，立法实践中应当予以淘汰或者修改，以首先确保计算罚款数基数恰当科学。

——徐向华、郭清梅："倍率式罚款的特定基数与乘数倍率之实证研究"，载《中国法学》2007年第5期。

2. 徐以祥、刘继琛认为，检察机关提起环境民事公益诉讼的理论基础尚存在争议。根据现行民事公益诉讼制度的规定，检察机关在环境民事公益诉讼中的角色和地位是补充性的，即在没有社会组织提起诉讼的情况下，检察机关才可作为原告提起公益诉讼。因此，未来的改革方向是检察机关应行使其法律监督职能，重点关注行政公益诉讼。同时转为支持起诉机关，支持社会组织提起环境民事公益诉讼和政府及其指定部门提起生态环境损害赔偿诉讼。

从近年新出台的《民法典》以及债法改革所反映的情况看，责任法的一般化已渐成趋势。在责任规范的弹性、融合趋势下，以责任原因确定责任后果的"原因模式"虽然仍被保留，但其重要性已今非昔比，以功能性民事责任为基础的"后果模式"的价值则被强调。生态环境损害私法规范的构建与我国民法学的这一发展趋势不谋而合。生态环境损害的风险性特征决定了公法规范与私法规范、行政权与司法权在损害应对中应当承担不同的职能并互相配合。私法规范的主要功能是在事后对损害进行救济，次要功能是预防损害和惩罚损害行为人。这一客观事实导致生态环境损害侵权责任形式与归责原则之间的关系应当通过功能主义的方法进行研究。从责任形式的功能出发，结合生态环境损害的特征探究责任形式应当采取何种归责原则，是生态环境损害民事责任归责原则研究的可行路径。

——徐以祥、刘继琛："论生态环境损害民事侵权责任的二元归责原则——基于功能主义的研究方法"，载《中南大学学报（社会科学版）》2021年第1期。

3. 代杰、徐建宇认为，美国惩罚性赔偿金的使用与管理问题采取的解决路径是设立分立式赔偿制度，即将惩罚性赔偿金的一定比例归于特别基金，其余部分属于原告。诸此规定系认为惩罚性赔偿涉及公益，赔偿金不能尽归被害人，其中部分应用于公共用途。这种做法与惩罚性赔偿是准刑罚性质的民事责任，具有公私协力的特征并无冲突。另外，一方面，立法机关应当明确生态环境侵权惩罚性赔偿的计算方法，而不应像《侵权责任法》第47条那样敞着口不作规定。另一方面，既然在生态环境侵权惩罚性赔偿责任中，在肯定故意侵权之外，还承认重大过失也是其构成要件，那么，故意实施生态环境侵权行为与重大过失实施生态环境侵权行为，在后果责任上就要有所区别，而不能采用同一计算方法。故建议，故意实施生态环境侵权行为符合惩罚性赔偿责任适用要件的，惩罚性赔偿责任为实际损失的2倍，因重大过失实施生态环境侵权行为符合惩罚性赔偿责任适用要件的，惩罚性赔偿责任为实际损失的1倍。

——代杰、徐建宇："《民法典》环境污染与生态破坏责任：原因行为导向与公私益救济衔接——以206份裁判文书为样本的实证研究"，载《法律适用》2020年第23期。